金融学译丛
FINANCE



# 供应链金融

## Financing the End-to-end Supply Chain: A Reference Guide to Supply Chain Finance

西蒙·坦普勒（Simon Templar）
埃里克·霍夫曼（Erik Hofmann）　／著
查尔斯·芬德利（Charles Findlay）

胡海菊　陈红梅 / 译

中国人民大学出版社
·北 京·

# 出版说明

作为世界经济的重要组成部分，金融在经济发展中扮演着越来越重要的角色。为了加速中国金融市场与国际金融市场的顺利接轨，帮助中国金融界相关人士更好、更快地了解西方金融学的最新动态，寻求建立并完善中国金融体系的新思路，促进具有中国特色的现代金融体系的建立，中国人民大学出版社精心策划了这套“金融学译丛”，该套译丛旨在把西方，尤其是美国等金融体系相对完善的国家最权威、最具代表性的金融学著作，被实践证明最有效的金融理论和实用操作方法介绍给中国的广大读者。

该套丛书主要包括以下三个方面：

（1）理论方法。重在介绍金融学的基础知识和基本理论，帮助读者更好地认识和了解金融业，奠定从事深层次学习、研究等的基础。

（2）实务案例。突出金融理论在实践中的应用，重在通过实务案例以及案例讲解等，帮助广大读者将金融学理论的学习与金融学方法的应用结合起来，更加全面地掌握现代金融知识，学会在实际决策中应用具体理论，培养宏观分析和进行实务操作的能力。

（3）学术前沿。重在反映金融学科的最新发展方向，便于广大金融领域的研究人员在系统掌握金融学基础理论的同时，了解金融学科的学术前沿问题和发展现状，帮助中国金融学界更好地认清世界金融的发展趋势和发展前景。

我们衷心地希望这套译丛的推出能够如我们所愿，为中国的金融体系建设和改革贡献一份力量。

**中国人民大学出版社**

# 序一　供应链金融：现代供应链管理的组成部分

集成供应链管理——通过价值链的不同阶段将多层供应商连接到最终用户——其理想化的模式是不仅包括对物流和信息流进行分析和管理，还需要对资金流进行分析和管理。尽管在供应链管理论战展开之初，这个基本的事实就已经存在，但有关这个话题的日常调查显示，供应链管理多年来一直被研究人员和从业者所忽视。

在学术研究领域，系统地对财务供应链管理方面展开分析也只是近10年的事情。在如“财务供应链管理”（financial supply chain management，FSCM）等通用术语的框架下，该主题在全球许多研究机构中快速发展起来。FSCM包括整个价值链中所有与资金流动相关的流程和交易的规划、管理和监控。

在企业实践中，供应链中的资金流以及可用于管理它们的概念、方法和工具（通常由研究人员提供）也引起了越来越广泛的讨论。供应链金融对价值链上的各个主体来讲，包括买卖双方和所涉及的金融或物流服务提供商等，都是一个热门话题。它能够给所有参与方都带来好处，这通常被称为“双赢”局面。

然而，供应链金融和财务供应链管理这两个术语在使用中并非完全一致，特别是在商业实践中更为明显。因此，FSCM与传统方法（例如保理）的差异并不明显，它的优点也就不是那么显而易见了。这也正是写作本书的出发点。本书由供应链金融界的同仁共同创作，对供应链金融的过去、现在和未来进行全面的论述。我们把它推荐给所有供应链管理和供应链金融的研究人员和从业人员。希望它会受到广泛的欢迎并得到广大读者的青睐。

毕竟，如果不能使用积极、综合的方法来解决供应链面临的财务挑战，未来，我们将很难满足供应链管理的需要，即物流、信息和日益增长的数字化的需求。

Michael Henke
多特蒙德大学企业物流主席
弗劳恩霍夫物流研究所企业物流部部长

# 序二　供应链金融在路上

供应链金融已经在金融、采购、资金和供应链管理领域确立了它不可撼动的地位。

过去几年来，各国首相和总统一直在积极推动供应链金融的发展。研究表明，全球前 1 000 强企业中有 70%以上将在未来几年内采用供应链金融项目。现在，几乎每个星期我们都会看到新的金融科技初创公司宣布成立的公告，而这也正是因为它们在这个领域看到了商机。国际开发银行和非政府组织也从中看到了能够到达所谓的“金字塔底部”并实现金融包容的新机会。大型跨国公司，作为供应链中的协调员，越来越多地参与到供应链和供应网络的金融组织中。投资和养老基金在新开发的资产类别中也找到了新的投资机会。在这种环境下，商业银行也正在努力开展自我重塑，以便能够通过供应链中贸易和交易的银行产品来实现对客户更好的支持。

确实，供应链金融正在快速发展的进程中。

然而，与此同时，不得不承认我们尚未充分挖掘出供应链金融发展的可能性，其在合作融资方面存在着巨大的潜力等待释放。合作融资是指通过供应商、采购商、物流服务提供商、银行、技术公司的共同努力来促进其供应链网络中资金的流动性。我们可以预料，如果这种融资合作能够与合适的技术相结合，将能够创造巨大的价值。但是，对于企业来讲，制定恰当的“蓝海”策略并非易事。显然，供应链金融的发展道路上将布满荆棘，需要进行反复试验，最终收获惊喜。

在本书中，作者很好地描绘了供应链金融的现状，包括供应链金融的背景、当前实践以及未来的发展潜力。但是，这并不是全部，因为供应链金融的未来正在迅速展开。所以，在把本书作为探索供应链金融领域的指导的同时，一定要定期登录供应链金融协会的网站（www.scfcommunity.org）以获取更新和发展情况。

Michiel Steeman
供应链金融协会执行董事
荷兰温德斯海姆应用科技大学供应链金融教授

# 序三　喜力啤酒的供应链金融

自2011年开始，喜力啤酒一直是供应链金融领域研究与开发的积极支持者。我们很高兴看到本书的问世，因为它可以作为一种资源，让每一个对供应链金融感兴趣的人来了解这个领域。

喜力啤酒在全球70多个国家和地区拥有超过250个国际、区域、本土及专业的啤酒和苹果酒品种。此外，喜力啤酒拥有超过160家啤酒厂以及数量众多的当地销售团队及分销机构。而且，可以想象，喜力啤酒拥有成千上万的供应商，其中既有大型的知名跨国企业，也有一些小型的本土初创中小企业。无论它们的情况如何，所有供应商都有自己的融资需求。启动供应商融资的目的就是希望利用喜力啤酒的全球规模和信用评级来为我们的供应商提供新的融资机会，为供应商的运营提供资金，进而为供需双方都带来收益。本书对此类融资计划的一般情况和其所带来的收益进行了详细的介绍。

在开始实施以上融资计划的同时，喜力啤酒对许多职能部门进行了集中化，包括创建一家全球采购公司，以便充分利用我们的支出规模、协调付款条件、改善营运资金状况。在此基础之上，就可以利用集团的信用评级来帮助我们的供应商获得更多的资金。这甚至适用于资金充足的战略供应商，因为这样它们就可以利用更多、更灵活的额外信贷额度。此外，通过制订单一的共同计划，我们能够从公司利益的角度来消化启动成本和开发成本。对于每个企业或公共部门组织来讲，它们实施供应商融资计划的情况和动机各不相同，本书将有助于它们认识其中的机遇和挑战。

供应商融资的发展使得发票审批和处理流程得到改进，也能够让供应商随时查询发票状态。然而，我们也看到了供应商更好的资金稳定性和流动性所带来的巨大好处，以及因此通过增加灵活性和创新能力提高了对喜力啤酒的供应方面的承诺。

本书在后面的几个章节对供应链金融的未来进行了展望。对于我们来说，这意味着要与供应链金融协会合作，研究新的机制以支持供应商通过新的方式来满足融资需求。其中的一个例子就是如何满足我们的主要原材料供应商，即种植小麦和大麦的农民，所需的季节性现金需求。这可能需要采取出运前融资（pre-shipment financing）、库存融资（inventory financing）甚至由供应链的中间商买卖的形式。另一个例子是承诺或保证瓶罐制造商产品研发的资金需求。

在过去几年中，喜力啤酒已经向许多研究人员开放，其中也包括本书的作者。我们接受实习生加入我们的团队，并积极地在会议和出版物中分享我们的学习成果和经验。我们致力于促进供应链金融的发展，我的主要建议是：

1. 研究供应商融资计划对企业及其供应商带来益处的原因。
2. 尽早启动内部沟通，让每个人都参与到供应链金融战略的创建中。
3. 识别在短期、中期和长期范围内的关键机会。
4. 对计划的实施进行详尽的规划，并尽早将不同的内外部利益相关者考虑进来，以确保部署的稳健。
5. 创建一个反馈学习环，以进行持续改进。

Joost van Beem

喜力啤酒全球采购公司财务总监

# 致　谢

作为作者，我们非常感谢学生团队为本书做出的巨大贡献以及他们在供应链金融方面所做的工作，我们为能够有这么出色的学生而感到荣幸，并很愿意为他们提供指导和支持。

英国克兰菲尔德管理学院的物流与供应链管理全日制研究生为本书做了大量的工作，尤其是 Marion Cosse（第二、六、七章），Willian Extra（第五章），Remco van den Berg（第五章），Chunxuan Yin（第五章和第六章）以及 Harshal Trivedi（第六章）。

感谢来自意大利米兰理工大学的 Claudi Molon（第六章）。

还特别感谢以下来自瑞士圣加仑大学的各位学生：Olga Grigoreva，Adrian Stephan Knöpfli，Moritz Hansen（第四章），Gregor Stadelmann（第八章和第九章）以及 Rafael Sarim Özdemir（第九章）。

我们也很感激 Enrico Camerinelli（意大利）对我们的鼓励以及对本书的初稿提出的修改建议。

非常感激卡普兰出版社授权我们使用 CIMA 官方术语（2005）中有关会计的定义，也非常感谢 Bureau van Dijk 公司允许我们使用它们数据库中的财务比率资料。感谢加特纳公司让我们在书中引用它们 2015 年发布的全球十佳供应链企业。

最后，非常感谢供应链金融协会对本书的大力支持和倾力投入，特别向董事会成员 Michiel Steeman（荷兰）、Alessandro Perego（意大利）、Robert Alard（瑞士）、Simon Templar（英国）、Enrico Camerinelli（意大利）、Michael Henke（德国）、Pieter Klapwijk（荷兰）、Charles Findlay（英国）和 Herve Hillion（法国）表示感谢。同时也感谢 Anne Rikst Engbers（荷兰）、Luca Gelsomino（意大利）、Ronald de Boer（荷兰）、Martijn Siebrand（荷兰）和 Joost van den Hondel（荷兰）的大力支持和付出。

# 前　言

## 为什么要写一本关于供应链金融的书?

在有关供应链金融（supply chain finance，SCF）的经验和相关研究中，我们面临许多问题和机遇。示例如下：

- 虽然供应链金融的元素（例如保理）并不新鲜，但是具有创新性的公司正在试图采用一种面向全局的、端到端的方法，这将带来新的机遇和挑战。
- 供应链金融是一个越来越重要的课题——尤其是在各个地区的信贷供应受限的环境下，供应链的深度不断延伸。
- 供应链金融可以建立协作、改善关系、增强供应链合作伙伴之间的信任，并提高财务绩效。
- 组织需要了解和协调端到端的物流、信息流和资金流。
- 供应链金融需要一个通用的定义、语言和术语。
- 供应链金融理论与实践之间似乎存在差距。
- 组织内供应链金融应该由谁掌控?
- 供应链金融将对供应链合作伙伴的财务绩效产生积极或消极的影响，进而影响发起组织的声誉。
- 供应链金融解决方案需要根据个别组织的情况进行调整。

所以本书的框架是使专业人士、从业人员、学者和学生能够获得更多的启示并了解采用供应链金融方法所面临的机遇和挑战。正如我们的营销所描述的：

### 公司内部

本书为读者提供了真正了解一个日益重要的领域——供应链金融——的机会。本书给出了明确的介绍，展示了供应链与组织内金融社区之间战略关系的重要性。它包含关于供应链金融如何运作和实施的重要信息，并以对读者友好的风格进行撰写，将资金、银行、采购、供应链、系统、IT 和关键利益相关者联系起来。

### 企业之间

本书将有助于高级供应链和采购从业者建立合作、改善关系和增强供应链合作伙伴之间的信任。本书通过理论与实践的结合，解决了供应链中至关重要的问题，包括物流、信息流、资金流以及如何根据组织的自身情况来调整供应链融资方案。认识到供应链金融在不同国家的含义不同，作者还考虑到了各种用以协调和发展从世界银行和其他机构进行跨境融资的举措，并提出了国内和国际决策者需要考虑的一些问题。

### 全行业

本书是学术界和实业界智慧的结晶，并由供应链金融领域的三位专家撰写。本书包含来自供应链金融协会、克兰菲尔德管理学院和圣加仑大学的突破性研究结果和数据。

## 谁应该阅读本书?

有关此主题的传统书籍似乎很少，而且书籍中主要的信息来源是促进贸易的文献。所以本书的主要适用人群是：

- 从事供应链管理、运营管理、物流、采购、信息系统的专业人员，以及财务管理从业者，如管理会计、财政和出纳等；
- 银行界，包括新兴的替代金融服务提供商；
- 政府、监管机构和专业协会；
- 讲授物流与供应链管理、采购管理、企业管理、银行与金融、供应链金融方面课程的教师；
- 学习物流与供应链管理、采购管理、金融、管理会计、业务管理、银行和金融服务相关课程的学生。

# 作者

本书由我们三个人共同完成，其中两个人在大学工作，一个是独立咨询师。我们都有与众多的行业高管、同行学者和数百名学生、研究生进行合作并向他们学习的经验。在此向所有人表示感谢，但是因为人数太多而无法一一致谢，敬请谅解。

## 西蒙·坦普勒

西蒙·坦普勒（Simon Templar）于 20 世纪 90 年代在英国电信公司以一个会计的身份开始了他的职业生涯并获得管理会计师资格。他在英国电信公司工作了 14 年，曾就职于多种管理岗位。2001 年辞职后，他来到克兰菲尔德大学攻读物流与供应链管理硕士学位，之后就一直供职于学术界。他于 2013 年获得转移定价和内部市场学方向博士学位。在克兰菲尔德大学的 14 年间，西蒙在供应链管理、管理会计以及新兴的供应链金融方面开展了教学、研究和咨询工作。西蒙撰写并发表了许多与他的研究领域相关的期刊论文、会议论文和实践论文。西蒙是英国皇家物流与运输学会的研究员，也是供应链金融协会（Supply Chain Finance Community，SCFC）的创始人之一。

## 埃里克·霍夫曼

埃里克·霍夫曼（Erik Hofmann，德国达姆施塔特工业大学博士）是物流管理主席团的副主席，也是瑞士圣加仑大学的高级讲师。他的研究方向主要包括物流与供应链管理、财务与绩效以及战略等，他的多篇论文发表于运营管理期刊，如，*Production Planning & Control*，*Journal of Business Logistics*，*International Journal of Physical Distribution & Logistics Management*，*International Journal of Operations & Productions Management*，*Supply Chain Management：An International Journal*。他是 20 多部著作和专著的作者或合著者，其中包括 *Supply Chain Finance Solutions*，*The Supply Chain Differentiation Guide*，*Performance Measurement and Incentives Systems in Purchasing and Ways，Out of Working Capital Trap*。埃里克·霍夫曼是国际供应链金融协会的董事会成员。

## 查尔斯·芬德利

查尔斯·芬德利（Charles Findlay）毕业于牛津大学的工程学专业，然后在美国通用电气公司工作了 5 年并担任欧洲和美国各种制造业的工业工程师。在获得英国伦敦商学院的工商管理硕士学位后，他加入了安森生咨询公司（现为埃森哲），首先是从事战略管理方面的工作，之后负责英国供应链实践部并最后转岗到采购外包业务。在过去的几年里，他曾担任独立顾问和初创技术公司的天使投资人，也是供应链金融协会的创始人之一。他的出版物包括：*Logistics Research Network*（2012）"Current Supply Chain Finance Practices"；*Buying Professional Services*（2010）中的案例研究；*Achieving Supply*

*Chain Excellence through Technology*，vol. 5（2003）“European Supply Chain Management Characteristics”，vol. 2（1999）“A Quick Start to eProcurement Savings”。

## 供应链金融协会

供应链金融协会适用于对供应链金融感兴趣并有志于促进供应链金融发展的人员——在延伸的或端到端的供应链中，将资金流与实物商品或服务流相协调并进行整合。

供应链金融协会的目标为：

- 建立现有组织和协会之间的联系，以便整理和整合通用参考模型、规范、标准和最佳实践；
- 完善并建立跨职能指标、基线、标杆和相关视角；
- 服务于各种研究、会议、咨询和出版物。

供应链金融协会成员包括用户、供应商、顾问、咨询师、行业分析师、学者以及行业协会和该领域的专业团体。尤其是，协会在建立金融、银行和供应链功能（生产、物流和采购）之间的联系方面发挥了非常重要的作用。

供应链金融协会将帮助建立一个专家和领导者网络，其成员将得到以下便利：

- 了解相关领域发展动态；
- 跨职能和获得全局观；
- 讨论和辩论具体机遇与挑战的论坛，即“客户之声”；
- 承担研究课题的机会。

供应链金融协会是一个非营利组织，由其成员资助，并赞助研究或出版物的发行等具体活动。

## 本书内容

本书正文分为三篇：背景、当前实践和未来。这三部分共分为九章。以下是章节标题的列表，然后是每个章节的简短说明。因为我们注意到很少有人会阅读整本书，我们希望能够直接将您带到对您最有帮助的领域，鉴于此，我们试图让每一章都能够独立存在，所以在内容的不同细节层面上会有一些重叠和重复。

**第一篇：背景篇**

1. 供应链管理与财务绩效
2. 重要议题——营运资本管理
3. 供应链管理的演变

**第二篇：当前实践篇**

4. 概念——供应链金融案例
5. 生态圈——供应链金融的参与者
6. 价值主张——供应链金融方案选择
7. 实施——供应链金融付诸实践

**第三篇：未来篇**

8. 全球环境——供应链金融的跨境问题
9. 新篇章——供应链金融的新前沿

## 第一篇：背景篇

### 第一章：供应链管理与财务绩效

本章支持组织对供应链活动（包括外部和内部）的管理与其财务绩效之间存在着根本联系这一假设。供应链管理绩效对整个公司财务绩效所产生的影响是展开下一章讨论的基础。在下一章中，将主要关注财务绩效的一个组成部分——营运资本（working capital）。后续的各个章节以本章的内容为基础，分别阐述供应链金融对营运资本和整体供应链的竞争能力以及对企业整体绩效所产生的潜在影响。本章将：

- 认识供应链管理决策对组织财务报表产生的影响；
- 解释供应链管理决策和企业绩效测量之间的关系；
- 介绍一套企业使用的财务框架，用来阐述供应链决策对企业财务绩效产生的影响。

### 第二章：重要议题——营运资本管理

本章在第一章的基础之上，探讨了为什么营运资本管理在商业中如此重要。在上一章中，我们重点介绍了企业的营运资本及其与财务报表（利润表和资产负债表）之间的关系，以及财务报表中用于衡量资产流动性的财务比率。本章也将识别一些可以用于改善企业营运资本管理的举措，为后续章节中供应链金融的收益和成本分析提供基础。本章将：

- 识别流动资金和营运资本管理需求；
- 认识用于管理流动资金和营运资本的财务比率；
- 描述营运资本周期的组成部分；
- 识别企业用于管理营运资本各组成部分的举措；
- 解释营运资本管理绩效测量方法的局限性；
- 认识对经济可持续性供应链的需求。

### 第三章：供应链管理的演变

本章将对物流与供应链的发展演变过程进行分析，着重探讨企业供应链中的物流、信息流与资金流之间的关系，介绍当前六个主要的供应链金融思想流派。本章将：

- 描述供应链管理的演变过程；
- 解释管理供应链中的物流、资金流和信息流的必要性；
- 识别物流、信息流、资金流之间的相关作用；
- 描述供应链全局观；
- 解释现金流对营运资本管理和企业财务绩效的影响；
- 识别六个供应链金融的思想流派。

## 第二篇：当前实践篇

### 第四章：概念——供应链金融案例

迄今为止，供应链金融被认为是一种对交易（通常是两方参与的交易）参与方都有利的方法，这种方法能够实现卖方和买方之间的双赢（win-win situation，WWS）。现在，我们来检验一下供应链金融的案例是否真实存在，如果存在，那么它的效果如何？本章将：

- 识别供应链金融的过渡阶段；
- 探讨供应链金融的各种特性之间的相关关系；
- 说明供应链金融的相关性；
- 介绍金融服务提供商在供应链中的新角色；
- 解释多方共赢格局的理念。

### 第五章：生态圈——供应链金融的参与者

本章的目的是识别参与供应链金融活动的各种不同类型的组织，描述它们的角色、能力和动机。鉴于供应链金融的多功能性，我们还将探讨组织内部的一些典型的供应链金融参与部门和人员，因为供应链金融活动能否获得认可、批准、实施以及运行，都需要这些部门和人员的参与。

本章的目标是为读者们提供一个框架或清单，以便他们能够在供应链金融活动中，根据自身情况，选择适合的组织或内部职能部门来进行参与。那么，这些组织和职能部门都是谁？它们的主要任务是什么？为什么？它们之间的联系是怎样的？本章将：

- 识别参与供应链金融的不同类型的组织；
- 描述它们的角色、能力和动机；
- 探索典型用户组织中的构成要素。

### 第六章：价值主张——供应链金融方案选择

本章列举了一些在实践中得到应用的不同供应链金融的解决方案。我们在综合了大量供应链金融应用案例经验的基础上，对比分析了各种方案的收益、成本和风险。在第四章中，我们提出了全部的供应链金融模型，描述并论证了不同解决方案的合理性。本章的主要目的是，在特定的组织或情境中，对不同的供应链金融的“价值主张”进行识别和特征描述。换句话说，本章回答了“我们应该实施哪一个方案以及为什么”的问题。与其他章节一样，本章也是将关注点集中于反向保理，这主要是因为反向保理是最常见的解决方案，但也会涵盖大多数供应链金融解决方案中的方法。最后，还有一个需要考虑的关键问题是会计处理方式。在此，我们只对其进行概括性的介绍，但在应用过程中还需要专家根据具体的情况给出专业的意见。

本章旨在为读者提供一个信息源，使他们能够在本章分析的基础上，找到最适合的方法，构建出商业应用案例的框架结构。本章将：

- 识别可供选择的不同的供应链金融解决方案；
- 了解它们的成本、收益和风险；
- 探析用于选择适当解决方案的标准。

### 第七章：实施——将供应链金融付诸实践

本章的目的是探讨一些能够推动或阻碍供应链金融方案实施的因素，并给出能够指导其成功实施的最佳实践指南。如前几章所述，供应链金融形式繁杂，本章还是同其他章节一样，将重点关注反向保理这一最常见的形式。但是，我们也会对适用于所有融资形式的方法做出描述，除非对供应链方案的具体类型做出特别说明。

本章的目标是为读者实施供应链金融项目做准备，描述实施过程中将面临的挑战，并给出从那些或者成功或者失败的实施经验中总结出来的事项核对清单和指南。本章将：

- 分享实施供应链金融的推动因素和制约因素；
- 在以往经验的基础上，给出一些行动指南；
- 提出一个有效的风险管理方法。

## 第三篇：未来篇

### 第八章：全球环境——供应链金融的跨境问题

自 21 世纪初以来，在全球化大趋势的推动下，企业越来越多地采用跨国供应链，力求实现信息流、商品或服务流的优化。世界越来越小，获取信息也变得越来越容易，随之而来就是不断提高的供应链的透明度。此外，市场壁垒的降低导致全球竞争越来越激烈，企业开始关注其核心竞争力，并与合作伙伴开展密切的合作，将越来越多的业务进行外包。这些发展变化所产生的效果是非常明显的。因此，现在的供应链必须在国际环境中运作，一方面要遵循全球标准，另一方面还要考虑国内的具体要求。本章将：

- 展示在中国金融体系中供应链金融所面临的机遇与挑战；
- 解释西方国家的供应链金融解决方案，以及这些国家为支持中小企业所做的努力。

本章的结论是：这是一个复杂的世界！

**第九章：新篇章——供应链金融的新前沿**

本书最后一章将从可持续的角度重点阐述影响供应链金融发展的因素和最新进展。这些因素包括风险管理、避税、企业社会责任以及新技术。它们不仅能够影响供应链金融，而且其影响的重要程度也在日益增加。形象一点来讲，风险管理可以被看做是供应链金融的“不确定性的一面”，避税为“黑暗面”，企业社会责任是“光明面”，而新技术则是关乎供应链金融未来发展的“技术面”。本章将：

- 确定供应链金融环境中的风险；
- 考虑融资中的组织行为，以及何时可以避税；
- 展示企业社会责任与供应链金融进行连接的可能性；
- 引入“区块链”作为供应链金融的一种新的行业干扰技术。

## 术语

关于一些通用的条款和定义的术语，请读者参考《供应链金融欧洲银行业协会欧洲市场指南》(*Supply Chain Finance EBA European Market Guide*) 2.0 版（欧洲银行业协会，2014 年 6 月）。

# 目　录

## 第一篇　背景篇

## 第二篇 当前实践篇

第一篇

# 背景篇

# 第一章

# 供应链管理与财务绩效

## 1.1 概述

**成果**

本章的预期成果如下：

- 认识供应链管理决策对组织财务报表产生的影响；
- 解释供应链管理决策和企业绩效测量之间的关系；
- 介绍一套公司使用的财务框架，用来阐述供应链决策对企业财务绩效产生的影响；

通过本章的学习，你将能够：

- 描述供应链决策对企业财务绩效产生的影响；
- 识别供应链决策如何影响企业创收、现金和价值；
- 识别供应链决策对企业盈利能力、资产流动性和资产利用率所产生的财务影响。

**活动**

我们推荐如下活动：

- 计算贵公司的总净资产回报率，选择你的一家竞争对手、客户和供应商，利用其财务报表中的数据计算它们的总净资产回报率，并与贵公司进行比较。
- 描述供应链决策如何影响用来衡量一个组织财务绩效的财务比率。

● 用五个股东价值驱动力来比较近期的一项供应链管理决策。这个决策是否：

——提高了盈利能力？

——降低了运营成本？

——带来了税额的降低？

——提高了非流动资产的效率？

——降低了营运资本？

将贵公司和波特的价值链进行比较，检查贵公司的主要和支持性活动，看看是否有提升价值或获得竞争优势的机会？

本章支持组织对供应链活动（包括外部和内部）的管理与其财务绩效之间存在着根本联系这一假设。供应链管理绩效对整个公司财务绩效所产生的影响是展开下一章讨论的基础。下一章将主要关注财务绩效的一个组成部分——营运资本（working capital）。后续的各个章节，以本章的内容为基础，分别阐述供应链金融对营运资本和整体供应链的竞争能力以及对企业整体绩效所产生的潜在影响。Borsodi（1927：前言）指出了理解分销和生产成本以及它们对财务绩效产生的影响的重要性：

> 在1870—1920年的50年间，用于分销必需品和奢侈品的成本差不多已经增长了两倍，然而，生产成本却只降低了五分之一。显然，通过现代生产方式带来的生产成本节约，正在被现代分销方式带来的成本增加消耗殆尽。

Christopher（1998：100）强调了理解物流与组织财务绩效成功之间特殊关系的重要性：

> 未来，有关物流战略的决策很可能是在深刻理解其对企业财务绩效影响的基础之上做出的。

需要注意的是，Christopher强调了物流师所做的决策不仅会对企业的利润表和资产负债表产生重要的影响，同时也将影响股东价值和经济附加值的计算。

Gartner认为财务和供应链领导力之间的关系是非常重要的：

> 排名前25的全球最佳供应链包含了两个主要因素：财务和思想。公共财务数据使我们能够看到公司在过去是如何运营的，然而，思想则能让我们看到企业的发展潜力，同时也能够反映出其未来所需的领导力这一关键特质。这两个因素组合成了一个总的复合分数。

Gartner评出的2015年全球十佳供应链如表1-1所示。

**表1-1　2015年Gartner全球十佳供应链**

| | | | |
|---|---|---|---|
| 1 | 亚马逊 | 6 | 思科系统 |
| 2 | 麦当劳 | 7 | H&M |
| 3 | 联合利华 | 8 | 三星电子 |
| 4 | 英特尔 | 9 | 高露洁-棕榄 |
| 5 | 印第纺织 | 10 | 耐克 |

资料来源：www.gartner.com/newsroom/id/3053118，2016-01-15

然而，最近普华永道和麻省理工（PWC/MIT，2013：2）的一项对209家全球化运作的公司展开的研究发现：

供应链中断对公司的经营和财务绩效具有非常重要的影响。

普华永道和麻省理工（PWC/MIT，2013：2）的研究结果还发现：

在过去的20个月中，超过60%的受访公司的绩效指标因供应链中断而下滑，下滑幅度达到3%甚至更多。

以上这些也再次说明了供应链管理和企业绩效之间关系的重要性，对此，我们将在后续的章节中进行更加深入的探讨。

## 1.2 供应链的重要性

为了理解供应链管理和财务绩效之间的关系，首先要明确什么是供应链管理。在现有的文献中，Mentzer et al.（2001：18）对供应链管理的定义已经得到了学者们的广泛认可，也是在研究中被引用最多的定义（Johnson and Templar，2011）：

供应链管理是指，为了提高各个企业和整体供应链的长期绩效，传统的企业职能部门之间系统的、战略性的协作，以及某一个企业内部各部门之间以及供应链中跨企业的战术策略。

这个定义确认了企业的供应链管理与财务绩效之间的联系。同时，该定义也强调了供应链成员之间跨组织关系的重要性。这就为各个组织提供了一个能够赚取额外收益的机会，比如可以通过实施供应商管理库存（vendor-managed inventory，VMI）来降低运营成本，但条件是它们必须能够协调整条供应链上各成员企业的利益目标。

供应链的存在是为了满足终端消费者对于某一商品或服务的需求，因此，从本质上来讲，供应链是一个衍生物，是作为对其他商品和服务需求的结果而存在的。

现在，让我们来认识一下供应链对于我们自身的重要性以及我们是如何把其高效运作当成是理所当然的，而直到它们出现问题时，我们才恍然大悟它们有多么重要。下面是本书的一位作者在一个周末的早上多次使用供应链的例子。

周六早晨，我向意式浓缩咖啡机里注水之后，加入了哥伦比亚咖啡豆并启动了机器。咖啡机发出“嘶嘶”的声音，随后做好的咖啡冒着蒸汽滴入杯中。清脆的铃声响起，提醒我中国制造的手机上收到了一条短信。我拿起一个南非产的橙子，把它切成两半，并用我的意大利设计的榨汁机把橙子榨汁，然后剥开了一个向风岛产的香蕉。两枚鸡蛋和一包牛奶在一个意大利产的炖锅中被混合在一起，在用煤气炉进行烹饪后，加入到我利用电动烤面包机烤热的面包片中，抹上来自法国的黄油，再加点糖和黑胡椒（根据包装上的信息，原料来自多个国家）。早报被扔进了西班牙制造的赤陶土瓦片的信箱里发出“砰”的一声，当我拿起早报的时候，发现了一封盖着澳大利亚邮戳的信。

在这个例子中，如果没有众多供应链的支撑，以上所描述的情形是不会发生的，它必须是在所有的供应链都能够在固定的时间点满足特定用户需求的情况下才能实现。

- 水必须要经过收集、存储、净化和运输才能到达我家。
- 咖啡机是经过设计、生产、运输到零售商处之后才能销售给我。
- 咖啡豆经过种植、收获、烘焙、包装和分销到咖啡店之后，我才能买到它。
- 电力经过发电、电网传输，我按一下开关就能使用电厂供应给我的电。
- 手机经过设计、制造和分销；为我传送短信的移动网络遍布全球。
- 橙子和香蕉经过种植、收获、包装被运到了离原产地数千英里之外的消费者手中。
- 鸡蛋来自当地散养的母鸡，供应链经过审核已确保鸡蛋的出产符合商业伦理。
- 燃气来自地下，经过采集、储藏、运输，然后通过管道接入了我家。
- 使用来自法国奶牛产的牛奶制成的黄油，经过跨越英吉利海峡的运输，现在抹在了我的烤面包片上。
- 来自不同国家的黑胡椒粒经过混装、储藏、运输，然后到达我们当地的商店进行销售。
- 从印刷厂直接送到我家的早报经过一整夜的高速公路运输，最后利用人工送到了我家。
- 西班牙手工制造的瓦片经过多式联运的供应链到了英国零售商手中。
- 几天前从澳大利亚邮寄出来的信是经过了复杂的跨国供应链的运作，使用不同的交通工具跨越了半个地球被送到了我家门前。

这个例子阐述了供应链的力量及其对我们日常生活所产生的影响。无论我们生活在哪里，现在，供应链对我们的生活都至关重要，而且我们也非常依赖于它们的存在——这一点在出现劳资纠纷和极端天气的情况下将会变得更为明显。

然而，我们通常都认为供应链是理所当然的，只有当如下情形发生的时候我们才会注意到它的存在：比如，报纸没有按时送到家，我们订购的礼物在运输过程中丢失了，打开开关灯却不亮，拿起电话听不到拨号音，或者打开水龙头发现停水了。

现在，让我们停下来，仔细想一想在这些物品（一杯水、一通电话以及供我们的电器使用的电力）被送到我们这些消费者手中的过程背后的一些资金投入。为了满足顾客的需求，每一条供应链都需要对基础设施进行大量的资金投入。不仅包括构成每条网络的基础设施，如数量众多的移动信号发射塔、电缆塔和绵延数英里的水管，还包括为了把这些商品和服务送到消费者手中所花费的营业费用。

因此，在我们为购买的商品和服务所支付的价格中，包括了对运送商品的供应链基础设施的维护成本。而且，为了网络未来发展而进行的投资也作为相关成本被包含在价格中。例如，用于英国铁路网未来发展的费用被转嫁到消费者的头上、铁路现代化的费用被计入乘客的票价中。

资金提供者（股东和债权人）愿意冒险花钱购买公司股票或借钱给公司的前提条件是其在投资中能够获得收益，因此，要把利润的部分包含在消费者支付的价格中。股东们希望能通过股价增长和股息收入获得不错的收益；而债权人则希望得到利息。如果企业不能赚到足够的收益，他们就会把钱投到其他能带来高回报的地方。

## 1.3 财务绩效中的供应链管理

关于供应链管理和财务绩效的关系，很多学者都进行了研究，如：Oliver and Webber，1982；Porter，1985；Christopher，1998；Christopher and Ryals，1999；LaLonde，2000；Lambert and Burduroglu，2000；Lambert and Cooper，2000；Timme and Williams-Timme，2000；Ellram and Liu，2002；Harrison and van Hoek，2002；Stapleton et al.，2002；D'Avanzo et al.，2004；Christopher，2005；Hendricks and Singhal，2003，2005a，2005b；Ketchen and Hult，2007；Johnson and Templar，2011；Braithwaite and Christopher，2015；Camerinelli，2009。

以上这些研究的假设前提是供应链管理者做出的任何战略上、战术上或经营上的决策不仅会对公司的财务绩效产生影响，如企业盈利能力、资产流动性和资产利用率，而且会对构成整个供应链的其他企业产生一些影响（可能是积极的也可能是消极的）。

根据 Ellram and Liu（2002：30）的研究，从企业绩效的角度考虑，采购和供应管理的重要性不仅仅局限于成本控制：

> 它已经扩展到企业成长、盈利能力、现金流和资产利用率等关键的绩效领域。供应链管理者需要具备将这些广义的影响进行量化的能力，然后向上层传递这个信息，这样高级管理层能更好地理解采购和供应管理是如何为企业的成功做贡献的。

Christopher（2011：58）强调了供应链管理者做决策的时候必须要意识到的三个金融方面的必然趋势：

- 盈亏底线已经成为决定公司未来方向的驱动力。
- 大量的正向现金流，像利润一样，已经成为管理追逐的目标。
- 大多数公司都面临着提高资本生产率的压力——最大化利用资产，进而使利润最大化。

在制定任何决策之前，无论是属于哪个层次的决策，决策制定者都应该考虑到供应链管理决策对获利能力、资产流动性和资产利用率的潜在影响。Timme（2003：230）认为供应链管理与财务绩效的关系是很多企业都未能充分利用的一个大好机会：

> 供应链管理有能给股东带来更高回报的潜力。然而，却很少有企业用它来管理整体的财务绩效。

本章接下来的各部分将重点讨论五个能够揭示供应链管理决策和财务绩效关系的管

理框架：

- 总净资产回报率；
- 波特价值链；
- 股东价值；
- 净资产回报率；
- 供应链比率。

## 1.4 供应链管理和总净资产回报率

本节将阐述典型的供应链决策可能对利润表和资产负债表的各个组成部分以及关键财务比率所产生的影响。而这些关键财务比率恰恰是利益相关者用来评价一个企业及其管理效率的重要标准。

供应链决策将对企业的收益及其营业费用产生影响，进而影响企业的盈利能力（利润表）。一个典型的供应链包括非流动资产（房产、工厂和设备）和营运资本（流动资产减去流动负债），这两项都被包含在了企业的资产负债表中。通常，流动资产包括库存、应收账款和现金，而流动负债是指短期债务，比如要付给供应商的款项、拟分配给股东的股息以及要上缴给政府的税收。

这里，我们以一个虚构的 FMCG 公司为例，来阐述供应链决策对企业财务绩效产生的影响。为了能够清晰地阐述供应链决策与财务绩效之间的因果关系，案例中只选取了几个具有象征意义的假设和成本。详细内容请参考本章的附录。由于传统的杜邦模型是用于分析股本回报率的，而为了阐述供应链决策对总净资产回报率而非股本回报率所产生的影响，我们对传统的杜邦模型进行了修正。

### 资产负债表、利润表和总净资产回报率

在研究供应链决策对企业财务绩效所产生的影响之前，很重要的一件事就是要对资产负债表和利润表进行更深入的审查。另外，还需要复审它们与那些用来衡量企业绩效的财务比率之间的关系。

资产负债表能够告诉我们两件事：

1. 企业用来支持运作的资金是从哪里筹得的；
2. 企业将这些资金都花到哪里去了。

实际上，资产负债表就是一个等式。在等式的一侧是企业动用的资本额（钱来自哪里），另一侧是企业的总净资产（把钱花到了哪里）。现在来看一下 FMCG 公司的资产负债表（见本章附录），我们能够发现，企业动用的资本总额是 12 亿英镑，它的总净资产（非流动资产＋流动资产－流动负债）也是 12 亿英镑，因此，资产负债表是平衡的。

现在，我们逐一来仔细地研究资产负债表中的这两个部分。因为作为供应链管理者来讲，很重要的一点就是需要识别他们的决策会对其中的哪个部分产生直接的影响。

已动用资本包括股东资金加上长期负债，其中，股东资金如股本、留存利润，长期负债如银行借款。总净资产是企业的固定资产与营运资本之和，其中，固定资产包括有形资产（不动产、工厂和设备）和无形资产（商誉）；营运资本等于企业的流动资产（库存、应收账款和现金）减去流动负债（应付账款、拟派股息和所有欠税）。

通常，供应链管理者所做的决策与构成企业总净资产的部分相关，而不是与企业资金筹措的来源相关。

利润表（收益和损失账户），如果用最简单的表示形式，也是一个等式，企业收益（利润）等于销售收入减去费用。如果销售收入大于费用，那么企业就是盈利的，否则，企业将会产生损失。FMCG 公司的利润表（见附录）显示企业的收入是 24 亿英镑，当所有财务年度的费用被考虑进来后，企业的留存收益是 1.77 亿英镑。每年的留存收益加上上一年的收益，被放到资产负债表的已动用资本部分。

供应链管理者通过分销网络设计，实现顾客服务水平的提高和运输的优化，降低了运营成本，因此，这对收入的产生具有促进作用。

已动用资本回报率（return on capital employed，ROCE）是分析师用来衡量回报（收益）的一个财务比率，是企业已动用资本的一个百分比。

已动用资本回报率等于息税前利润（earnings before interest and tax，EBIT）除以已动用资本再乘以 100 所得到的百分比。需要注意的是，已动用资本和总净资产是相等的，并且它们可以在 ROCE 比率的计算中互相替代。因此，在本节的例子中，我们利用了总净资产回报率（return on total net assets，ROTNA）而不是 ROCE，这主要是因为供应链管理者所做的决策影响的是构成总净资产的变量。

供应链管理者能够通过制定决策来提高 EBIT（销售收入减去销售成本再减去营业费用）（分子）或者降低总净资产（分母），进而提高 ROTNA。通常一项供应链管理计划，例如改善库存管理，既能影响分子，同时也能对分母产生影响。

目前，FMCG 公司的 ROTNA 是 25%，它等于 EBIT/TNA 再乘以 100 之后得到的百分比。这意味着企业总净资产中每 1 英镑的投入将会得到 0.25 英镑的回报。企业的利益相关者可以用这个比率作为在同行业中比较备选投资或回报的基准。另外，ROTNA 也可以通过两个比率的乘积算得：息税前利润率和总净资产周转率。

FMCG 公司的息税前利润率是 12.5%（息税前利润占销售收入的百分比），这意味着每 1 英镑的销售收入中，公司能够获得 0.125 英镑的息税前利润。公司的总净资产周转率是 2（销售收入除以总净资产），它意味着总净资产中的每 1 英镑投入能够产生 2 英镑的销售收入。因此，供应链管理在做供应链决策时，需要明白这两个财务比率之间的关系。图 1-1 详细阐述了息税前利润率和总净资产周转率之间的关系以及它们对 ROTNA 的输入作用。这个图也显示出了在利润表和资产负债表中能够影响 ROTNA、EBIT 和 TNA 的各个部分的重要作用（见附录）。这个图就是通常所说的杜邦模型。

现在，我们来看三个典型的供应链管理情境，并分别探讨每一情境对 FMCG 公司的财务报表和修正的杜邦模型中的各比率所产生的影响。这三个情境是：

- 降低库存；
- 外包机会；
- 延长应付账款期限。

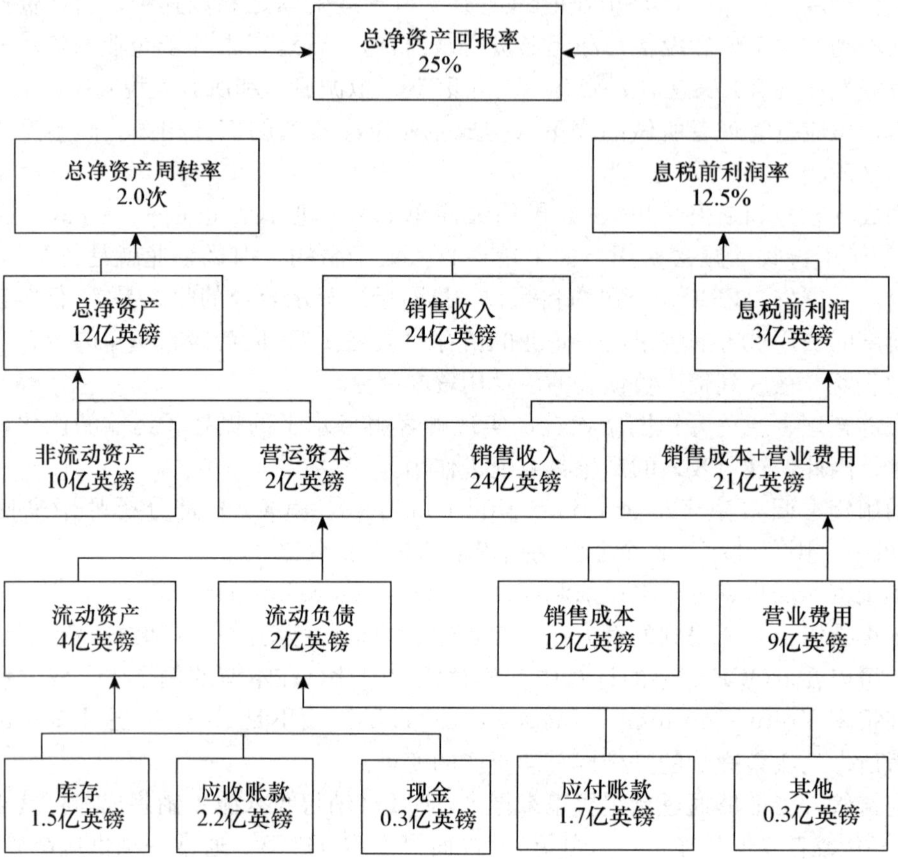


**图 1-1　FMCG 公司总净资产回报率**

## 降低库存

降低库存的财务影响能够引起流动资产和营业费用的降低以及现金流的增加，因此，降低库存对企业的利润具有正向的影响。同时，库存的降低也使得资产负债表中的总净资产减少。库存持有天数是计算现金周期（cash-to-cash cycle，C2C）的一个重要组成部分。在降低库存的过程中，因为企业库存持有天数得到了降低，因此，降低库存将对企业的现金周期产生直接的影响。

为了降低库存，FMCG 公司已经决定要重新规划它的采购战略。通过提高需求预测的准确度，公司现在能够降低从供应商那里采购的原材料的数量，因此，库存水平也得到了降低。库存水平的降低也将会带来库存持有成本的降低，通常 FMCG 公司的库存持有成本为库存占用成本或者净变现价值的 25%。但是，库存的降低却不会影响客户服务水平。公司预测可以实现库存水平降低 30%的目标，这相当于每年节省 45 亿英镑。这部分多出来的现金可以被用于偿还长期负债。公司的库存持有成本是 25%，因此，库存的降低将会帮助节省 11.25 亿英镑的营业费用，进而提高了利润。

不断改进的库存管理将企业的息税前利润率提高到了 13%，总净资产周转率提高到了 2.08，因此，ROTNA 从原来的 25%提高到了 27%。

图 1-2 利用杜邦模型阐明了库存降低给 ROTNA 带来的影响。现在，我们来看一下库存的降低是如何影响资产负债表和利润表中的各个组成部分的。库存的降低将会带来总净资产的降低；如果销售不变的话，那么总净资产周转率将会提高。库存持有成本降低，因此，营业费用得到降低；如果收入不变，那么公司的利润将会提高，进而提高了息税前利润率。

总净资产周转率和息税前利润率的提高将引起总净资产回报率的增加，这也正好说明了供应链管理决策和企业财务绩效改进之间的关系。

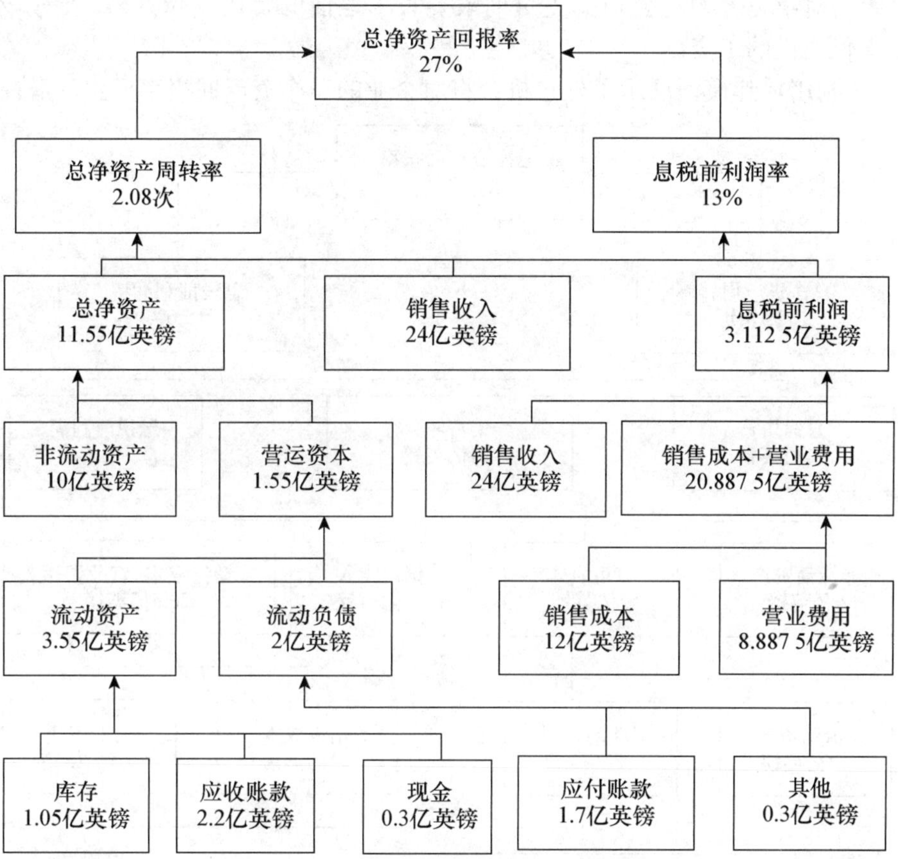


**图 1-2　库存降低和总净资产回报率**

## 外包机会

FMCG 公司正在考虑外包它的配送车队给一个第三方物流公司（third-party logistics

company，3PL）。将配送车队出售给第三方物流公司后，资产负债表中的非流动资产将会降低，但是现金（流动资产）将会增加。从处理车队获得的现金可以被用于投资其他资产、偿债或者以股息的形式将这些现金返还给股东。FCMG 公司已经决定用这笔钱来偿还部分长期借款。

由于车队的出售，FMCG 公司不再需要支付车队的日常运行成本。但是，随之而来的是，为了运输货物到客户手中需要支付给第三方物流公司的费用增加。但是，配送是第三方物流公司的核心业务，它们可以通过规模经济效益、提高车辆利用率和车型的标准化程度来最大化地节约成本，提供一个更低的运输价格，进而，FMCG 公司应该也能够从第三方物流公司更低的运输价格中获益。另外，FMCG 公司也有机会利用第三方物流公司的广阔覆盖面来接触比自营车队时更多的客户。

现金流方面其他的好处还包括无须购买新的车辆和降低现金周期的可能。现金周期的降低是因为对第三方物流公司的支付期限要长于之前的费用支付期限，比如外包之前需要按月支付司机的工资。

图 1－3 利用杜邦模型展示了外包机会将对企业的总净资产回报率产生的潜在影响。

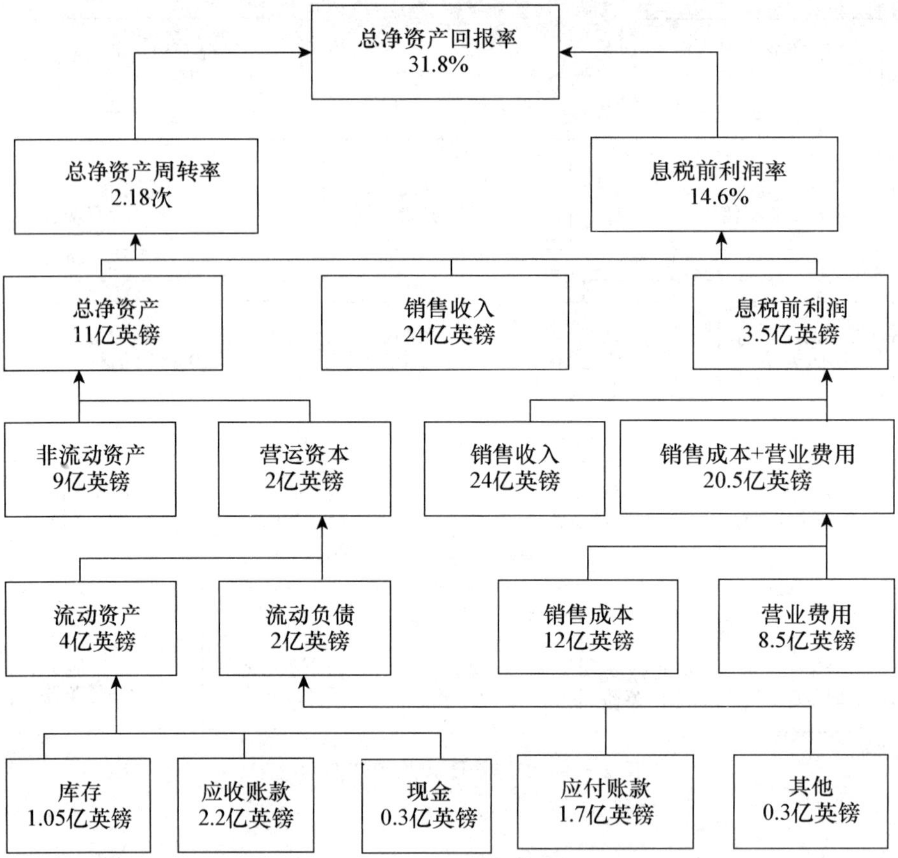


**图 1－3　外包机会**

非流动资产降低了 1 亿英镑，另外，由于收到的现金被用于偿还公司的部分长期借款，使得其降低到 2 亿英镑。因为总净资产降低到 11 亿英镑，总净资产周转率从原来的

2 次提高到 2.18 次。另外，由于第三方物流公司能够通过规模经济效益来节约运输成本，因此，营业费用降低了 0.5 亿元。销售收入保持不变，但是营业费用的降低使得利润增加，因此，息税前利润率从原来的 12.5%提高到了 14.6%。外包使得两个财务比率同时得到了改善，因此，总净资产回报率从 25%增加到 31.8%。

## 延长应付账款期限

FMCG 公司的财务和采购部门正在考虑延长支付供应商货款的时间，并希望让供应商加入公司的代理银行提供的一项供应链金融计划中来。假设这项供应链金融计划不会增加 FMCG 公司的任何成本，但它将会使 FMCG 公司的应付账款在财务年度期末从 1.7 亿英镑提高到 3.4 亿英镑。虽然这项决策会对资产流动性比率（流动比率和速动比率）产生负面影响，但是，公司的现金循环周期将得到改善，因为现金周期（库存天数加上应收账款天数减去应付账款天数）可以通过延长供应商的付款期限得到降低。最终，延长应付账款期限使得总净资产回报率从 25%提高到了 29.12%，如图 1-4 所示。

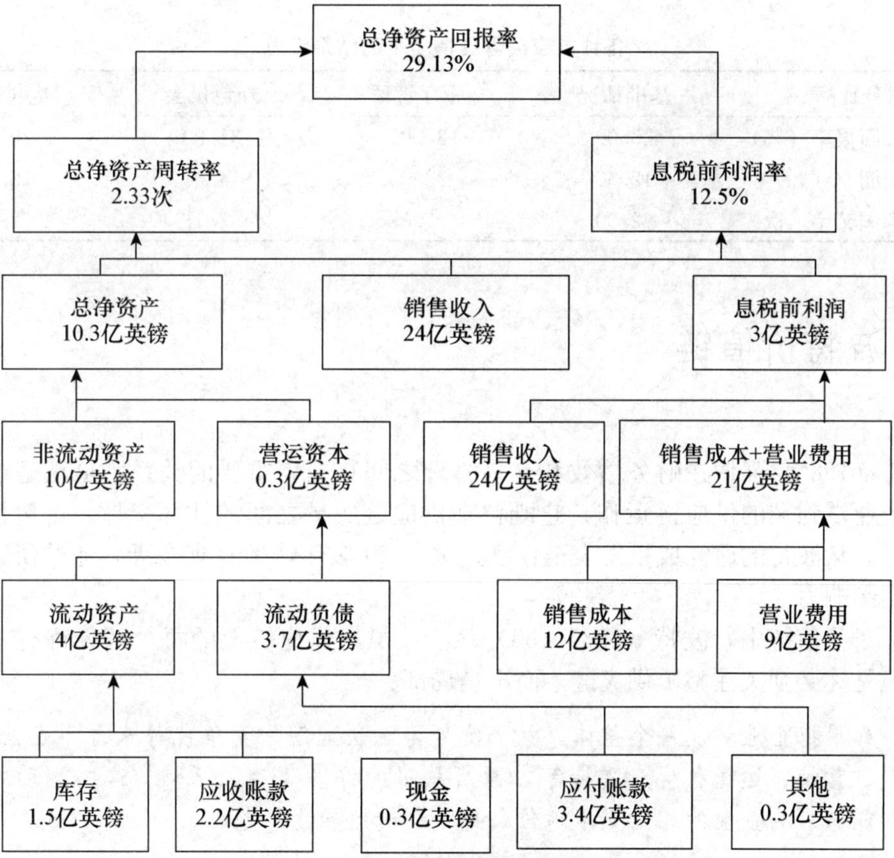


**图 1-4　应付账款从 1.7 亿英镑增加到 3.4 亿英镑**

增加的1.7亿英镑的应付账款使得流动负债增加到3.7亿英镑，这既降低了公司的营运资本，也降低了总净资产价值，使得公司的总净资产周转率和总净资产回报率得到提高。

进行以上案例分析，就是为了确定供应链管理决策可能对企业财务绩效产生的影响。供应链管理者需要知道他们的决策对企业财务绩效的重要作用，并且能够认识和明确地表述他们的决策对利润表、资产负债表以及衡量绩效的财务比率所产生的影响，例如在案例分析中用到的总净资产回报率、息税前利润率和总净资产周转率等。

本章利用一个虚构的公司和一些象征性的财务指标阐述了三种典型的供应链管理情境（降低库存、外包机会和延长应付账款期限）能够对财务绩效产生的影响。在每种情境下，我们都利用杜邦模型将其所产生的影响与基准情况进行了对比，并且讨论了它们对财务比率所产生的影响。表1-2对不同供应链管理情境下的结果进行了汇总。

虽然在案例中用到的财务指标是象征性的，但是它们可以清楚地反映供应链决策和财务绩效之间的因果关系。这一点非常重要，因为供应链管理者在考虑他们的决策对企业财务绩效产生的影响时，需要从一个整体的角度出发。

需要强调的是，在本部分所举出的供应链决策的类型是最基础的，同时也是与前述的模型相关的，因此不需要对它们进行赘述。

**表1-2　　各种供应链管理情境下的结果汇总**

| 财务比率 | 基准情况 | 库存管理 | 外包机会 | 应付账款 |
|---|---|---|---|---|
| 总净资产回报率（%） | 25.00 | 27.00 | 31.80 | 29.13 |
| 息税前利润率（%） | 12.50 | 13.00 | 14.60 | 12.50 |
| 总净资产周转率（次） | 2.00 | 2.08 | 2.18 | 2.33 |

## 1.5　波特价值链

波特（1985）强调在财务绩效和交易管理之间存在着重要的关系。也正是这些交易构成了企业端到端的供应链运作，它既包括供应链成员之间的外部交易，也包括企业的内部交易。从波特的研究成果发表至今已过去了30多年，但直到今天，他的研究仍然具有很强的影响力。

在一条价值链中，波特（1985：33）认为，虽然供应链上的每个部分都有机会创造价值，但是你必须关注整个供应链，而不是局部：

> 如果把企业看成一个整体，竞争优势将无法理解。竞争优势来源于企业在设计、生产、营销、运送和生产支持等方面所从事的许多离散的活动。这些活动中的每一个都能够影响企业的相对成本地位，也是创造差异化的基础。

因此，波特的研究强调供应链各组成部分之间的协同效应，其重要性在于，虽然波特价值链模型的关注点是客户价值创造，但是它研究了价值是如何在供应链中创造出来的。同时，波特也以边际利润的形式考虑了企业的价值。因此，这个著名的箭头图（波特价值链）事实上是一个企业利润表的图形化表示形式。箭头的外边界代表的是产生的收入，内部较小区域是费用，将费用从收入中扣除就是边际利润。如果一个企业的利润表采用这种形式来展示（见表1-3），那么供应链对财务绩效所产生的价值（没有语义双关）将会非常明晰。

**表1-3**

| | 英镑 | 英镑 |
|---|---|---|
| 销售收入 | | ××× |
| 减去主要成本 | | |
| ● 入厂物流 | ×× | |
| ● 运营 | ×× | |
| ● 出厂物流 | ×× | |
| ● 营销及销售 | ×× | |
| ● 服务 | ×× | |
| 维持费用前利润 | | ××× |
| 减去维持费用 | | |
| ● 采购 | ×× | |
| ● 技术研发 | ×× | |
| ● 人力资源管理 | ×× | |
| ● 企业基础设施 | ×× | |
| 息税前利润 | | ××× |

波特（1985：33-34）还提出了另外一个非常有趣的关于竞争优势的观点：

> 企业能够以低于竞争对手的低成本或更好地完成那些具有战略重要性的活动来获得竞争优势。

企业需要关注波特所提出的每一个活动，并看看能否降低它们的成本，因为这些活动能够对企业的财务绩效产生影响。重要的一点是，如果现在由公司自己来完成的活动能够借助第三方服务商的专业性和规模（规模经济效益），以更低的成本来完成同时也不损害价值，那么就需要选择“自制或是外包”。也正因如此，企业选择外包其非核心活动和波特价值链上的主要活动给第三方服务提供商。非核心活动包括支持活动，如人力资源管理、财务和信息技术服务；波特价值链上的主要活动包括入厂和出厂物流、生产和售后服务。

然而，波特的价值链并不能够说明由供应链产生的现金价值的重要性。关于这一点，将在下一节中进行探讨。

## 1.6 股东价值与供应链管理

最大化股东回报是企业董事会和管理者的最根本的目标（Rappaport，1998；Christopher and Ryals，1999；Harrison and van Hoek，2002；Lukas et al.，2005）。Rappaport

（1998：32）以现金流的形式来定义股东价值：

> 股东价值法用资本成本来贴现预期的现金流，进而来估计一项投资的经济价值。因此，这些现金流成为股东收益和股票价格增值的基础。

根据 CIMA（2005：96）的观点，股东价值是：

> 股东以股息和股票价格增长两种形式所获得的总回报，等于以企业加权平均资本成本进行贴现的未来净现金流量减去债务的市场价值。

以上两个定义都强调，当一项投资所产生的回报超过所动用资本的财务成本时，股东价值就会被创造出来。

Harrison and van Hoek（2002：52）为股东价值给出了如下定义，这个定义说明了股东价值创造对股东投资行为以及企业的资本获得所产生的影响：

> 现在，很多企业都在用创造股东价值来描述企业的主要目标。简单来讲，跟其他的投资相比，如果股东能够在对贵企业的投资中获得更多的收益，那么股东价值就被创造了出来。

股东之所以会投资一个企业，是因为他们希望获得股息（收入）和股价增值（资本增长）带来的收益。现金流是满足股东回报的关键。因此董事会和管理者会努力不懈地做出能够帮助提高股东回报的经营决策。根据 Lukas et al.（2005：414）的观点：

> 当今的管理者逐渐形成了一种共识：除非他们能够证明他们有能力提高股东价值，否则他们将会被替换，新的资本也将很难获得，这时他们的企业将会处于危险境地。

通常，企业会在报告和账目中公布他们的最大化股东收益的目标，并且在年报和账目中公开股东总收益（total shareholder returns，TSR），将股东总收益与同行业企业和与其在同一股票交易所上市的股票的平均值进行对比。

## 股东价值和供应链管理

现在，我们来研究股东价值和企业供应链管理之间的关系。

有越来越多的文献在强调供应链管理的重要性以及它对股东价值所产生的正面或负面的影响（Christopher and Ryals，1999；Harrison and van Hoek，2002；Singhal and Hendricks，2002；Hendricks and Singhal，2003；Christopher，2005；Ibrahim and Kennedy，2007）。在市场营销领域的文献中，也可以发现有关二者之间关系的研究，其中，Srivastava et al.（1999）就对作为影响股东价值的三个主要过程之一的供应链管理进行了讨论。

搭建二者之间关系的一个关键环节就是现金增值。企业如何在它的供应链中配置资产将会影响到企业的盈利能力、资产流动性和资产利用率，进而还会影响现金流（Srivastava et al.，1999；Christopher，2011）。正如 Rappaport（1998）所强调的，未来现金流的产生是推动股东价值增长的一个有力因素。因此，那些能够释放现金或加速现金流动的供应链决策将带来股东价值的提升。

举个例子，一个企业决定要降低它的库存，例如通过将库存管理外包给第三方（供应商管理库存）来实现。这个决策将会降低客户在供应链中以及资产负债表中的库存持有量。因为持有物理库存也是要付出成本的，所以库存水平的降低将影响企业的利润表，并且能够将原来被库存占用的资金释放出来，进而改善组织内的现金流（Lambert and LaLonde，1976；Waters，1992；Trent，2004；Christopher，2001）。被释放出来的资金可以用于其他能够提高股东回报的投资、偿还借款或者支付股息。

Christopher（2005：90）指出了供应链管理能够对企业股东价值具有正向影响的五个领域（盈利性成长、成本最小化、营运资本效率、固定资本效率和纳税最少化）。

供应链实践者用于提高股东价值的决策的例子，包括非流动资产的部署（自建还是租用）；分配资产的使用（自制还是外包）；生产地点的选择（税收效率的考虑）；再选址（国外还是国内）或者不同地区的工厂之间的再平衡；通过采用延迟策略或实施供应商管理库存（voendor-managed inventory，VMI）、准时制（just in time，JIT）和使用电子数据交换（electronic data interchange，EDI）来降低库存天数，进而降低营运资本周期；通过实施一系列的供应链金融计划来改善应收和应付账款；通过分析不同客户的服务成本来降低运营成本；引入现代的成本核算方法，如目标成本法（NPD）；所有权总成本（采购）和用于供应链过程的基于活动的成本核算法。需要注意的是，在实施供应链决策（例如将一个工厂从一个国家转移到另一个国家，或者依据雇佣工人和劳务派遣工人数量来改变固定成本和变动成本的分摊比例）之前，还需要考虑一些人力资源的因素。

以上所列举的这些供应链决策的例子都能对股东价值产生影响。因此，供应链管理是传递股东价值的一个重要的考量因素。

## 1.7 净资产回报率

用来评估一家企业的资产和营运资本的利用率的典型的财务绩效指标就是净资产回报率（return on net assets，RONA）。净资产回报率表示的是该企业利用它所拥有的每一单位的资产（1 英镑、1 美元、1 欧元等）获取收入的能力。这为企业提供了启示，能够帮助它们更好地利用其所拥有的资产创造收入。

通常，企业的目标就是增加净资产回报率，但怎样才能达到这一效果呢？

净资产回报率＝税后营业利润/平均净资产

从数学上说，净资产回报率是税后营业利润除以平均净资产，因此，有两个方法可以增加净资产回报率：

1. 通过增加税后营业利润；
2. 通过降低资产利用率的强度，即降低平均净资产。

第一个方法非常简单明了。企业的税后利润必须极大地增加，这可以通过增加销售收入和降低成本费用来实现。但是，实际上，这项任务是很难完成的。但是，如果能将平均净资产压缩为零，那么，净资产回报率就会变成无限大。

### 无限的净资产回报率或负的净营运资本的积极作用

**在实践中，如何使净资产回报率近乎无限大？**

回答这个问题的最好方法是将平均净资产细分。

平均净资产＝资本资产＋流动资产－流动负债

平均净资产由两部分之和组成：固定资本资产和灵活的净营运资本。资本资产在短期内是固定的，包括厂房、设备和其他资产。净营运资本是流动的，并计算为流动资产减去流动负债。为了实现近乎无限大的净资产回报率，公式中的平均净资产需要接近零。如果净营运资本部分是负的并与资本资产部分近乎平衡，那么平均净资产接近零就可以变成现实。这意味着，相比于流动资产，该公司拥有更多的负债，即负的净营运资本。

**但是，负净营运资本究竟是什么？除了字面意思，它真正意味着什么？它对公司来说有积极的作用吗？**

简单来说，净营运资本为负的企业就是在利用其他人的钱来运行其业务。这是否是一个积极的属性因企业而异，取决于该企业的特征、其业务模式和所属行业。那些净营运资本为负却能够成功运营的企业，需要提前从顾客手里获取尽可能多的收入，并尽可能拖延向其债权人付款。大多数负净营运资本的案例出现在通信和广播行业。这一行业的固定成本较低而且能够保持较低的库存水平甚至零库存，同时，大量的预订服务使得企业能够在服务交付之前提前从顾客手里拿到钱。对这个行业来说，负净营运资本可能具有积极的作用。企业既可以通过有效地利用从其供应商那里拿到的钱来发展业务，又可以通过低库存和应收账款来确保其不会失去发展势头。但即使在这些行业，负净营运资本仍具有危险性。

**负净营运资本的危险是什么？**

第一，并不是所有的行业和企业都可以或者应该尝试拥有负净营运资本。固有的负净营运资本可能会有导致破产的风险，因为如果债权人无论出于什么原因想要比预期更早地拿到他们的钱，那么企业将因无法偿还给他们而导致破产。这是因为负净营运资本意味着企业是在利用债权人的钱来支撑其流动资产和部分固定资产。能否及时向其债权人还款也会影响企业的信用评级结果，反过来，会导致企业需要以更高银行利率获得融资。此外，负净营运资本还有可能让企业错失那些能够发展壮大自己的新的市场机会，因为它们没有足够的资金支持。然而，即使一个企业是在条件良好并且具有一个成熟的负净资产运营模式的行业中，它仍然需要克服一个风险，即收入降低的风险。拥有负净营运资本的公司若想盈利，必须有日益扩大的收入。如果收入减少，负净营运资本的积极影响则会反转，此时，企业想继续盈利，就需要在一定时间内不断投入营运资本。

## 1.8 供应链比率

Johnson and Templar（2011）所采用的方法是将现金增值引入供应链模型中（见图 1-5）。此模型是在杜邦模型的基础上，联合了波特（1985）的价值链模型和 Christopher（1998；2005）的一些想法而被提出来的。这个模型能够清楚地说明供应链决策会如何影响一个组织的现金增值与总净资产之间的关系，因而很有利用价值。

这个模型并未明确地探讨股东利益，而是将运营产生的现金增值作为一个关注点。因此，供应链比率（supply chian ratio，SCR）的焦点在于供应链决策与企业价值之间的关系。

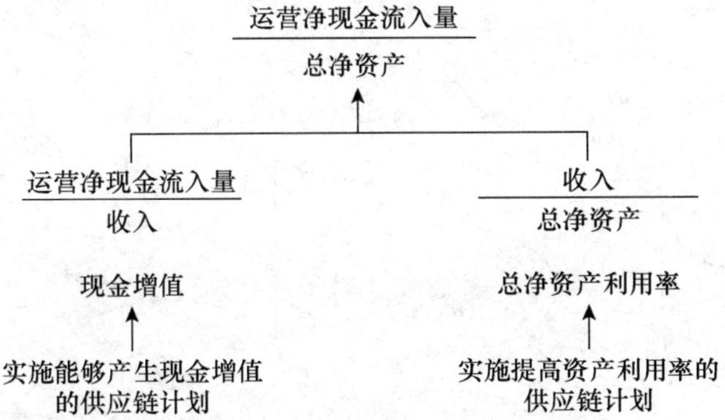


**图 1-5　供应链比率**

资料来源：改编自 Johnson and Templar（2011：94）

## 1.9 跨组织的财务绩效

开展本节讨论的假设前提是由供应链管理者所做的任何战略、战术和行动的决策都将对组织的财务绩效产生影响，影响其盈利能力、资产流动性和资产利用率，同时也会对构成端到端供应链的其他成员企业产生（积极的或消极的）影响。利用图 1-6 所示的供应链网络，让我们来探讨一下那些能够改善整个供应链财务绩效的跨组织供应链决策。这里，我们用总净资产回报率（ROTNA）作为衡量单个企业和整个供应链网络财务绩效的指标。

若想增加企业和整体供应链网络的总净资产回报率，有两种方法可以实现：要么减少总资产投入，要么增加息税前收入。这两种情形如下所述：

第一种情形是，整个供应链网络同意进行协作并在每对买卖关系间实时共享有关客户需求的数据。最终的结果是，相比需求预测，需求数据质量得到很大改善，同时，需求波动放大（牛鞭效应）而带来的消极影响也得到了很大程度的降低。对每家企业来讲，这种方法所带来的积极影响是，它们能够在维持较低库存水平的同时降低缺货风险。由于流动资产和运营成本的降低，公式中的分子和分母都得到改善，因此，以 ROTNA 为指标的整个供应链网络的财务绩效将得到提升。此外，由于库存资金占用较少，企业的现金流也将有所改善，从而为其他业务计划腾出资金。

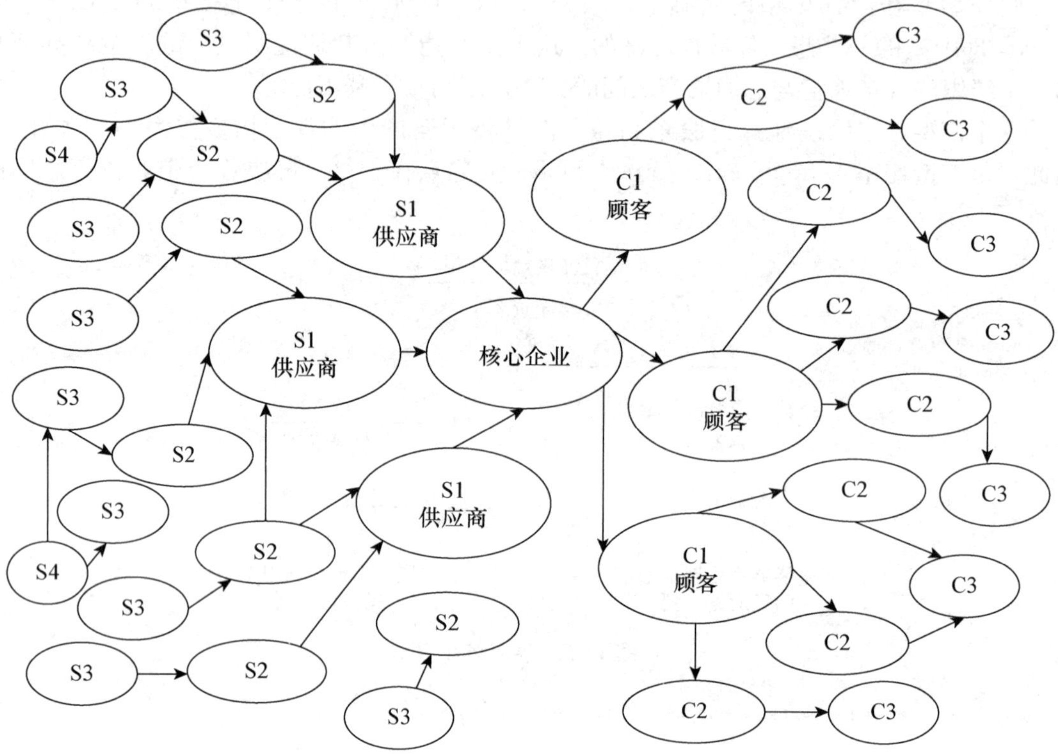


**图 1－6　跨组织的供应链网络**

第二种情形是，如果供应链网络成员都愿意实施一项供应链融资计划的话，那么供应商的融资成本将得到降低，进而减少了供应商的总成本；如果节省的成本能够带来供应商销售价格的降低，那么买家承担的销售成本将得到有效改善，从而提高整个供应链网络的息税前利润和总净资产回报率。

## 1.10　总结

本章强调了供应链管理决策对组织财务报表产生的影响，解释了供应链管理决策和企业绩效测量之间的关系，介绍了一套公司使用的财务框架，用来阐述供应链决策对企业财务绩效产生的影响。

一个需要注意的关键点是：在做任何供应链管理决策之前，管理者必须要确定这项决策将会对企业和整个供应链网络的财务绩效所产生的潜在影响，包括盈利能力、资产流动性和资产利用率。

然而，供应链决策既有可能对企业产生积极的影响，也有可能产生消极的影响，这主要是由于企业内部的各个职能部门的视角不同，因此，全面理解这些决策对企业所产生的财务影响是至关重要的。例如，就节省运营成本和改善现金流而言，供应链管理者和会计师会非常希望能够对库存量进行合理化控制；然而，销售和市场营销人员却认为这一决定将会限制客户的选择，进而对未来的收入产生负面影响。

俗话说“三思而后行”。在这种情境下，这句话是非常适用的。

## 参考文献


Borsodi，R（1929）*The Distribution Age：A study of the economy of modern distribution*，D Appleton and Company，New York

Braithwaite，A and Christopher，M（2015）*Business Operations Models*，Kogan Page，London

Camerinelli，E（2009）*Measuring the Value of the Supply Chain：Linking financial performance and supply chain decisions*，Gower

Christopher，M（1998）*Logitics and Supply Chain Management：Strategies for reducing cost and improving service*，2nd edn，Pearson Education，Harlow

Christopher，M（2005）*Logitics and Supply Chain Management：Creating value-adding networks*，3rd edn，Pearson Education，Harlow

Christopher，M（2011）*Logitics and Supply Chain Management：Creating value-adding networks*，4th edn，Pearson Education，Harlow

Christopher，M and Ryals，L（1999）Supply Chain Strategy：Its impact on shareholder value，*The International Journal of Logistics Management*，10（1），pp 1–10

CIMA（2005）*CIMA Official Terminology*（2005 edn），CIMA Publishing，Oxford

D'Avanzo，RL，Starr，CE and von Lewinski，H（2004）Supply chain and the bottom line：A critical link，*Outlook*：Accenture，1，pp 28–35

Ellram，LM and Liu，B（2002）The financial impact of supply chain management，*Supply Chain Management Review*，6（6），pp 30–37

Harrison A and van Hock，R（2002）*Logistics Management and Strategy*，Pearson Education，Harlow

Hendricks，KB and Singhal，VR（2005a）An empirical analysis of the effect of supply chain disruptions on long-run stock price performance and equity risk of the firm，

*Production and Operations Management*, 14 (1), pp 35-42

Hendricks, KB and Singhal, VR (2005b) Association between supply chain glitches and operating performance, *Management Science*, 51 (5), pp 695-711

Ibrahim, R and Kennedy, D (2007) Supply chain management program first-and-second-order effects model: a new strategic tool, *The International Journal of Advanced Manufacting Technology*, 34 (1), pp 201-10

Johnson, M and Templar, S (2011) The relationships between supply chain and firm performance: the development and testing of unified proxy, *International Journal of Physical Distribution and Logistics Management*, 41 (2), pp 99-103

Ketchen, DJ and Hult, GTM (2007) Bridging organization theory and supply chain management: the case of best value supply chains, *Journal of Operations Management*, 25 (2), pp 573-80

LaLonde, BJ (2000) Making finance take notice, *Supply Chain Management Review*, 4 (5), pp 11-12

Lambert, DM and Burduroglu, R (2000) Measuring and selling the value of logistics, *The International Journal of Logistics Management*, 11 (1), pp 1-18

Lambert, DM and Coopr, MC (2000) Issues in supply chain management, *Industrial Marketing Management*, 29 (1), pp 65-83

Lambert, DM and LaLonde, BJ (1976) Inventory carrying costs, *Manangement Acconting*, 58 (2), pp 31

Lukas, BA, Whitwell, GJ and Doyle, P (2005) How can a shareholder value approach improve marketing, strategic influence? Journal of Business Reseach, 58 (4), pp 414-22

Mentzer, JT, Dewit W, Keebler, JS, Min, S, Nix, NW, Smith, CD and Zacharia, ZG (2001) Defining supply chain management, *Journal of Business Logistics* 22 (2), pp 1-25

Oliver, RK and Webber, MD (1992) Supply-chain management: Logistics catches up with strategy, in *Logistics: The Strategic Issues*, ed M Christopher, Chapman and Hall, London

Porter, M (1985) *Competitive Advantage: Creating and sustaining superior performance*, Free Press, New York

PWC/MIT (2013) [accessed 16 February 2016] Making the right risk decisions to strengthen operations performance. PwC and the MIT forum [Online] www. pwc. com/gx/en/operations-consulting-services/pdf/pwc-and-the-mit-forum-for-supply-chain-innovation _ making-the- right-risk-decisions-to-strengthen-operations-performance_st-13-0060. pdf

Rappaport, A (1998) *Creating Shareholder Value: A guide for managers and investors*, The Free Press, New York

Singhal, V and Hendricks, KB (2002) Supply chain glitches torpedo shareholder value, *Supply Chain Management Review*, 6 (1), pp 18-24

Srivastava，RK，Shervani，TA and Fahey，L（1999）Marketing，business processes and shareholder value：An organizationally embedded view of marketing activities and the discipline of marketing，*The Journal of Marketing*，pp 168－79

Stapleton，D，Hanna，JB，Yagla，S，Johnson，J and Markussen，D（2002）Measuring logistics performance using the strategic profit model，*International Journal of Logistics Management*，13（1），pp 89－107

Timme，SG（2003）[accessed 16 February 2016] The financial supply chain，*mThink Knowledge* [Online] http://mthink.com/article/ financial-supply-chain

Timme，SG and Williams-Timme，C（2000）The financial-SCM connection，*Supply Chain Management Review*，4（4），pp 32－40

Trent，RJ（2004）What everyone needs to know about SCM，*Supply Chain Management Review*，8（2），pp 52－59

Waters，D（1992）*Inventory Control and Management*，Wiley

# 附录

| FMCG 公司资产负债表（某年 3 月 31 日） | 百万英镑 |
|---|---|
| 非流动资产 | 1 000 |
| 流动资产 | 400 |
| 流动负债 | 200 |
| 总净资产 | 1 200 |
| 股东权益 | |
| 普通股 | 600 |
| 留存收益 | 300 |
| 股东权益总额 | 900 |
| 非流动负债 | |
| 借款 | 300 |
| 股东权益及负债总额 | 1 200 |

注：总净资产＝股东权益＋非流动负债

| FMCG 公司利润表（某年 3 月 31 日） | 百万英镑 |
|---|---|
| 收入 | 2 400 |
| 减去销售成本 | 1 200 |
| 毛利润 | 1 200 |
| 营业费用 | 900 |
| 支付利息 | 3 |
| 税前利润 | 297 |

续前表

| FMCG 公司利润表（某年 3 月 31 日） | 百万英镑 |
| --- | --- |
| 税额 | 60 |
| 税后利润 | 237 |
| 股息红利 | 60 |
| 年留存收益 | 177 |

## 思考题

1. 企业经营的目标是为其股东实现总净资产回报率的最大化。

a. 总净资产回报率是如何计算的？

b. 识别三个能够提高企业总净资产回报率的供应链活动。

c. 对于以上你所识别的每个供应链活动，请阐述它将如何影响用于计算总净资产回报率的各个参数。

2. 采购和供应链管理的财务影响不仅限于成本的降低，它还会影响企业的其他关键绩效指标，如企业成长、盈利能力、现金流和资产利用率。(Ellram and Liu，2002：30)

作为一个供应链管理者，如何才能对 Ellram 和 Liu 识别的以上五个方面产生积极的影响？

3. 下表中的数据摘自一个企业的财务报表：

单位：百万英镑

| | |
| --- | --- |
| 非流动资产 | 80 |
| 流动资产 | 40 |
| 流动负债 | 20 |
| 销售收入 | 200 |
| 销售成本 | 75 |
| 营业费用 | 45 |

计算如下财务比率：

a. 总净资产周转率；

b. 息税前利润率；

c. 总净资产回报率。

## 参考答案

1. a. 总净资产回报率＝息税前利润/总净资产。

b. 能够改善企业总净资产回报率的供应链活动包括：

1）降低客户服务成本；

2）降低库存水平；

3）提高非流动资产利用率；

4）缩短现金周期；

5）外包非核心业务。

c. 对于以上你所识别的每个供应链活动，请阐述它将如何影响用于计算总净资产回报率的各个参数：

1）降低营业费用，进而提高息税前利润。

2）降低库存水平后，库存持有成本将会降低，因此，息税前利润得到改善，同时库存水平的降低也将降低企业拥有的总净资产。

3）通过增加资产规模来提高非流动资产的利用率可能会导致分配资产减少，这将会导致总净资产的减少，因此会提高总净资产回报率。

4）缩短库存天数和应收账款天数将减少现金周期时间，但是也会导致流动资产和营运资本的减少。

5）外包非核心业务将会导致资产负债表中的总净资产的减少，但是可能也会使得利润表中的营业费用减少。因此，在提高收益的同时降低了总净资产，这将导致总净资产回报率的增加。

2. 供应链管理者能够对 Ellram 和 Liu 识别的五个方面产生积极的影响。

| 绩效领域 | 供应链活动 |
|---|---|
| 成本降低 | 通过实施企业流程再造和目标成本管理来降低成本 |
| 企业成长 | 支持新产品导入和提高客户服务水平 |
| 盈利能力 | 降低营业费用，降低客户服务成本，降低供应成本 |
| 现金流 | 改善现金周期 |
| 资产利用率 | 网络优化，改善运输路线和调度 |

3. a. 总净资产周转率＝销售收入/总净资产＝200/100＝2。

b. 息税前利润率＝(息税前利润/销售收入)×100＝40%。

c. 总净资产回报率＝(息税前利润/总净资产)×100＝80%。

# 第二章

# 重要议题——营运资本管理

## 2.1 概述

本章在第一章的基础之上，探讨了为什么营运资本管理在商业中如此重要。在上一章中，我们重点介绍了企业的营运资本及其与财务报表（利润表和资产负债表）之间的关系，以及财务报表中用于衡量资产流动性的财务比率。本章也将介绍一些可以用于改善企业营运资本管理的举措，为后续章节中供应链金融的收益和成本分析提供基础。

**成果**

本章的预期成果如下：

- 识别流动性和营运资本管理需求；
- 认识用于管理流动性和营运资本的财务比率；
- 描述营运资本周期的组成部分；
- 识别企业用于管理营运资本各组成部分的举措；
- 解释营运资本管理绩效测量方法的局限性；
- 认识对经济可持续性供应链的需求。

通过本章的学习，你将能够：

- 解释为什么营运资本管理是组织的一个重要问题；
- 识别商业中对流动性和营运资本管理的需求；

- 能够计算用于管理流动性和营运资本的财务比率；
- 识别典型的营运资本周期的组成部分；
- 描述资产流动性与营运资本管理之间的关系；
- 识别企业用于管理构成营运资本的各组成部分的措施；
- 解释营运资本绩效评价方法的局限性；
- 阐述对经济可持续性供应链的需求。

**活动**

我们推荐如下活动：

- 运用营运资本周期的组成部分，让管理者识别能够帮助改进营运资本管理的一些措施。

## 2.2 流动性和营运资本需求

企业中的现金数量就像汽车发动机中的润滑油量。如果发动机中的润滑油太少，汽车的运动部件就会因为没有足够的润滑而卡住，进而导致发动机中的部件严重损坏并最终导致发动机损毁。

企业在没有足够现金，也没有其他可替代的资金来源的情况下，将不得不停止交易，因为它可能没有足够的资金支付工资、购买原材料、偿还债权人和支付间接费用，或在需要时投资新的房产、厂房和设备。就像缺乏润滑的发动机一样，企业一旦出现现金和流动性不足的问题，就将会停止运作。

然而，发动机中的润滑油过多也会影响效率，并可能导致其严重损坏。因此，必须尽早通过检查发动机的量油尺，或根据油压灯或压力表的反馈来监测发动机内的油位。同样，企业运营中，太多的现金也可能导致企业低效和做出错误决策，从而对股东利益产生负面影响。因此，就像监测油位一样，使用财务比率监测企业的流动性至关重要。企业不仅要衡量日常运行的现金流量，更重要的是，还需要确定未来的现金流量需求，以便在企业内部或从金融市场获得充足的资金支持。

我们都知道，在不同的驾驶环境下，发动机的润滑需求也会不同。同理，企业的每个业务在不同的业务周期阶段所需要的现金量也不同，因此，充分理解企业财务数字背后的含义是至关重要的。企业所需要的现金水平会随着它所处生命周期阶段的不同而不同，在初创期、加速期、扩张期和成长期、成熟期和衰退期，分别需要不同数量的现金。可以说，企业内的现金管理与汽车中的发动机管理系统一样重要。

Christopher（2011：58）将现金管理等价于利润创造：

强大的现金流入已经像利润一样成为管理层渴望实现的目标。

为什么现金流对企业来说非常重要，并且成为当下企业管理的一个重要议题？这一切都与商业交易的时机和信贷融资的可获得性与获得途径有关。

现在让我们来讨论充满传奇色彩的暑假柠檬水生意，这是一个多年来一直让众多企业大佬羡慕不已的经典案例。首先，你需要找到一个营业场所，摆一个摊位，促销你的产品，购买原料和塑料杯子，然后制作柠檬水——不要忘记把你的时间的机会成本也算到产品的定价中。然而，在卖掉第一杯柠檬水之前，你需要有足够的资金来制作或购买货摊、购买柠檬和在配方上的其他配料（物料清单）。如果你没有获得贷款，那么你就需要找到足够的现金来投资你这个小生意，然后用卖掉柠檬水的钱来偿还这部分现金，这就是所谓的流动性缺口（liquidity gap）。如果你所有的客户都用现金支付，那么你的营运资本周期会相当短。但是，如果他们采用赊账的方法，那么流动性缺口将会加大，并将影响你的柠檬水库存和客户服务水平的提高。

因此，无论企业的规模如何，现金流对于任何企业的成功都是至关重要的：无论你是像每年收获一次的农业企业一样的季节性产品企业；或是像需要经过从鸟蛋饲养到成鸟的家禽养殖企业；或是像奶酪和威士忌生产企业那样，产品需要几年以后才能制成出售；或是预先需要大量资本投资的大型飞机和航空发动机制造企业；还是向跨国组织提供服务的个体经营者，无一例外，皆是如此。

英国政府已经认识到现金流作为经济增长助推器的重要性，并且明确表示流动性不足不仅会严重影响企业财务的可持续性，也会对其供应链上的贸易伙伴——既包括上游（供应商）也包括下游（客户）——产生严重冲击。2012 年 10 月 23 日，总理办公室宣布了一个改善现金流的供应链金融计划：

当前经济形势下，有活力的企业需要进行扩张，但是它们往往在筹措资金方面遇到很多困难，这个计划不仅可以帮助它们获得融资和现金流支持，也可以帮助保护一些国内顶尖企业的供应链，保住供应链上的成千上万个工作岗位。

在随后的章节中，我们将对供应链金融措施的多样性进行深入探讨。

## 2.3 营运资本

会计师、经理和金融媒体经常在商业中使用“营运资本”这个术语，但它到底是什么意思呢？英国特许管理会计师公会（Chartered Institute of Management Accountants, UK）将营运资本（CIMA，2005：82）定义为：

企业的日常可运用经营资本，通常为流动资产与流动负债的差额。

流动资产和流动负债的标准见表 2－1，摘自 CIMA 的官方术语指南。

**表 2－1　　流动资产和流动负债的 CIMA 标准**

| 流动资产 | 流动负债 |
|---|---|
| 符合以下任一标准的资产：<br>● 预期在企业的正常经营周期内能够变现、拟出售或消耗<br>● 以为交易为目的而持有的资产<br>● 预计在资产负债表日期起 12 个月内能够变现<br>● 现金或现金等价物 | 符合以下任一标准的负债：<br>● 预计在企业的正常经营周期内结算<br>● 以为交易为目的而持有的负债<br>● 应在资产负债表日期起 12 个月内结清 |

资料来源：CIMA，2005：65

企业的营运资本可以用流动资产减去流动负债来计算，这两个数字可从企业的资产负债表中获得。如果得出的数字为正，那么该企业拥有净流动资产，因为其流动资产大于流动负债。相反，如果流动负债大于流动资产，则该企业的营运资本为净流动负债。表 2－2 以两个不同工业部门的企业为例说明了营运资本的计算方法：其中一个企业有净流动资产，另一个有净流动负债。

**表 2－2　　流动资产净额和流动负债净额**

| 2014 年 | 工程公司（百万英镑） | 零售公司（百万英镑） |
|---|---|---|
| 流动资产 | 50.0 | 60.0 |
| 流动负债 | 36.0 | 69.0 |
| 营运资本 | 14.0 | 9.0 |
| | 流动资产净额 | 流动负债净额 |

流动资产和流动负债一般由以下部分构成，见表 2－3（CIMA，2005：61）。

**表 2－3　　流动资产和流动负债的构成要素**

| 流动资产 | 流动负债 |
|---|---|
| ● 库存<br>● 贸易和其他应收账款<br>● 其他流动资产<br>● 现金及现金等价物 | ● 贸易和其他应付账款<br>● 短期借款<br>● 长期借款中当期应偿还部分<br>● 应付当期税额<br>● 短期条款 |

资料来源：CIMA，2005：61

现在，我们进一步探讨计算营运资本的五个具体构成要素，其中三个是流动资产，两个是流动负债。

## 流动资产

### 库存

CIMA（2005：73）官方术语将其定义为：

在正常生产过程中，一般为经营销售而储备的资产，或为保障生产或服务企业内部所消耗物资的不间断供应而储存的原材料或供应品。

通常，库存细分为三种类型：

- 原材料；
- 在制品；
- 产成品。

汽车行业是一个极好的案例，我们可以在一个汽车制造工厂中找到全部以上三种类型库存的例子。原材料包括坯料钢和铝板，用于压成车身面板和消耗品，如包装和部件，还有在装配线上等待安装的零部件。在制品库存指那些在生产线上完成部分组装的车辆。最后，产成品就是已经完成生产等待着被运向经销商和最终用户的汽车。

企业的库存水平将对其财务绩效产生影响。如前所述，库存在多数情况下是资产负债表上的流动资产，因此过多的库存将对资产利用率产生影响。资产利用率是供应链绩效的关键衡量标准。资产周转率通常利用销售收入除以各种类型的资产（例如总资产）来计算。由于库存价值包括在资产总额中，因此，减少库存将提高资产周转率。由于计算决定企业毛利润的销售成本的关键要素，因此，它也会对企业的利润表产生影响。根据文献可知，企业的库存成本平均为库存总值的25%，这其中包括资本的机会成本、处理和存储成本、保险、毁损、报废和损耗。因此，库存水平过高将增加企业的营业费用，从而对盈利产生负面影响。最后，由于超额库存会占用大量现金，因此还将对企业的现金流、资产流动性和营运资本周期产生负面影响。

### 贸易和其他应收账款

CIMA（2005：76）将贸易和其他应收账款定义为：

企业对个人或组织赊销商品或服务而应收取的货币金额，在《国际会计准则》（International Accounting Standards，IASs）中被定义为应收账款。

### 现金及现金等价物

现金等价物（CIMA，2005：62）被定义为：

企业持有的期限短、流动性强、易于变现、价值变动风险很小的投资。（IAS 7）

## 流动负债

这里我们将主要讨论两种类型的企业流动负债。

### 贸易和其他应付账款

贸易和其他应付账款由CIMA（2005：75）定义为：

个人或企业由于收到货物或服务而欠的应付款项，这种欠付款在IASs中被称为应付账款。

**短期借款**

企业短期借款的一个典型例子就是银行透支。

## 2.4 资产流动性

流动资产与流动负债之间的关系很重要，会计师通常使用流动比率和酸性测验比率（也称为速动比率）这两个关键财务比率来衡量这种关系，这两个比率也用来衡量企业的资产流动性。

CIMA（2005：92）将流动性定义为：

企业能够拥有充足资金以满足到期的财务需求的能力。

流动比率是将企业的流动资产与流动负债相比得出的比率。在表2-2工程公司的例子中，该比率为1.39∶1.00，这意味着每1.00英镑的流动负债就对应着1.39英镑的流动资产。因此，从理论上说，企业拥有足够的流动资产可以随时转换为现金以偿付企业的债权人。在零售公司的例子中，该比率为0.87∶1.00，其流动资产相对较少，这意味着如果该企业的所有债权人都要求还款，企业将没有足够的流动资产来偿付流动负债。

有趣的是，大多数会计教科书认为，一个典型的制造企业的流动比率应该是2∶1，这对于表2-2中的工程公司意味着什么呢？我们稍后再来探讨这个重要的问题。

速动比率是对企业资产流动性的一个更严格的度量，因为在计算中它不考虑企业库存价值。之所以不考虑库存，是因为会计师认为库存变现时无法实现全部价值。因此，速动比率是用流动资产减去库存总额的差值再与流动负债进行比较。公式为：

流动资产－库存＝流动负债

现在我们来看一下工程公司的速动比率，把企业报表中的值代入上述公式：

50.0百万英镑－16.0百万英镑＝34.0百万英镑

工程公司的速动比率为0.94∶1.00。一般来说，会计教科书建议这个比率应该是1∶1，这意味着公司每1英镑的流动负债就对应0.94英镑的流动资产。零售公司的速动比率为0.24∶1。那么，现在需要考虑的问题是：与库存一样，应收账款在变现时，能否实现全部价值的变现？这个问题将在本书随后的章节讲述供应链金融工具时再进行进一步的探讨。

你现在可能会问，为什么要将这些比率的标准值设为是2∶1和1∶1呢？这是一个很好的问题，因为它直接关系到比率分析问题的核心。比率分析的“背景因素很重要”，你需要了解数字背后的故事。这些比率会受到许多环境因素的影响，包括企业规模、财务状况和获得信贷的能力、行业类型和企业所处的地理位置以及当前的经济形势。

如前所述，所有的企业都是不同的，它们的流动比率和速冻比率也各不相同，有时一些企业的比率小于标准值，但也能够以净流动负债的状态运行。这是因为它们的现金流量的周期短，不需要很高的流动比率。这说明，我们不能仅依靠一套财务比率，而更为重要的是，我们要尽可能去了解企业报告和报表中公布的财务数据背后的故事。

## 2.5 营运资本周期

在分析营运资本周期的构成要素之前，我们必须认识到会计语言在不断演变和发展，使用不同的术语来描述同一个问题会让人感到很混乱：比如，库存和存货的互换使用。表 2-4 说明了营运资本周期构成要素中会使用到的术语，虽然它们在名称上有差异，但意思是相同的。

**表 2-4　　营运资本术语**

| |
|---|
| 债务人赊销货款回收期＝已销售货物未结款天数＝应收账款天数 |
| 债权人应收货款回收期＝已购货物未付款天数＝应付账款天数 |

营运资本周期（CIMA，2005：98）被定义为：

从投入资金开始生产时起，到最终完成销售收回货款的时间期间。

营运资本周期通常以天为单位，使用以下三个财务比率来计算：

- 库存天数；
- 应收账款天数；
- 应付账款天数。

计算公式为：

营运资本周期＝库存天数＋应收账款天数－应付账款天数

营运资本周期也被称为现金周期。

### 库存天数

此比率衡量企业持有库存的平均天数。平均库存天数可以使用以下公式计算（CIMA，2005：23）：

$$库存天数=\frac{平均库存}{其间的平均每日销售成本}$$

### 应收账款天数

CIMA（2005：24）官方术语将应付账款天数定义为：

企业收到赊销客户付款的平均时间（以日历天为单位）。

平均应收账款天数使用以下公式计算：

应收账款天数＝平均应收账款/赊销条件下平均每日销售额

## 应付账款天数

CIMA（2005：24）官方术语将应付账款天数定义为：

企业向供应商付清欠款的平均时间（以日历天为单位计算）。

平均应付账款天数使用以下公式计算：

应付账款天数＝平均应付账款/赊购条件下平均每日采购额

表 2－5 中是两个虚拟企业的数据，可以用来计算营运资本和资产流动比率。

**表 2－5　来自 Alpha 公司和 Delta 公司的财务数据**　单位：百万英镑

| | Alpha | Delta |
|---|---|---|
| 平均库存 | 15 | 6 |
| 销售成本 | 80 | 45 |
| 平均应付账款 | 15 | 15 |
| 平均应收账款 | 21 | 22 |
| 销售收入（赊销） | 125 | 125 |
| 采购成本（赊购） | 90 | 90 |

Alpha 公司的营运资本比率可以使用表 2－6 中的公式计算，这在前面的章节中已经做过介绍。

**表 2－6**

| | |
|---|---|
| 库存天数 | 平均库存/其间的平均每日销售成本<br>1 500 万英镑/21.9 万英镑＝68 天 |
| 应收账款天数 | 平均应收账款/赊销条件下平均每日销售额<br>2 200 万英镑/34.2 万英镑＝64 天 |
| 应付账款天数 | 平均应付账款/赊购条件下平均每日采购额<br>1 500 万英镑/24.6 万英镑＝61 天 |
| 营运资本周期<br>（现金周期） | 库存天数＋应收账款天数－应付账款天数<br>68 天＋64 天－61 天＝71 天 |

两家公司的资产流动性和营运资本比率已经计算并列于表 2－7 中。

**表 2－7　资产流动性和营运资本比率**

| | Alpha | Delta |
|---|---|---|
| 库存天数 | 68 | 49 |
| 应收账款天数 | 64 | 37 |

续前表

| | Alpha | Delta |
|---|---|---|
| 应付账款天数 | 61 | 122 |
| 现金周期 | 71 | −36 |
| 流动比率# | 2.5∶1 | 0.9∶1 |
| 速动比率# | 1.5∶1 | 0.6∶1 |
| 营运资本#（百万英镑） | 8 | −2 |

#假设两家公司现金余额都为零

这里存在着一个悖论。Alpha公司的流动比率和速动比率分别都高于2∶1和1∶1的基本标准，因此，该公司拥有多余的营运资本。然而，该公司存在着流动性缺口，因为它的现金周期为71天，必须寻找额外的资金来源来满足其日常营运资本的需求。

相反，Delta公司的两个比率都低于其各自的标准，这意味着该公司有净流动负债，但公司的营运资本周期为−36天，这意味着公司应该对多余现金进行投资，因为它们已经有充足的资金满足营运资本需求。

但问题是，哪家公司的绩效更好一些呢？答案是：这取决于你看问题的角度！虽然这个答案可能让你感到沮丧。

矛盾的是，Alpha公司虽然比Delta公司具有更好的资产流动性，但是营运资本周期却比Delta公司的长。这个例子充分说明，当使用比率分析来比较公司业绩时，从全局的角度出发是非常重要的，如前所述，不要忽略数字背后的故事，这一点至关重要。

营运资本周期通常可能因地理位置、所属行业和企业规模的不同而不同。

## 2.6 营运资本管理

### 管理人员需要做哪些决策才能提升企业的营运资本管理能力？

在课堂上提升企业营运资本管理能力非常容易，只要调整构成营运资本周期的要素：延长应付账款期限、缩短应收账款期限或减少资产负债表上的库存。单独使用这些决策都能带来营运资本周期的改善，如果同时使用，还可能产生叠加效应。但是，没有一家企业能像教室里的老师一样给你提供这么大的自由，让你随意改变这些参数。

在企业运营中，当管理人员决定改变一个或多个营运资本构成要素时需要做出反复的权衡，要考虑到最终可能产生的影响。这些变化既有可能对企业的财务绩效产生积极或消极的影响，也可能影响与它们进行交易的供应商和客户。如果缩短给客户提供的应收账款期限，那么可能会导致客户将本属于你的下一个订单给了你的竞争对手；如果延长给供应商的应付账款期限，那么可能会导致该采购业务被拒绝。降低库存水平而不考虑企业的生产流程可能会导致企业运行效率的降低，引发额外的成本，也可能会影响产品的可获得性，从而对客户服务水平产生负面影响。

## 库存

计算库存天数需要两个要素：分子，即平均库存金额；以及分母，即平均每日销售成本。销售成本计算取决于企业的经营业务类型，例如，销售汽车模型的零售商的销售成本计算公式就与汽车制造商不同。零售商从玩具制造商那里购买汽车模型，然后卖给客户。销售成本的计算等于每个会计年度开始时的期初汽车模型库存额加上该年度内采购的汽车模型总额减去会计周期期末的汽车模型总库存额，具体如表 2-8 的例子所示。

**表 2-8** 单位：英镑

| | | |
|---|---|---|
| 销售额 | | 160 000 |
| 减：销售成本 | | |
| 期初库存额 | 15 000 | |
| 加采购额 | 75 000 | |
| 减期末库存额 | 12 000 | |
| 毛利润 | | 82 000 |

在这个例子中，零售商的平均库存为 14 000 英镑（=27 000 英镑/ 2)，平均每日销售成本为 213.70 英镑，因此，库存天数为 66 天。

而对于汽车制造商来讲，它们的销售成本的计算将完全不同。作为生产过程的增值环节，在装配线上的半成品汽车将按比例涵盖部分直接材料和直接人工成本以及包括固定资产折旧在内的间接成本。

企业可以采用许多供应链管理方法来降低其库存水平，从而改善营运资本周期。表 2-9 对各种方法的重点内容进行了简单的描述，并列举了这些措施所适用的行业。

**表 2-9** **降低库存的措施**

| 措施 | 描述 | 适用行业 |
|---|---|---|
| 延迟制造 | 延迟原材料或在制品转换成产成品，甚至一直到延迟到最后交付给消费者的那一刻，从而避免持有过多的产成品库存，增强供应链的敏捷性和应对消费者需求变化的能力。如 DIY 商店能够为客户提供定制油漆颜色的服务，而不需要持有该颜色油漆的库存，当客户指定颜色后，可以通过原材料直接配置成相应颜色的油漆。 | DIY、时装、电子产品和计算机 |
| 电子数据互换（EDI） | 使用信息技术在整个供应链中传递客户需求信息。这可以帮助改进库存管理体系，从而降低库存水平、控制成本和风险。通常，当人们提及 EDI 的使用时，常用的说法是“用信息替换库存”。 | 零售业 |
| 集中存货 | 通过集中存储库存，企业不但可以享受规模经济、库存优化和分摊成本带来的益处，还可以增强产品的可获得性和提高客户服务水平。 | 时装、配件制造 |
| 准时制生产 | 由供应商在约定的时间和地点向客户交付定制的货物，并且交付过程与客户的业务流程保持同步，从而降低交付地点的库存持有量。 | 汽车 |

续前表

| 措施 | 描述 | 适用行业 |
|---|---|---|
| 交叉转运 | 为避免持有较高库存和相应的存货成本，转运中心接收来自各家供应商的整车货物，然后立即依顾客需求及交货点加以拆解、分成小份送往各交货点。英国的一家零售商目前正在使用铁路联运服务将日用品利用集装箱从由铁路一端的中央配送中心运送到100英里以外的铁路的另一端，然后再通过公路将这些集装箱中的日用品运送到各个商店。 | 零售业 |
| 供应商管理库存 | 通常，以电子方式来管理库存，也可以采用由供应商在客户端建立库存的形式，然后在需要时及时补货。一个典型的例子就是面包店和食品制造商的面粉和糖的供应。 | 食品制造产业 |
| 标准化组件 | 在多个产成品中使用标准化部件：例如汽车和计算机。这样做的目的是减少库存管理的多样性和复杂性，从而降低成本并改善财务绩效。 | 汽车和电子产业 |

降低库存水平的好处不仅限于缩短营运资本周期，还可以反映在企业的利润表和资产负债表中（见表2－10）。

**表2－10**

| 利润表 | 资产负债表 |
|---|---|
| 影响销售成本的计算；<br>减少营业费用；<br>减少损耗；<br>产品可获得性的降低可能会影响销售收入。 | 减少流动资产；<br>减少营运资本；<br>如果不再需要仓储能力，则可以减少有形固定资产；<br>减少总资产；<br>降低流动比率。 |

库存的降低将影响盈利能力、资产流动性、资产利用率和营运资本效率等众多财务比率。虽然下面列出的这些财务比率可能并不详尽，但体现了一个决策会对企业财务绩效产生影响的复杂性，因此，在企业执行任何一项决策之前，都需要与企业内部的其他职能部门进行沟通和协商，这是非常重要的：

- 库存周转率
- 库存天数
- 现金周期
- 总资产周转率
- 速动比率
- 资本回报率
- 总净资产周转率
- 毛利率
- 息税前利润率
- 流动比率

## 应收账款天数

如前所述，应收账款天数衡量一个组织的客户购买商品和服务后到付款的时间。因此，如果企业能够降低其赊销总额中应收账款所占比重，那么这个绩效参数将得到改善，应收账款天数将减少。

然而，企业减少其应收账款期限的能力取决于买方（客户）和供应商（卖方）之间的关系，尤其是权力大的一方。

以下是关于买卖双方之间的权力关系的两个假设情景。在竞争激烈的商业环境中，一个中小企业正向大型跨国公司出售产品；毫无疑问，这笔生意对于该中小企业的成功至关重要。但是，在谈判期间，客户声明其标准条款和前提条件是只能在收到供应商发票后的 60 天内付款。在这种情况下，买方-卖方关系中的主动权在买方，而不是在卖方，如果作为卖方的中小企业想要做成这笔业务，那么它必须接受客户的条款和要求。

相反，如果一个新的创业公司（买方）想要从一个大供应商那里购买零部件，它们的交易额对供应商来说相对较小。那么，在这种情况下，供应商会要求买方企业全额付款，也不会向买方提供信用期，因为创业公司还没有信用记录，卖方不能确定买方能否按时付款。因此，这种关系的主动权由供应商掌握。

虽然以上这两种情景都是虚构的，但表明了现实中买方和卖方之间的真实交易情况。

通常，供应商有两个选择来改善其应收账款天数和现金流。第一个是直接的方式，在这种情况下，供应商直接与其客户交易。此时，根据权力关系，它可以决定：

- 只以现金方式与客户进行交易；
- 缩短向客户提供的信用期；
- 如果客户提前结算，可以为客户提供折扣。

或者，供应商可以采用间接的方式，即引入第三方来为客户垫付，从而改善其资金周转周期。此外，在供应链金融框架下，还有许多措施可以采用，这些我们将在本书后面章节进行探讨。

## 应付账款天数

近年来，买方通过延长其向供应商的付款时间来提高营运资本效率的做法变得越来越普遍，例如，最常见的做法就是从 60 天延长到 90 天。对买方来讲，这个策略的好处是改善了营运资本周期，增加了它们的现金流。那么，体现在资产负债表上的最终结果就是，应付账款的金额增加了。目前，应付账款的金额随着信用购买比例的增加而增加，这也就导致应付账款天数增加。这种做法将对企业的资产流动性产生影响，因为应付账款的增加会对流动和速动比率产生负面影响。

对于供应商来讲，客户延长付款期限这一做法的缺点是，它会对供应商的营运资本和资产流动性产生消极影响。同样，买卖双方关系中的权力还是影响付款条款的重要因素。付款条款的改变会对买方的声誉产生不可预见的影响，并且，近年来，媒体已经报道了很多关于买方对其小型供应商延长付款期限的案例。私营企业论坛（Forum of Private Business）——一个小型企业的支持组织——建立了“耻辱之屋”，十多年来一直参与曝光那些会采取对供应商不利的付款条款的英国公司：

> 我们已经列举了一些英国最差支付行为企业的名单，这引起了广泛的媒体报道，也迫使一些企业重新考虑改变它们的付款条款。

买方可以通过直接引入供应链金融计划或间接引入第三方中介的形式来减轻延长付款期限对其供应商造成的影响。然而，即使英国的公司推出某些供应链金融计划，它们的名字还是被列入了“耻辱之屋”的黑名单。这些不同的供应链金融计划将在本书后面的章节中进行讨论。

## 2.7 谁掌控营运资本管理?

改善营运资本周期需要企业内各个职能部门都要有全局观，需要每个职能部门都能从全局的角度出发去考虑问题，而非只考虑自身利益。在营运资本管理中，需要考虑的问题如下：

- 组织内哪些职能部门会对库存策略产生影响?
- 谁来进行销售成本的核算?
- 哪个职能部门负责确定向供应商的付款条件?
- 谁管理与供应商之间的关系?
- 谁负责确定客户付款条件?
- 谁管理与客户之间的关系?
- 组织内的哪个职能部门负责现金管理?

克兰菲尔德物流与供应链管理中心（Cranfield Centre for Logistics and Supply Chain Management）最近的一项研究探讨了四个跨国组织的营运资本管理计划。在该项研究中，作者明确指出了供应链金融计划所涉及的职能部门。

然而，如表 2－11 所示，营运资本管理是一个非常复杂的领域，而且，组织内不同职能部门对影响营运资本周期要素的看法各不相同，甚至相反，这就使得营运资本的管理难上加难。库存水平的管理就是一个典型例子，市场营销人员、会计师和物流人员对于到底什么是“恰当的”库存水平持有不同的观点。关于这个问题的争论会牵扯到客户服务水

**表 2－11　营运资本管理的所有权**

| | | 通信公司 | 制药公司 | 化学公司 | 汽车公司 |
|---|---|---|---|---|---|
| 投资者 | | 金融和财政 | 供应商开发 | 财务和财政 | 采购 |
| 股东 | | 财务金融（采购组） | 公司金融 WC 团队 | 采购操作 | 采购 |
| 运营团队 | 财政/现金管理 | √ | √ | √ | √ |
| | 采购 | √ | √ | √ | √ |
| | 会计（AP） | √ | √ | √ | √ |
| | 法律/审计员 | √ | √ | √ | √ |
| | IT | √ | √ | √ | √ |
| | 财务 | √ | √ | √ | √ |
| 决策者 | | 首席财务官 | 金融和财务 | 财务 | 首席财务官 |

资料来源：Cosse（2011：139）

平、风险、库存持有量和资金流动性等问题，进而导致职能部门之间的冲突。因此，在达成协议之前，首先需要在各部门之间做好权衡和协调。应收账款和应付账款也可能导致部门之间的内部冲突，因为应收账款需要在销售部门和赊销管理部门之间进行权衡，而应付账款则需要在采购政策和付款条件之间进行权衡。

个别职能部门的目标可能会与其他部门的目标发生冲突。例如，财务部门设定了降低营运资本周期的目标：可以通过实施减少库存天数和应收账款天数的政策来实现。然而，这可能对客户关系产生负面影响，因为库存天数的降低影响了产品的可获得性；而应收账款天数的缩短将使客户转向可以提供更好付款条件的竞争对手，从而与营销部门提高销售收入的目标相冲突。

为了减少参与营运资本管理各方之间的冲突并在职能部门之间进行有效权衡，霍夫曼（Hofmann）主张使用 RACI 方法来制定责任分配矩阵。图 2－1 说明了该方法在营运资本管理过程中的应用。

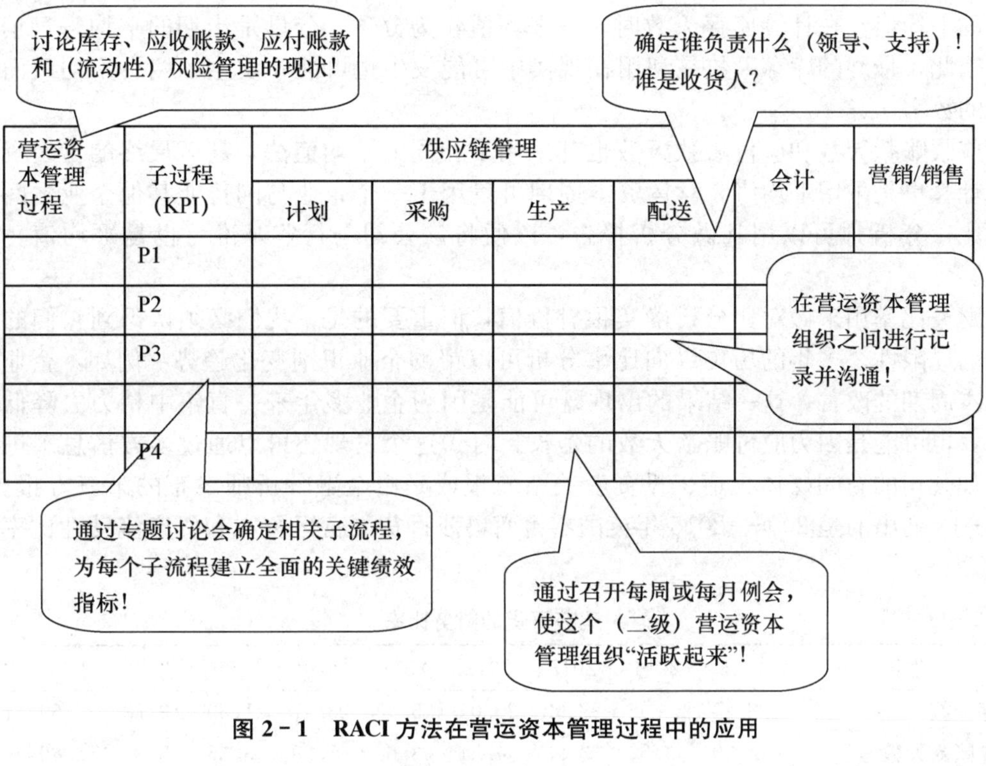


**图 2－1　RACI 方法在营运资本管理过程中的应用**

## 2.8　营运资本比率的局限

财务比率的问题在于，它们通常是利用平均值计算出来的。然而，平均值是人为构建的，是数据集的中心测量，甚至在现实生活中可能都不会出现。举一个极端的例子就可以充分说明平均值的弱点。例如，有一个鞋子零售商，在某一天的最后一小时一共卖了10双鞋，售出鞋子的尺码已经在表2-12中列出，现在要求零售商计算这最后一小时所销售鞋子的平均尺码。

**表2-12　　鞋子的尺码**

| 售出的鞋子尺码 | 2 | 4 | 7 | 9 | 14 | 8 | 6.5 | 8.5 | 12 | 7 |
|---|---|---|---|---|---|---|---|---|---|---|

通过计算，鞋的平均尺码为7.8。但这是一个不存在的鞋子尺码，因此，该尺码对零售商没有任何参考价值。然而，在该例中，众数7和极差12（最高值和最低值之差）对零售商来讲却意义非凡，因为众数显示了最畅销的尺码，而极差显示了人们对鞋子尺码的需求范围。季节、月份、星期几甚至具体的时间都会对当天所售鞋子的平均尺码产生影响，因此，平均值真的有那么重要吗？

现在，让我们来思考库存天数的计算中所使用的平均库存量。这个数字需要采用会计年度初始的期初库存值加上财务年度结束时的期末库存值之和，再除以2，得出会计年度内的平均值。在计算库存天数时，该平均值作为分子，分母是当期的平均每日销售成本。因此，最终的库存天数是利用在现实中可能发生也可能不发生的两个平均值而计算得到的数字。

应收账款天数和应付账款天数也都采用了相同的平均值法，甚至最终的营运资本周期的计算也是采用平均值。营运资本周期可以用于一个企业与同行业其他企业之间的绩效对比，分析师可以用其做分析报告，以便将该公司与行业基准（也是平均值）进行比较。

财务比率用来做对比分析确实很有价值，但重要的是，我们必须认识到它们的推导方法的局限性。多年的历史纵向比率分析可以帮助企业识别变化趋势：例如，企业的营运资本周期的改善，这一结果的出现既可能是因为企业多年来一直集中精力去降低库存水平，也可能是因为应付账款天数的延长。对于这个发现还可以通过多方信息来进行验证，如公司的新闻媒体报道、投资者关系简报或是由金融分析师发布的第三方报告等。表2-13列出的是2006—2015年英国零售商玛莎百货的营运资本和资产流动性比率变动情况。

**表2-13　　玛莎百货的财务比率**

| 比率 | 2015 | 2014 | 2013 | 2012 | 2011 | 2010 | 2009 | 2008 | 2007 | 2006 |
|---|---|---|---|---|---|---|---|---|---|---|
| 库存天数 | 28.25 | 29.95 | 27.92 | 25.05 | 25.68 | 23.47 | 21.59 | 19.78 | 17.69 | 17.52 |
| 应收账款天数 | 4.39 | 4.50 | 3.93 | 4.21 | 3.68 | 3.39 | 3.36 | 3.42 | 2.89 | 1.97 |
| 应付账款天数 | 34.27 | 40.50 | 35.42 | 36.32 | 34.45 | 30.32 | 14.38 | 9.18 | 11.04 | 11.36 |
| 营运资本周期 | −1.63 | −6.05 | −3.57 | −7.06 | −5.08 | −3.46 | 10.57 | 14.02 | 9.54 | 8.13 |
| 流动比率 | 0.69 | 0.58 | 0.57 | 0.73 | 0.74 | 0.80 | 0.60 | 0.59 | 0.53 | 0.57 |
| 速动比率 | 0.31 | 0.22 | 0.22 | 0.39 | 0.43 | 0.48 | 0.37 | 0.35 | 0.27 | 0.38 |

资料来源：Fame，由Bureau van Dijk出版（2016）

表2-13说明，在这10年间，玛莎百货的营运资本周期从17.52天增加到2015年的28.25天；应收账款天数翻了一番以上，从1.97天到4.39天；应付账款天数从2006年

的 11.3 天增加到 2015 年的 34.27 天，从而导致现金周期从 2010 年开始就一直为负。虽然流动比率和速动比率都低于会计教科书给出的基准线，但更有意义的是这些数字与同行业进行对比的结果，因为分析的背景很重要。讲到这里，你应该清楚，比率本身不能告诉我们全部的信息，而是需要我们进行更多的研究去了解数字背后的完整的故事。然而，比率却为我们提供了故事情节的序言。

此外，需要注意的是，在进行财务比率对比分析时，我们还需要考虑其他因素。用来计算财务比例的数据来自企业财务报表，但这些财务报表中的数据通常都是被公司“美化”过的数据——词语“装饰门面”通常就用于解释这一现象。世界各地的会计政策（例如折旧和库存估价方法）和宏观经济环境（繁荣或衰退）也各不相同，但它们会对用于计算财务比率的数据产生影响，因此，一定要记住，只能做同类比较。财务比率还有一个优点，就是计算方法具有一致性。另外，保证数据来源的同一性，也是保证财务比率具有可比性的重要条件。然而，有些时候，即使我们保证了数据来源的同一性以及对比企业的相似性，我们仍不能完全解释数字背后的意义。例如，表 2 - 14 是英国几家大型零售连锁经营企业的库存天数数据，这些数据来自同一数据源，而且是同类型企业。但是，为什么 2015 年玛莎百货的库存天数几乎是威廉莫里森超市连锁公司的两倍？因此，我们说比率是调查分析的起点，而不是终点。那么，为什么玛莎百货和威廉莫里森超市的库存天数不同？这可能是由于每个公司所持有的货物种类特性不同。

**表 2 - 14　　英国零售连锁企业的库存天数**

| 英国零售商 | 库存天数 |
|---|---|
| 威廉莫里森超市连锁公司 | 14.28 |
| 桑斯博里公司 | 15.31 |
| 乐购 | 17.33 |
| 玛莎百货 | 28.25 |

但更重要的是，通常，用于解释营运资本周期这个数字背后的故事的信息并不会在公司的财务报表中披露，只有企业内部人员才能获得。这些内部信息包括：

- 库存量单位（stock keeping unit，SKU）的库存天数；
- 按周转速度的库存分类情况；
- 每个供应商的应付账款情况；
- 对每个供应商的采购支出占总采购额的比例；
- 每个供应商的付款条件；
- 每个客户的应收账款情况。

## 2.9 财务可持续性供应链

表 2 - 15 是糖果供应链中的三家不同类型公司的营运资本周期。

**表 2-15　营运资本参数：糖果供应链**

| 营运资本参数 | 零售连锁企业 | 食品加工企业 | 原材料供应企业 |
|---|---|---|---|
| 库存天数 | 16 | 34 | 35 |
| ＋应收账款天数 | 2 | 29 | 30 |
| －应付账款天数 | 26 | 34 | 23 |
| ＝营运资本周期 | －8 | 29 | 42 |

这三个公司的营运资本分析结果显示：

- 零售连锁企业具有最短的营运资本周期，为－8 天。
- 零售连锁企业的应收账款天数为 2 天，因为它们的客户通常采用现金、借记卡或信用卡支付，这相对于供应商给它们的 26 天的应付账款期限要短得多。
- 零售连锁企业的库存天数为 16 天，这相当于每年的周转次数大约为 23 次（365 天/16 天＝23)。
- 食品加工企业和原材料供应企业的库存天数相似，分别为 34 天和 35 天，相当于每年 10.5 次的库存周转速度。
- 食品加工企业和原材料供应企业应收账款天数也很类似，分别为 29 天和 30 天。
- 对于应付账款天数，食品加工企业平均会在 34 天内支付给它的供应商，而原材料供应企业为 23 天。这是影响企业营运资本周期的关键，也正是由于这个原因才导致食品加工企业的营运资本周期为 29 天，而原材料供应企业为 42 天。
- 该供应链中最短和最长营运资本周期之间的差距为 50 天。
- 对于在供应链中运营的所有企业来说，重要的是，它们要认识到其营运资本周期不同，并且它们会对整个供应链的现金流管理、资产流动性和财务可持续性产生影响。正如古语所说，“供应链是否强大要看最薄弱的环节”。

## 资产流动性的多米诺骨牌效应

我们用下面的例子来说明发展财务可持续性供应链的重要性，同时这个例子展示了资金流动的多米诺骨牌效应。复杂供应链网络中的一家核心企业（见图 2-2）决定向它的一级供应商（S1）延长应付账款天数，从而改善其营运资本状况。假设这个策略的实施会一级一级地扩散到整个供应链的每一层：从 S1 到 S2，然后从 S2 到 S3，最后从 S3 到 S4。

然而，由于核心企业的这一决定，为供应链网络提供独特部件的供应商 S4 无法获得足够的资金来维持不断延长的营运资本周期，最终，由于缺少足够的流动资金而被迫停产。这样，该公司生产的独特部件不能再供给 S3 公司，S3 也无法利用这些部件组装产品来供给 S2，S2 由于缺少 S3 供应的部件，无法按时完成生产，从而无法将完成的子组件出售给 S1 供应商，S1 供应商也不能最终将子组件组装成最终产品出售给核心企业。最终的结果是，在短期内，S4 独特组件的供应短缺将在整个供应链网络中产生多米诺骨牌效应，影响供应源和核心企业的客户，甚至客户的客户，如图 2-2 所示。

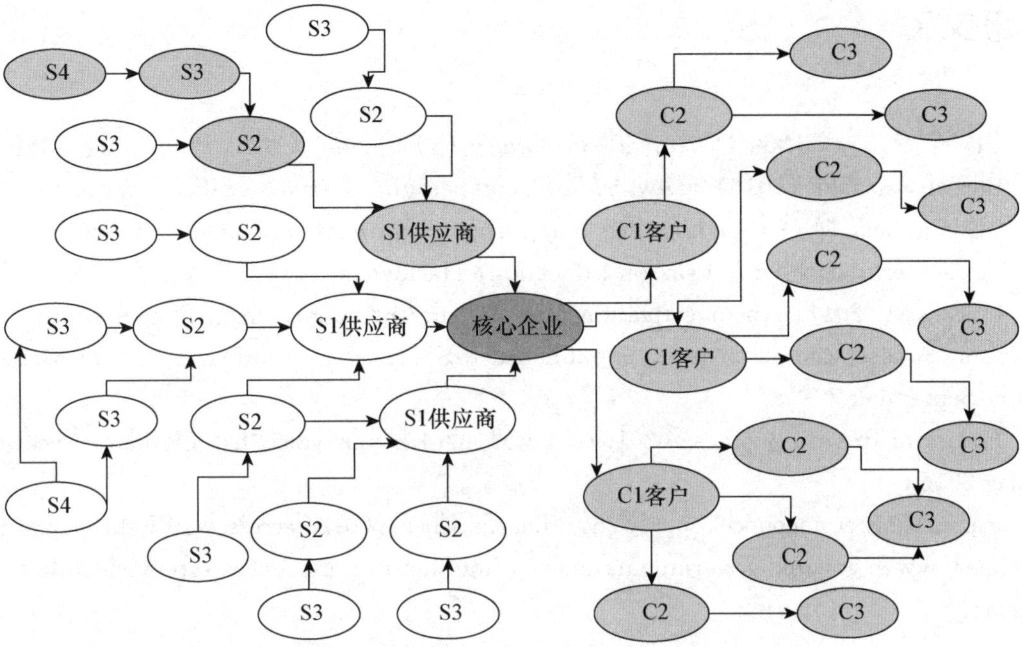


**图 2-2　FMCG 公司总净资产回报率**

核心企业延长向供应商付款时间的最初决定所造成的财务影响将供应链中所有环节的企业都卷了进来，并对整个供应链产生负面影响。

虽然这是一个虚构的例子，但在现实生活中，还有很多真实的例子。在这些例子中，由于供应被自然灾害中断，导致关键环节组件短缺，从而严重影响供应链网络的财务绩效。例如，2011 年日本地震和随之而来的海啸在生命损失方面是一个可怕的人间悲剧，同时也是一个经济悲剧，它对日本的经济和工业部门（如电子元件生产企业）造成了巨大的负面影响。

## 2.10　总结

本章强调了为什么营运资本管理是企业运营中的一个重要问题。针对企业对资本流动性和营运资本管理的需求进行了详细的探讨，同时也介绍了用于管理资产流动性（流动比率和速动比率）和营运资本（库存天数、应收账款天数和应付账款天数）的财务比率。定义和描述了营运资本周期的构成要素，并讨论了资本流动性和营运资本管理的关系。介绍了各企业用于管理营运资本的举措并举例说明了这些举措的采纳情况。最后，对营运资本管理绩效测量方法的局限性进行了识别和讨论，并对财务可持续性供应链的重要性进行了论证。

# 参考文献

CIMA (2005) *CIMA Official Terminology* (2005 edn), CIMA Publishing, Oxford

Bureau van Dijk (2016) www. bvdinfo. com/en-gb/contact-us/office-locations

Christopher, M (2011) *Logistics and Supply Chain Management*: *Creating value-adding networks*, 4th edn, Pearson Education, Harlow

Cosse, M (2011) An investigation into the current supply chain finance practices in business: A case study approach, unpublished MSc Thesis, Cranfield School of Management, September 1

Forum of Private Business (2016) www. fpb. org/your-voice/hall-of-shame [accessed 3 May 2016]

Prime Minister announces supply chain finance scheme 2012 [accessed 16 February 2016] [Online] www. gov. uk/government/news/prime-minister-announces-supply-chain-finance-scheme

# 案例 1

完成下列表格并回答有关营运资本周期的问题。

| 公司 | M | N | O | P |
|---|---|---|---|---|
| 库存天数 | 60 | | 90 | 30 |
| 应收账款天数 | | 60 | 90 | 30 |
| 应付账款天数 | 90 | 60 | | 90 |
| 营运资本周期 | 60 | 30 | 90 | |

1. 哪家公司的库存天数最多?

A. M　　B. N　　C. O　　D. P

2. 哪家公司的现金周期最短?

A. M　　B. N　　C. O　　D. P

3. 哪家公司的客户付款时间最短?

A. M　　B. N　　C. O　　D. P

4. 哪家公司给供应商的付款时间最短?

A. M　　B. N　　C. O　　D. P

5. 哪家公司的现金周期最长?

A. M　　B. N　　C. O　　D. P

## 案例 2

以下是同一行业的三家公司的财务数据：

单位：英镑

| 公司 | Alpha | Beta | Gamma |
|---|---|---|---|
| 平均库存 | 13 500 000 | 12 000 000 | 7 500 000 |
| 销售成本 | 60 000 000 | 45 000 000 | 30 000 000 |
| 应付账款 | 15 000 000 | 10 500 000 | 10 500 000 |
| 应收账款 | 37 500 000 | 60 000 000 | 45 000 000 |
| 销售收入（赊销） | 150 000 000 | 150 000 000 | 150 000 000 |
| 采购支出（赊购） | 30 000 000 | 24 000 000 | 22 500 000 |

通过计算每家公司的营运资本比率，填写下表。

| 公司 | Alpha | Beta | Gamma |
|---|---|---|---|
| 库存天数 | | | |
| 应收账款天数 | | | |
| 应付账款天数 | | | |
| 营运资本周期 | | | |

## 案例 1 答案

| 公司 | M | N | O | P |
|---|---|---|---|---|
| 库存天数 | 60 | 30 | 90 | 30 |
| 应收账款天数 | 90 | 60 | 90 | 30 |
| 应付账款天数 | 90 | 60 | 90 | 90 |
| 营运资本周期 | 60 | 30 | 90 | −30 |

完成以上营运资本周期情况表后，即可回答以下五个问题。

1. 公司 O 的库存天数最长，为 90 天。
2. 公司 P 的现金周期最短，为−30 天。
3. 公司 P 的客户支付的速度最快，平均为 30 天。
4. 公司 N 会以最快的速度付款给供应商，平均会在 60 天内付款，而其他公司则为 90 天。
5. 公司 O 的现金周期最长，为 90 天。

公司 M 和 O 具有最长的应收账款天数，因为它们的客户需要 90 天才能支付。公司 N 和 P 具有最短的库存天数，即 30 天。

## 案例 2 答案

| 公司 | Alpha | Beta | Gamma |
| --- | --- | --- | --- |
| 库存天数 | 82 | 97 | 91 |
| 应收账款天数 | 91 | 146 | 110 |
| 应付账款天数 | 183 | 160 | 170 |
| 营运资本周期 | −10 | 83 | 31 |

Alpha 公司的营运资本周期最短，为−10 天，因为它拥有三家公司中的最佳营运资本比率。Beta 公司的周期最长，为 83 天；而 Gamma 公司的周期为 31 天。

# 第三章

# 供应链管理的演变

## 3.1 概述

本章将对物流与供应链的发展演变过程进行分析，着重探讨企业供应链中的物流、信息流与资金流之间的关系，介绍当前六种主流的供应链金融思想流派。

**成果**

本章的预期成果如下：

- 描述供应链管理的演变过程；
- 解释管理供应链中的物流、资金流和信息流的必要性；
- 识别“三流”之间的相关作用；
- 描述供应链全局观；
- 解释现金流对营运资本管理和企业财务绩效的影响；
- 识别六种供应链金融的思想流派。

通过本章的学习，你将能够：

- 描述供应链管理从离散活动到复杂、集成、协同的生态系统的演变过程；
- 识别供应链对企业现金流的影响；
- 识别营运资本决策对企业现金流动状况的影响。

活动

我们推荐如下活动：

- 从下达采购订单到付款给供应商，记录你的购买支付系统；
- 识别物流、资金流和信息流之间的相互作用；
- 识别产生付款争议的原因。

## 3.2 供应链管理的演变过程

要了解供应链管理与企业运营之间的关系，首先，必须要界定什么是供应链管理，追溯供应链管理现象的发展与演变。早期关于供应链管理的研究集中在降低供应链运行成本，特别是企业库存成本。如今，越来越多的研究人员认为实现供应链信息共享能有效提升运作效率并降低库存，此外，他们还提倡要从一个更加综合的视角来进行分析，进而降低整个供应链的库存（Christopher，2011）。

在本节，我们将讨论从分散供应链到集成供应链的变化过程。在此过程中，供应链管理方法也随之发生了变化，从只关注局部的某一功能领域到关注整体供应链的全局，此外，研究模型也从基于成本的模型逐渐调整为基于股东价值的模型。以上这些变化都对供应链决策和设计产生了影响。

供应链管理的演变在 Oliver and Webber（1992：64）的一篇文章中也可以体现出来。这篇文章被收录到 1992 年由 Martin Christopher 编辑出版的关于供应链管理的论文集中。他们认为，从分散到一体化的转变需要一种不同的管理方法：

> 我们发现，以往的在采购、生产、配送和销售等各种关键职能目标之间进行权衡的传统做法已经不再起作用。我们需要全新的视角，采用一种新方法，即供应链管理。

但 Oliver 和 Webber——1982 年最先引入供应链管理这一概念的两位学者——也强调，分散的内部供应链管理会对企业绩效产生负面影响，并呼吁对内部供应链采用集成的办法进行管理。毫无疑问，这将对内部供应链的管理产生重要影响。此外，Mentzer et al.（2001：18）对于供应链管理的定义，也强调内部供应链是企业绩效提高的重要因素之一。这个定义在学术领域被多次引用，是一个已经得到广泛认可的定义（Johnson and Templar，2011）。

> 以提升单个企业的长期运营绩效和整体供应链的运行效率为目标，对传统企业职能进行系统性和战略性协作，以及企业内部跨职能部门和供应链上跨企业的战术策略。

Stevens (1989), Hesse and Rodrigue (2004) 以及 Jain et al. (2010) 等诸多学者多年来一直关注供应链管理的发展。他们从不同的角度对供应链思想、研究方法和实践进行了分析，但他们都有一个共同的观点，即随着时间的推移供应链在不断整合。

Stevens 的观点是基于企业及其供应链合作伙伴的整体流程的角度，通过把从接收原材料到为客户提供服务的全过程或流程进行联结和整合，系统地展示了供应链思维的演变过程。此外，Stevens 还提出了一个四阶段模型用于描述供应链管理从最低级的第一阶段到最高级的第四阶段的发展演变过程。其中，第一阶段是供应链管理的基本线，由一系列分散的工作环节构成，而且每个工作环节有库存缓冲；第四阶段是供应链的外部整合，此时，内外部供应链利益相关者之间已经形成了一条整合流。在这两个阶段之间有两个中间阶段，它们分别是职能整合和内部整合。

Hesse and Rodrigue (2004) 阐述了 1960—2000 年供应链思想的演变过程。在此过程中，供应链管理通过不同阶段的整合最终实现了从分散的职能管理到最后的一体化过渡。

在 20 世纪 60 年代，从原材料到产成品生产，再到最后将产品销售给客户，这个过程是通过大量彼此独立的活动来完成的。Hesse and Rodrigue (2004: 175) 认为，这些彼此独立的活动已于 20 世纪 60—80 年代之间完成整合。其中一个经典的例子就是原材料管理，它需要对需求预测、采购、需求计划、生产计划和库存在内的一系列活动进行整合。集成一体化的趋势持续发展到 20 世纪 90 年代，其间，物资管理和物资配送实现合并，形成了物流。在 21 世纪初，Hesse and Rodrigue (2004) 将物流与包括信息技术、营销和战略规划在内的其他功能进行整合，由此形成供应链管理（supply chain management，SCM）。

Jain et al. (2010: 12) 则从另一个视角来研究供应链的演变。他们认为供应链管理的演变可以用六个时期或时代来表示。这一演变过程开始于由 Oliver and Webber (1982) 提出供应链管理的定义，被称为初创期。Jain 等人将第二个时期称为整合期，这与 Stevens 的流程视角以及 Hesse 和 Rodrigue 的整合视角的观点一致。在这个时期，供应链利益相关者之间进行系统整合，使得数据的流动和交换成为这个时代的典型特征。全球化是供应链管理发展的第三个时期。在这个时期，企业通过采用全球化的供应链解决方案来获得创造价值的新机会。第四和第五个时期被称为专业化时期。其中，在第四个时期，企业的重点放在其核心业务领域，将非核心活动外包。Jain 等人认为，这个时期也与传统的垂直一体化组织的衰落相关。原来制造商都建立自己的配送系统，但是现在，制造商们都准备将这些活动外包给专业的物流企业。在第五个时期，组织内部继续进行更深层次的专业化，同时，供应链管理被看作是一种服务。最后一个时期被称为“供应链管理 2.0 时代”，其主要特征是数字革命、新兴技术、不断增加的客户数据采集以及在供应链所有成员之间共享财务和非财务信息。此外，传统的供应链关系也正在发生转变：不仅买方和卖方之间进行共同协作，以往的竞争对手之间进行横向协作的例子也层出不穷。

在企业进行外部整合的同时，企业内部职能之间的关系也在发生着变化。制造部门和市场营销部门正在逐渐整合，同时，我们的管理理念也正从供应链管理转变到需求链管理（demand chain management，DCM）［Heikkilä（2002），Frohlich and Westbrook（2001），Jüttner et al.（2007），Christopher and Ryals（2014）］。

## 3.3 供应链管理水平

Harland（1996：S64）将供应链管理细分为四个层次：

1. 整合各职能部门的内部供应链；
2. 与直接供应商的二元或双边关系的管理；
3. 业务链管理：包括供应商和供应商的供应商；
4. 相互关联的商业网络管理。

无论你所管理的供应链处于哪个级别——从一个企业内部的供应链到由不同的企业实体组成的复杂的跨国网络（例如航空航天部门）——所有供应链成员都对实现企业的股东价值最大化起到了至关重要的作用。Timme（2003：1）认为：

> 供应链管理会给股东带来更高的回报。然而，很少有企业用供应链管理的理念来管理企业的整体财务绩效。

但是，Porter（1985）的论点是，管理者应该重视价值优化。综上所述，管理者需要弄明白到底哪些要素能够帮助企业创造价值，哪些要素会降低企业价值。

所有的供应链管理者，无论他们处于哪个管理层级，都必须重视存在于供应链中的“三流”：物流、信息流（纸质或电子）以及供应链中从买方到卖方的资金流。

## 3.4 供应链中的“三流”

我们通过以下一个虚构的案例来介绍存在于典型供应链中的“三流”（物流、信息流和资金流）。

**装配公司**

10年前，相识于大学的三个朋友成立了一家装配公司，他们发现可穿戴设备领域已经迎来了一个难得的发展机遇。与此同时，他们还意识到可以通过购买现成的组件进行产成品组装的形式来降低产品价格，从而使得消费者能够以比竞争对手低很多的价格享受到定制化的可穿戴技术。然而，他们却一直因缺乏能够让他们的项目落地的资金而苦恼，直到他们在一次校友会上认识了一位风险投资者。这位风险投资者认可了他们的创新理念，决定承担风险并同意在企业创业之初给予支持。这使得三个朋友能够真正地将他们的想法付诸实践，并将他们的理念转化为产品投入市场，以换取更大的收益。最近，该公司刚刚在证券交易所挂牌上市。

虽然该公司的核心产品系列有限，但能够为消费者在产品的颜色、功能和形状的选择方面提供更大的自由度。它还可以把客户的标识和外围设备整合到最终产品中，实现产品定制。现如今，产品的变化速度是非常快的，这样通过颜色和形状变化进行小批量生产，就形成了多样化的产品系列。其中一部分产品现在已经成为收藏品：例如，一个三角形的午夜蓝计步器获得了一个创新设计奖，现在受到收藏家的极度追捧。

该公司的供应链管理理念从它最早的概念设计阶段开始就没有改变过。他们坚信基于买卖双方合作关系的敏捷供应链是企业成功的关键，而且在企业所有者的资金有限的情况下，他们也只能做出这样的选择来尽量减少在固定资产上的投资。最佳的供应链必须是既能够支持创新型新产品的出现，也能够提供卓越的客户服务的供应链。

该供应链是建立在两个长期战略合作关系的基础上：第一个是与一家在线全球零售商的关系，第二个是与众多关键部件供应商的关系。此外，该公司还要求其产品能够快速、大范围地进行配送，因此，他们选择通过一个具有广泛的国内和国际分销能力的在线零售商进行销售。但是，这样做的缺点是，零售商的付款期太长，为 90 天。

零部件的质量和可靠性也是企业成功的关键。于是，三个朋友决定与一些零部件供应商合作，实现双渠道采购。双渠道采购对于提高供应的连续性至关重要，能够有效降低供应链风险。最初，由于订单数量不多，在谈判过程中供应商掌握着主动权。然而，由于这家公司所采用组件的标准化程度较高而且产品设计优秀，这使其可以与供应商进行价格折扣和付款条件方面的谈判。目前，该公司与供应商达成的付款期限是 60 天。

## 物流

物流是产品在供应链上的移动，包括从原材料转换到产成品以及送到最终消费者手中的全过程。通常，物流是正向的，即从供应链的源头到最终消费者。然而在某些情况下，货物也会从消费者处返回，然后沿着供应链向上游移动（逆向物流）。

在上面的案例中，装配公司先从众多的供应商处购买零部件，然后将其组装成最终产品，由在线零售商添加商标，并通过零售商的单一分销网络进行销售，将产品配送给最终消费者。

供应商根据订单把零部件输送到装配公司，当天，装配公司需要根据客户的订单完成产品组装。通常，这家装配公司的供应商需要保持 45 天的库存量，而且它们向各个供应商支付货款的期限为 120 天。装配公司对零部件和产成品都采取了零库存政策。在产品完成生产的当天，分销商会立刻来提货并运送到国内分销中心（national distribution center，NDC），与其他货物打包在一起，发给客户。在线零售商并不持有库存，如果发生客户退货，将由分销商委派给专业公司负责。具体流程是，退货由在线零售商进行整理合并同时退款给顾客，之后将退货产品返回到装配公司并向分销公司索要退货服务费和产品原价返还的相关费用。最后，由装配公司退款给分销商并雇用专业的回收公司来处理退货产品。

## 信息流

供应链中的信息流动是双向的，存在于买方和卖方之间，沿着供应链向上和向下流动；支持供应链信息流动的信息系统既可以采取纸质的形式，也可是电子的形式。

例如，在案例中，消费者每天通过电子方式向在线零售商下订单，具体的交货日期也是由零售商以电子方式进行确认。之后，订单再以电子方式传到装配公司并进行确认。订单确认后，装配公司按照产品类型对订单进行整理。通常，在客户向分销商下单后的第二天上午 8 点，装配公司会根据库存量单位（SKU）的物料清单来确定其订货量，并通知其供应商。同样，订单还是由供应商以电子方式进行自动确认。在确定了订单后，供应商组织拣货、包装和配送，在中午时交付给装配公司。装配公司会在下午完成零部件的装配形成产成品，并以电子的方式通知分销商在下午 7 点前来提货，以便发送给消费者。

## 资金流

资金流通常始于客户向零售商支付货款，货款再沿着供应链向上游流动。若消费者在网上下单，并采用信用卡或借记卡的形式将货款支付给零售商，那么商品将在 48 小时内发货，与此同时，货款将从消费者的账户中扣除。按照目前的条款，装配公司会在 90 天内收到零售商的货款，需要在 60 天内将其需要支付给供应商的货款结清。最后，零部件供应商会在 120 天内将其所欠款项支付给它们自己的供应商。

Camerinelli（2015）强调“三流”之间相互依赖关系的重要性，并识别出三个过程（采购—支付流程，订单—付款流程，订单满足—服务流程）以及能够将供应链的“三流”整合在一起的各项活动，具体如图 3－1 所示。

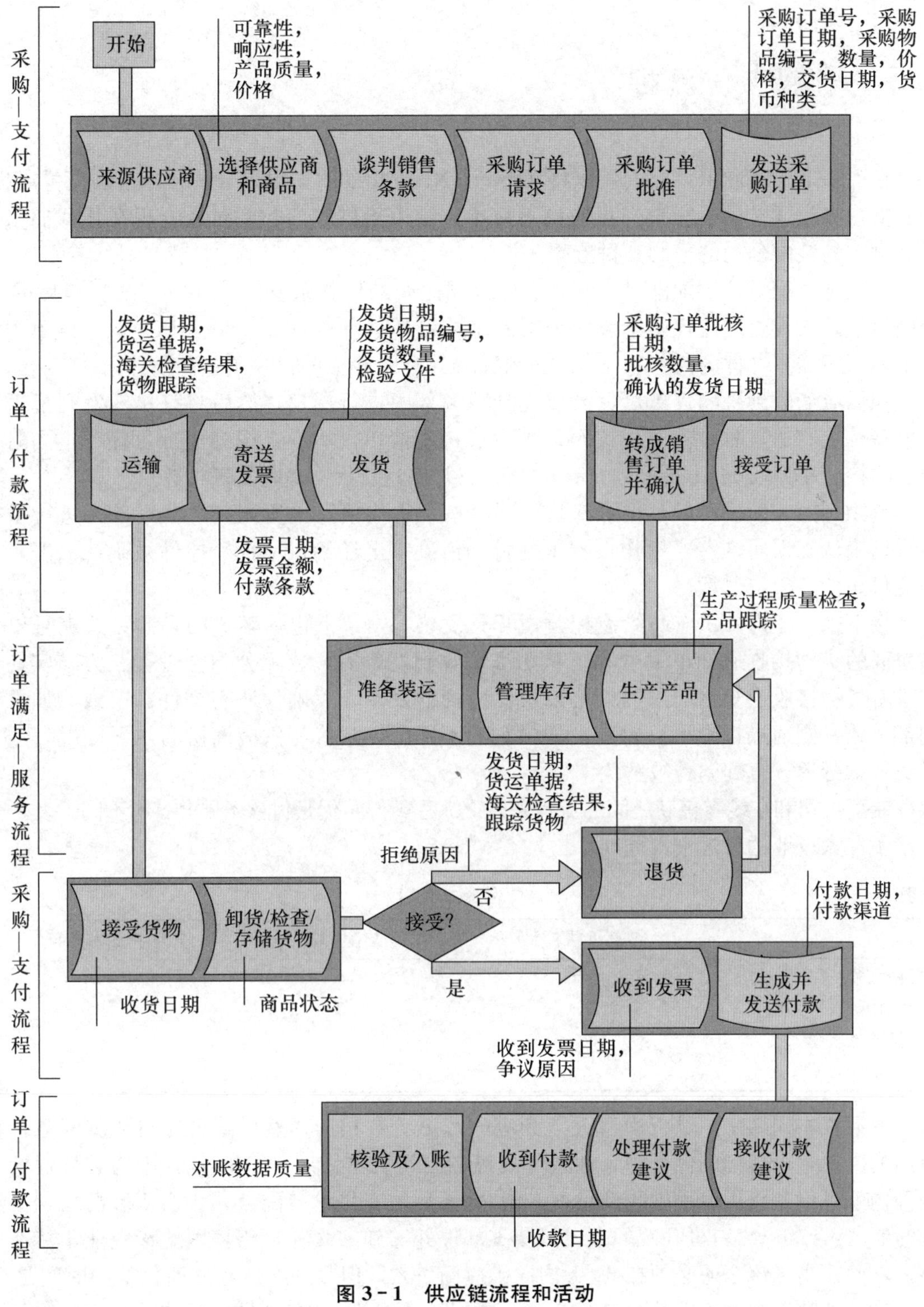


**图 3-1 供应链流程和活动**

资料来源：改编自 Camerinelli（2014：26）

## 3.5 采购支付流程

在上一节的基础上，我们可以将 Camerinelli 提出的“三流”合一，即采购支付流程。采购支付流程通常始于客户向供应商下订单，结束于供应商收到付款。现在让我们来看看案例中的装配公司的采购支付流程。

在正常情况下，零配件供应商和装配公司之间的付款条款是，在收到发货单后的 60 天内付款。文件处理流程始于装配公司的采购订单（purchase order，PO），在订单中要详细列明所需零部件的清单、交货时间和地点，以及相应的付款条款和条件。

在供应商收到采购订单后，需要先到财务部门进行授权，然后将订单转发到配送中心准备拣货。拣货时，需要先按照订单生成拣货清单，然后组织完成拣货任务，同时生成货物接收单（goods received note，GRN）并将其与货物一起发送给客户。

货物到达装配公司后，组织卸货，同时按照货物接收单所列信息对零部件进行检查核对。确认无误后，签署货物接收单并将一份副本退还给供应商，原件被确认入账，成为应付账款，等待付款。

接下来，零部件供应商给装配公司开具发票，发票上包括客户的采购订单编号以及供应商的货物接收通知单编号和付款明细。收到发票后，装配公司会进行三方核实，检查带有货物接收通知单的采购订单以及供应商的发票，以确保所有文件都一致。如果它们都一致，则通过批准可以付款；如果它们不匹配，则将与供应商协商发票问题，这将导致付款延迟，直到问题被解决。

装配公司和在线零售商之间的流程和以上流程类似，但是付款条件会有所不同。表 3-1 列示了三家企业的营运资本周期。

**表 3-1　营运资本周期**

| | 零部件供应商 | 装配公司 | 在线零售商 |
|---|---|---|---|
| 库存天数 | 45 | 0 | 0 |
| 应收账款天数 | 60 | 90 | 2 |
| 应付账款天数 | 120 | 60 | 90 |
| 营运资本周期 | −15 | 30 | −88 |

营运资本周期是通过将库存天数和应收账款天数相加，然后减去应付账款天数计算得出的。在这个虚构的例子中，在线零售商的营运资本周期为−88 天，因为它们通常在两天内就可以从购买者手中收到付款，但 90 天后才支付给装配公司。由于装配公司采用准时制（just in time，JIT）的方式接受零部件并实施零库存策略，因此该企业不持有库存。然而，由于该企业必须在 60 天内向供应商付款，但收到在线零售商付款的时间是 90 天，这就意味着它的流动性缺口为 30 天。因此，装配公司需要寻找额外的资金来弥补其营运资本缺口，或者必须与在线零售商和零部件供应商谈判来改进付款条款。零部件供应商的营运资本周期为−15 天，这是由于其应付账款天数与应收账款天数之间有 60 天的

差额。如果它们能够减少持有库存的天数，那么它们的营运资本周期还可以继续得到改善。但是，减少库存可能会对产品的可获得性产生负面影响，从而影响销售收入。

在本章的下一节，我们将探讨现金流的重要性。

## 3.6 现金流的重要性

我们用下面这个虚构的案例来说明现金流的重要性以及它对企业绩效和财务可持续性的影响。

**蒲公英有限公司**

由于银行经理要求对未来6个月的交易做出现金流预测，因此，你的朋友邀请你为他们的新公司——蒲公英有限公司——做这项工作。该公司将于20××年4月1日开始营业，其他可获得信息如下：

- 公司将于20××年4月1日开始运营，股本为250 000英镑；
- 未来几个月固定资产的购买计划如下：4月为160 000英镑，6月为90 000英镑和8月为60 000英镑；
- 前3个月的销售额为每月200 000英镑，后3个月的销售额为每月360 000英镑；
- 客户的付款信用期为两个月，例如，4月的销售可以在6月进行支付；
- 零部件成本是售价的25%，需要在购买的当月支付；
- 固定生产成本为每月30 000英镑；
- 可变生产成本是每月销售额的15%；
- 人工工资为每月30 000英镑；
- 折旧按直线法计提，资产的使用期为10年，残值为零。

利用上述信息，我们可以为这个新创公司未来6个月（从20××年4月至20××年9月）的现金流进行预测，以了解公司的现金状况。此外，我们还将做出预期的利润表和资产负债表，以了解该公司是否能够盈利并为其股东带来利润回报。

为蒲公英有限公司制作的预测现金流量表（见表3-2）详细列出了各月份的现金流入和流出情况。

**表3-2　蒲公英有限公司预测现金流量表**
**截至20××年9月30日的6个月的预测现金流量表**

| 现金流入（千英镑） | 4月 | 5月 | 6月 | 7月 | 8月 | 9月 |
|---|---|---|---|---|---|---|
| 股本 | 250 | 0 | 0 | 0 | 0 | 0 |
| 销售收入 | 0 | 0 | 200 | 200 | 200 | 360 |
| 总现金流入 | 250 | 0 | 200 | 200 | 200 | 360 |

| 现金流出（千英镑） | 4月 | 5月 | 6月 | 7月 | 8月 | 9月 |
|---|---|---|---|---|---|---|
| 固定资产 | 160 | 0 | 90 | 0 | 60 | 0 |
| 固定生产成本 | 30 | 30 | 30 | 30 | 30 | 30 |
| 零部件成本 | 50 | 50 | 50 | 90 | 90 | 90 |
| 人工工资 | 30 | 30 | 30 | 30 | 30 | 30 |
| 可变生产成本 | 30 | 30 | 30 | 54 | 54 | 54 |
| 总现金流出 | 300 | 140 | 230 | 204 | 264 | 204 |
| 净现金流量（千英镑） | −50 | −140 | −30 | −4 | −64 | 156 |
| 上期结转 | 0 | −50 | −190 | −220 | −224 | −288 |
| 本期结转下期 | −50 | −190 | −220 | −224 | −288 | −132 |

预测现金流量表显示了三个重要数字：每个月末的现金结余、交易期内的累计现金头寸和交易期结束时的现金结余。从现金流量预测表可以看出，蒲公英有限公司有连续5个月入不敷出，只有一个月（9月）收入大于支出，最终导致交易期结束时的现金赤字为132 000英镑。但是，需要注意的是，在8月底累计现金头寸为−288 000英镑，因此，如果银行准备提供支持的话，可以提供信用透支来帮助企业解决现金短缺问题。

现在关键的问题是：公司是否盈利？表3-3简单说明了该公司预期收益情况。

该公司6个月中的销售收入为1 680 000英镑，息税前利润为636 000万英镑，利润率接近38%。该公司正在获利，但现金流不足，预测透支额为132 000英镑。那么，企业的资本的回报率是多少？在第一章中，我们已经对这个关键的财务比率——总净资产回报率（ROTNA）——进行了介绍，现在我们可以计算蒲公英有限公司的总净资产回报率。

**表3-3　　蒲公英有限公司预测利润表**

**截至20××年9月30日的6个月的预测利润表**　　单位：千英镑

| | | |
|---|---|---|
| 销售收入 | | 1 680 |
| 减：费用 | | |
| 固定生产成本 | 180 | |
| 零部件 | 420 | |
| 工资 | 180 | |
| 可变生产成本 | 252 | |
| 折旧 | 12 | 1 044 |
| 息税前利润 | | 636 |

我们可以从利润表中得到息税前利润，但我们还需要从资产负债表中得到总净资产额。表3-4是该期间蒲公英有限公司的资产负债表。用总资产减去其流动负债得出总净资产，因此，蒲公英有限公司总净资产为886 000英镑，用这些资产创造的息税前利润为636 000英镑，所以总净资产回报率为72%。现在，我们就可以利用这个数字与其他可供选择的投资机会进行比较了。

总而言之，这笔生意是有利可图的，能为股东创造利润回报，然而，它存在现金流问题。我们再次查看现金流量预测表和资产负债表，可以找到导致现金流出现问题的原因：首先，现金在前 6 个月的支出速度快于收入。支出包括购买固定资产的 310 000 英镑；其次，目前蒲公英有限公司还需要在当月付款给零部件供应商，对于这个问题的一个解决办法就是延长付款期限。但最大的问题是，蒲公英有限公司的资产负债表上有 720 000 英镑的应收账款。如果公司能找到释放这笔资金的方法，那么它的资产流动性就可以得到改善。实际上，在供应链金融这把大伞下，有许多可用于释放现金和改进营运资本管理的举措可以采用。这些举措将在本书随后的章节中进行介绍和讨论。

**表 3-4　　蒲公英有限公司预测资产负债表**

**截至 20××年 9 月 30 日的预测资产负债表**　　单位：千英镑

| | |
|---|---|
| 固定资产 | |
| 　物业、厂房和设备 | 298 |
| 流动资产 | |
| 　应收账款 | 720 |
| 　现金 | 0 |
| 流动负债 | |
| 　银行透支 | 132 |
| 总净资产 | 886 |
| 股东权益 | |
| 　股息红利 | 250 |
| 　留存收益 | 636 |
| 动用资本总额 | 886 |

## 3.7　供应链金融思想学派

供应链金融领域的六个学派（反向保理、资产、定量建模、财务链、风险和利益相关者）都对供应链金融有不同的看法，这些看法都总结在表 3-5 中。

这六个学派的思想可以被映射到卖方和买方之间的供应链交易中，如图 3-2 所示，我们把它们统称为“供应链金融的范围”。

图 3-2 中各学派提出的供应链金融问题将在本书随后的各章节中重新进行讨论。

**表 3-5　　供应链金融学派**

| 思想学派 | 关注点 | 支持者 |
|---|---|---|
| 反向保理学派 | 仅关注以买方为中心的反向保理工具 | Demica（2014），Seifert and Seifert（2011） |
| 资产学派 | 优化：(a) 营运资本和/或 (b) 物流资产 | Gomm（2008），Randall and Farris II（2009），Siddal（2010） |
| 定量建模学派 | 供应链金融的定量决策模型 | Battiston et al.（2007），Pfohl and Gomm（2009），Buzacott and Zhang（2004） |

续前表

| 思想学派 | 关注点 | 支持者 |
|---|---|---|
| 财务链学派 | 优化财务流程和交易 | Flynn, Huo and Zhao (2010), Franke et al. (2005), Kristofik, Kok and De Vries (2012) |
| 风险学派 | 关于财务弹性和贸易融资方面的供应链风险缓解 | Castermann (2012), Lamoureux and Evans (2011), Klapper (2006) |
| 利益相关者学派 | 关注参与供应链金融的不同参与方 | Hofmann (2009), Silvestro and Lustrato (2014) |

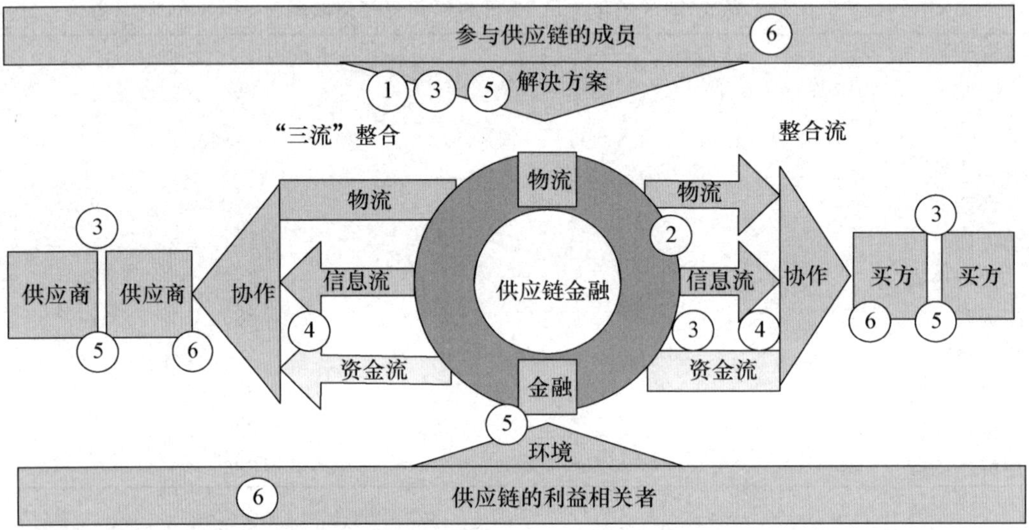


①反向保理学派：反向保理如何对供应链金融起作用？
②资产学派：供应链中哪些资产需要融资？
③定量建模学派：哪种融资方案最适合供应链金融的需求？
④财务链学派：（计算机驱动的）财务流程如何促进供应链金融运作？
⑤风险学派：与供应链金融相关的主要风险有哪些？
⑥利益相关者学派：哪些供应链成员是供应链金融的参与方？

**图 3-2 供应链金融的范围**

## 3.8 总结

本章重点阐述了过去 30 年中供应链管理的演变：从一系列单独的分散职能到基于多种不同关系的完整供应链生态系统。在供应链管理圈子中流行的一句话是"现阶段的竞争是供应链之间的竞争，而不是公司之间的竞争"，因此，供应链管理必须得到管理者的重视。另外，更重要的是，我们还要认识到，供应链管理者不仅需要管理物流，还需要管理与供应链相关的资金流和信息流。如果供应链管理者不理解这一点，那么，可能会造成价值链的中断和毁灭。

本章利用一个典型的供应链案例说明了供应链中“三流”之间关系的重要性，特别是资金流对营运资本管理和企业财务绩效的影响。这为采用供应链金融的措施来释放买卖双方的资金提供了可能。

此外，本章还介绍了六个供应链金融学术思想学派以及它们提出的问题，这为本书的后续章节提供了基础。

但是，需要注意的关键一点是，在采用任何供应链融资解决方案之前，你必须确保对“三流”有充分的掌握。此外，在做出任何供应链金融决策时，还必须要识别这项决策对供应链中的物流、资金流和信息流所产生的潜在影响。

# 参考文献


Battiston，S，Delli Gatti，D，Gallegatti，M，Greenwald，B and Stiglitz，JE（2007）Credit chains and bankruptcy propagation in production networks，*Journal of Economic Dynamics and Control*，31（6），pp 2061－84

Buzacott，JA and Zhang，RQ（2004）Inventory management with asset-based financing，*Management Science*，50（9），pp 1274－92

Camerinelli，E（2014）*Supply Chain Finance*，*EBA European Market Guide*，Version 2.0，Euro Banking Association，June

Casterman，A（2012）Modernising global trade finance practices，*Journal of Payments Strategy & Systems*，6（3），pp 225－31

Christopher，M（2011）*Logistics and Supply Chain Management*：*Creating Value-adding Networks*，4th edn，Pearson Education，Harlow

Christopher，M and Ryals，LJ（2014）The supply chain becomes the demand chain，*Journal of Business Logistics*，35（1），pp 29－35

Demica（2014）A rising role. Research report，Demica，London

Flynn，BB，Huo，B and Zhao，X（2010）The impact of supply chain integration on performance：A contingency and configuration approach，*Journal of Operations Management*，28（1），pp 58－71

Franke，J，Pfaff，D，Elbert，R，Gomm，M and Hofmann，E（2005）Die Financial Chain im Supply Chain Management：Konzeptionelle Einordnung und Identi kation von Werttreibern，in *Wirtschaftsinformatik*，ed OK Ferstel，EJ Sinz，S Eckert，T Isselhorst，pp 567－84，eEconomy，eGovernment，eSociety，Heidelberg

Frohlich，MT and Westbrook，R（2001）Arcs of integration and international study of supply chain strategies，*Journal of Operations Management*，19（2），pp 185－200

Gomm，M（2008）*Supply Chain Finanzierung*，ed H-C Pfohl，Erich Schmidt，Verlag，Berlin

Harland, CM (1996) Supply chain management: Relationships, chains and networks, *British Journal of Management*, 7 (s1): S63-S80

Heikkilä, J (2002) From supply to demand chain management: Efficiency and customer satisfaction, *Journal of Operations Management*, 20 (6), pp 747-67

Hesse, M and Rodrigue, JP (2004) The transport geography of logistics and freight distribution, *Journal of Transport Geography*, 12 (3) 171-84

Hofmann, E (2009) Inventory financing in supply chains: A logistics service provider approach, *International Journal of Physical Distribution and Logistics Management*, 39 (9), pp 716-40

Jain, J, Dangayach, GS, Agarwal, G and Banerjee, S (2010) Supply chain management: Literature review and some issues, *Journal of Studies on Manufacturing*, 1 (1), pp 11-25

Johnson, M and Templar, S (2011) The relationships between supply chain and firm performance: The development and testing of a unified proxy, *International Journal of Physical Distribution and Logistics Management*, 41 (2), pp 88-103

Juttner, U, Christopher M and Baker, S (2007) Demand chain management integrating marketing and supply chain management, *Industrial Marketing Management*, 36 (3), pp 377-92

Klapper, L (2006) The role of factoring for financing small and medium enterprises, *Journal of Banking&Finance*, 30 (11), pp 3111-30

Kristofik, P, Kok, J and de Vries, S (2012) Financial supply chain management—challenges and obstacles, *ACRN Journal of Enterpreneurship Perspectives*, 1 (2), pp 132-43

Lamoureux, JF and Evans, TA (2011) Supply chain finance: A new means to support the competitiveness and resilience of global value chains, *SSRN Electronic Journal*, 289-312

Mentzer, JT, Dewit W, Keebler, JS, Min, S, Nix, NW, Smith, CD and Zacharia, ZG (2001) Defining supply chain management, *Journal of Business Logistics* 22 (2), pp 1-25

Oliver, RK and Webber, MD (1992) Supply-chain management: Logistics catches up with strategy, in *Logistics: The Strategic Issues*, ed M Christopher, Chapman and Hall, London

Pfohl, HC and Gomm, M (2009) Supply chain finance: Optimizing financial flows in supply chains, *Logistics Research*, 1 (3/4), pp 149-61

Porter, M (1985) *Competitive Advantage: Creating and Sustaining Superior Performance*, Free Press, New York.

Randall, WS and Farris Ⅱ, MT (2009) Supply chain financing: Using cash-to-cash variables to strengthen the supply chain, *International Journal of Physical Distribution and Logistics Management*, 39 (8), pp 669-89

Seifert, RW and Seifert, D (2011) Financing the chain, *International Commerce Review*, 10 (1), pp 32-44

Siddal, S (2010) *Supply Chain Finance*, The Bank of England, London

Silvestro, R and Lustrato, P (2014) Integrating financial and physical supply chains: The role of banks in enabling supply chain integration, *International Journal of Operations and Production Management*, 34 (3), pp 298-324

Stevens, GC (1989) Integrating the supply chain, *International Journal of Physical Distribution and Logistics Management*, 19 (8), pp 3-8

Timme, SG (2003) [accessed 16 February 2016] The financial supply chain, *mThink Knowledge* [Online] http://mthink.com/article/financial-supply-chain

## 思考题

因为银行经理要求做出头 6 个月的交易现金流预测，因此，你的朋友邀请你去帮助他们为其新公司 Mega PLC 完成这项工作。该公司将于 20××年 1 月 1 日开始营业。你已获得如下信息：

- 公司将于 1 月开始运行，股本为 400 000 英镑；
- 固定资产将在以下月份购买：1 月 240 000 英镑，4 月 40 000 英镑和 5 月 60 000 英镑；
- 前 3 个月的销售额为每月 300 000 英镑，后 3 个月每月的销售额为 500 000 英镑；
- 客户有 3 个月的信用期，因此，1 月的销售将在 4 月进行支付；
- 零部件成本是销售额的 25%，付款期为 1 个月；
- 固定生产成本每月 15 000 英镑；
- 可变生产成本是每月销售额的 5%；
- 人工工资是每月销售额的 20%；
- 折旧按直线法计提，资产的使用期为 10 年，残值为零。

你需要：

(1) 计算 6 个月末的现金头寸。

(2) 计算 6 个月内公司的利润。

(3) 计算以下财务比率：

- 应收账款天数；
- 应付账款天数；
- 营运资本周期；
- 息税前利润率；
- 总净资产周转率；
- 流动比率。

(4) 提出可以改善公司现金流的建议。

# 参考答案

（1）

**Mega PLC 公司**
**截至 20××年 6 月 30 日的 6 个月的预测现金流量表**

| 现金流入（千英镑） | 1 月 | 2 月 | 3 月 | 4 月 | 5 月 | 6 月 |
|---|---|---|---|---|---|---|
| 股本 | 400 | 0 | 0 | 0 | 0 | 0 |
| 销售现金收入 | 0 | 0 | 0 | 300 | 300 | 300 |
| 总现金流入 | 400 | 0 | 0 | 300 | 300 | 300 |
| 现金流出（千英镑） | 1 月 | 2 月 | 3 月 | 4 月 | 4 月 | 6 月 |
| 固定资产 | 240 | 0 | 0 | 40 | 60 | 0 |
| 固定生产成本 | 15 | 15 | 15 | 15 | 15 | 15 |
| 零部件成本 | 0 | 75 | 75 | 75 | 125 | 125 |
| 人工工资 | 60 | 60 | 60 | 100 | 100 | 100 |
| 可变生产成本 | 15 | 15 | 15 | 25 | 25 | 25 |
| 总现金流出 | 330 | 165 | 165 | 255 | 325 | 265 |
| 净现金流量（千英镑） | 70 | −165 | −165 | −5 | −25 | 35 |
| 上期结转 | 0 | 70 | −95 | −260 | −215 | −240 |
| 本期结转下期 | 70 | −95 | −260 | −215 | −240 | −205 |

虽然 Mega PLC 在此交易期末的现金赤字余额为 205 000 英镑，但是，在 20××年 5 月该公司的资金缺口为 240 000 英镑。

（2）

**Mega PLC**
**截至 20××年 6 月 30 日的 6 个月的预测利润表** 单位：千英镑

| | | |
|---|---|---|
| 销售收入 | | 2 400 |
| 减：费用 | | |
| 固定生产成本 | 90 | |
| 零部件成本 | 600 | |
| 人工工资 | 480 | |
| 可变生产成本 | 120 | |
| 折旧 | 14 | 1 304 |
| 息税前利润 | | 1 096 |

(3)

**Mega PLC**

**截至20××年6月30日的预测资产负债表** 单位：千英镑

| | |
|---|---|
| 固定资产 | |
| 物业、厂房和设备 | 326 |
| 流动资产 | |
| 应收账款 | 1 500 |
| 现金 | 0 |
| 流动负债 | |
| 应付账款 | 125 |
| 银行透支 | 205 |
| 总净资产 | 1 496 |
| 权益 | |
| 股息红利 | 400 |
| 留存收益 | 1 096 |
| 动用资本总额 | 1 496 |

**Mega PLC财务比率**

| 财务比率 | Mega PLC |
|---|---|
| 应收账款天数 | 114 |
| 应付账款天数 | 38 |
| 营运资本周期 | 76 |
| 息税前利润率（%） | 46 |
| 净资产周转率 | 1.6 |
| 流动比率 | 4.5 |
| 总净资产回报率（%） | 73 |

这些比率表明公司能够盈利，其中息税前利润率为46%，总净资产回报率为73%。公司用每1.00英镑的总净资产创造1.60英镑的销售收入。然而，公司营运资本周期仍是个问题，因为公司在收到客户的付款之前就要付款给供应商，导致它们的流动性缺口为76天。但是，由于公司拥有较多的应收账款，所以该企业的流动比率为4.5。

(4) 改善Mega PLC当前现金流状况的建议：

a. 增加额外股本；

b. 与客户协商付款期限，对早付款客户提供现金折扣；

c. 利用应收账款抵押获得现金；

d. 延长对供应商的付款期限；

e. 推迟购买固定资产，在短期内租赁固定资产；

f. 努力寻找更便宜的可替代供应商；

g. 核算人工工资和管理费用。

第二篇

# 当前实践篇

# 第四章

# 概念——供应链金融案例

## 4.1 概述

**成果**

本章的预期成果如下：

- 识别供应链金融的过渡阶段；
- 探讨供应链金融的各种特性之间的相关关系；
- 说明供应链金融的相关性；
- 介绍金融服务提供商在供应链中的新角色；
- 解释多方共赢格局的理念；

通过本章的学习，你将能够：

- 理解供应链金融的概念；
- 将净收益分析应用于供应链金融管理中；
- 分析供应链金融的设计参数和度量方法；
- 确定如何创建多方共赢的格局。

**成果**

我们推荐如下活动：

- 请运用供应链金融的理念分析，为了实现多方共赢，一个企业的供应链可能产生的多种变化。

## 真的有这样一个供应链金融案例吗？

迄今为止，供应链金融（SCF）被认为是一种对交易（通常是两方参与的交易）参与方都有利的方法，这种方法能够实现卖方和买方之间的双赢（win-win situation，WWS）。现在，我们来检验一下供应链金融的案例是否真实存在；如果存在，那么它的效果如何？

这里，我们将重点讨论金融服务提供商和具体的实现者——所谓的“供应链金融平台”——所扮演的越来越重要的新角色。

随着全球化贸易和采购选择的多样化，对它们的监管变得越来越困难，因此，金融机构和专业服务提供商在提供融资解决方案方面所起到的作用变得越来越重要。尽管银行已经渡过了2008—2009年的全球金融危机（2010年以后是后金融危机），但对供应链金融解决方案的需求却一直在不断上升。

由于所有参与方都希望从供应链金融解决方案中获利，达成双赢（win-win）、三赢（win-win-win）甚至多赢（multiple-win）局面已经成为供应链金融的本质特征。本章将着重分析这种局面是否有可能成为现实以及如何实现这种多赢的局面。首先，我们会通过几个实例来分析供应链金融现象。然后，将介绍供应链金融的发展阶段，并讨论网络融资的本质。接下来，将详细地剖析多方共赢的情况。最后，本章提出了“供应链金融形态架构”。这个架构作为一个框架，其目的是使供应链金融解决方案的复杂性和多样性更易于管理。在本章，我们将介绍这个架构的关键参数和相应特性。虽然我们是站在以买方为中心的角度来进行论证，但从供应商的角度，即以供应商为核心来论证也是可行的。

为了深入理解供应链金融的概念，我们先来分析一些真实案例。这些案例证实了供应链金融是与商业实践密切相关的，也已经被越来越多的企业所认可。以下案例对供应链金融的多个方面进行了阐述。

**中小型供应商融资——联合利华案例**

20世纪90年代末到21世纪初，印度尼西亚受到经济危机的严重打击。联合利华在印度尼西亚有300多家供应商，这些供应商主要是印度尼西亚的中小型企业（small-and medium-sized enterprises，SME）。由于金融危机导致当地货币贬值，利率大幅上升，在这300多家供应商中，除了16家企业外，其余全都在经济危机中承受了巨大的金融压力。联合利华采取了一系列措施来帮助这些供应商。与此同时，联合利华还意识到供应商们需要快速、可靠地收到它们的应收账款，为此，联合利华付出了巨大的努力去改进自己的现金管理，让它们的供应商能够可靠和及时地获得所售产品和服务的付款，这使得供应商受益匪浅。此外，联合利华还作为供应商与当地银行之间的中介，为其在印度尼西亚的供应商提供永久性的支持。尤其是，联合利华还为它们提供关于借款和贷款还款策略的建议，帮助供应商提升信用评级。联合利华采取的两个行动——在紧急需要时提供可靠的现金支付和帮助供应商提高信用评级，从而帮助降低供应商的加权平均资本成本（weighted average cost of capital，WACC）——表明跨国企业（multinational company，MNC）可以对供应商的现金管理和资本成本控制提供支持。

联合利华此举的好处在于，为其供应商提供了可靠和低成本的营运资本。在同一理念的指导下，联合利华还优化了供应链中的付款条件，从而为其供应商提供了（部分）营运资本。

资料来源：Unilever，2005，p. 38，p. 63

从多个方面来看，联合利华的行为都是合理的。第一，通过对其供应商提供支持，使供应商企业的加权平均资本成本（WACC）降低了，进而提高了供应商的信用评级。第二，它能够让那些规模较小的供应商在无法从银行取得贷款时及时获得信用资金。第三，在这一过程中，联合利华不仅能够以更低的成本进行融资，还降低了它们的交易成本。通过智能化设计付款条款，联合利华可以将这些利益输送给供应商：通过将其应付账款快速支付给供应商的方式，提高供应商的现金储备。虽然这种做法可能导致联合利华在短期内的成本增加，但也会带来好处，例如降低供应成本，并能保持长期供应的稳定。此外，由于供应商资本成本的降低，它们可以为联合利华提供一个更加优惠的价格，因此，从长远来看，这些做法可能为联合利华节约大量的销售成本。

### 协同供应商融资中的金融中介——克诺尔案例

德意志银行作为金融机构，是克诺尔与其供应商之间的中介机构。德意志银行购买克诺尔供应商的应收账款，并按照约定金额，在 30 天内付款给供应商，但克诺尔要在 90 天后才会偿还德意志银行。这样，供应商就可以提前 60 天收回其应收账款，从而增加其可用净营运资本。同时，克诺尔企业还可以维持 90 天的付款期限。由于德意志银行所产生的债权最终由克诺尔来偿还，所以，德意志银行的收费取决于克诺尔的信用评级。因此，供应商获得这种信贷的成本可能会低于直接从银行贷款。在这种模式下，德意志银行可以为供应商提供服务，（以相对较低的成本）为它们提供必要的现金和流动资金，同时还不会对买方企业的资产负债表造成压力。

资料来源：Dahrendorf and Philipps（2008）

目前，许多金融中介机构（如德意志银行和许多其他机构）正在进入供应商融资领域并提供上述服务。这一事实也充分表明，这种服务具有很大的市场发展潜力。但是，必须指出的是，在这种情况下，金融中介并不是实现证券化的一种形式。它唯一的目标就是通过在供应链中引入一个资本成本低于平均 WACC 的金融中介来实现总体“资本成本”的降低。

**物流服务提供商的库存融资——瑞士邮政物流案例**

瑞士邮政物流（Swiss Post Logistics，LSP）是瑞士邮政的物流部门，为瑞士宝洁公司（P&G）提供高端服务。瑞士邮政物流已经接管了物流和融资活动，发挥着供应链中介的职能。对于宝洁公司来说，瑞士邮政物流是一个大买家，它从宝洁大批量采购后，再通过自己的物流和资金流系统将货物转售给零售商。瑞士邮政物流由于提供物流服务，因而能获得比宝洁公司正常批发价格还低的价格，这样它可以直接按照宝洁的正常批发价格再加上物流和金融服务费的方式向零售商收取费用。从资金方面来说，这个模式能够成功运作的一个至关重要的因素是，瑞士邮政物流能够以较低的加权平均资本成本获得资金。而之所以能够以较低的成本获得资金，是因为瑞士邮政物流以及整个瑞士邮政在规模上的绝对优势。在这个例子中，瑞士邮政物流的作用类似于批发商。然而，不同的是，这个批发商的角色是由物流服务提供商（logistics service provider，LSP）来担任。

资料来源：Hofmann（2009）

瑞士邮政物流为宝洁公司及其客户提供金融中介服务。它通过完全接管上述物流、库存和财务方面的业务，使消费品制造商与买方之间的供应链分离。由于瑞士邮政物流作为一家国有企业，能够获得廉价的资金资源，因此，它能够以更低的成本为供应链提供资金。所以说，将这样强大的物流服务提供商整合到供应链中是合理的，因为它降低了总体“资本成本”。此外，这个例子还充分显示了“协作改进营运资本绩效”这一创新理念的潜在可能性（及其巨大的市场需求）。这一理念将物流专业知识与金融服务相结合。同时，由于中介的存在，使供应商的应收账款天数（DSO）与买方的应付账款天数（DPO）分离。

**金融服务提供商之间的合作——苏格兰皇家银行和全球供应链金融公司案例**

苏格兰皇家银行（Royal Bank of Scotland，RBS）是一家为许多企业提供金融支持的金融机构；位于瑞士楚格的全球供应链金融公司（Global Supply Chain Finance，GSCF）是一个供应链金融平台。它们是两家典型的、能够为需要向供应商支付的应付账款方和向买方收取的应收账款方提供供应链金融解决方案的市场参与者。苏格兰皇家银行主要为位于英国和美国的企业客户提供服务，为它们提供量身定制的应收账款购买协议，并将它们作为整体供应链金融战略的一个重要组成部分。随着应收账款计划的实施，苏格兰皇家银行能够确保它所提供的其他服务（如电子发票）也可以纳入这些解决方案中。苏格兰皇家银行表示，它们越来越多地参与一体化的供应链金融解决方案的主要推动力就是近期支付方式从信用证（letter of credit，L/C）向往来账户（open account，O/A）支付的转变。鉴于客户业务性质的多样化，它们的目标是为客户提供特定行业的有针对性的解决方案。然而，因为客户的贸易关系呈现出逐步向新兴国家扩展的趋势，苏格兰皇家银行也正面临着供应链金融环境中的重大挑战。尤其是，当涉及来自欠发达市场的新合作伙伴时，这种挑战就更加艰巨，因为在这种情况下，单靠某一家金融机构是不可能有足够的资源和知识来建立供应商、买方和自身之间的必要联系的。这就是供应链金融服务提供商或金融服务提供商（financial service providers，FSP）能够发挥作用的地方，也是为什么苏格兰皇家银行会与全球供应链金融公司签署服务协议的原因。

资料来源：全球供应链论坛（2016）

全球供应链金融公司是一个单纯的供应链金融平台服务提供方的案例。它为应付账款和应收账款融资提供解决方案。但是，根据该公司 2016 年的报告，它们的核心业务是应收账款融资，而且这部分业务已经覆盖全球 70 多个国家。供应链金融平台提供的主要服务可以分为两类：第一，定制化的网络门户服务（报表引擎），从而实时连接供应商、买方和投资方。第二，金融分析服务。它们还提供买方的信用评级，并通过网络平台向投资者和供应商提供这些信息。此外，在使用供应链金融平台的服务时，可以建立更加透明的支付流，这也为将来实现准实时的信用监控提供了可能。

## 我们能从案例中获得哪些关于供应链金融的信息？还有哪些没有在案例中体现？

上述案例从多个角度证实了为什么短期（净）营运资本的成本和供应对企业来讲至关重要。从跨企业的角度来看，我们必须要指出的是，如果供应链中有一家或多家成员企业具有良好的资金获得渠道（例如，加权平均资本成本相对较低），并且愿意以相对较低的价格向其他供应链合作伙伴提供资本，那么，财务效益将会得到改善。这意味着供应链金融的主要特征就是从“单一企业思维”转向“商业网络思维”，因此，应该考虑“什么对商业网络有利”，而不是简单地考虑“对个别企业有利”。此外，除了银行和专业平台提供商可以是供应链金融的参与者外，物流服务提供商也可以成为供应链金融的中介机构。

表 4-1 对本章中提到的案例进行了简要的总结。从表中我们可以看到许多来自世界各地、各行业和各种供应链结构的供应链金融案例。例如，供应链金融中的供应链关系既有一对多（one2many），也有多对一（many2one）和一对一（one2one）。其中，一对多指的是一个供应商与多个买方合作，供应链金融中也存在多对一的关系，如传统的逆向物流，以及众多的一对一的关系。

**表 4-1　　供应链金融实践案例总结**

| 例子 | 行业 | 地理位置 | 供应链结构 | 关键信息 |
|---|---|---|---|---|
| 1 | 消费品 | 亚太地区（印度尼西亚） | 多对一 | 跨国企业直接支持供应商 |
| 2 | 各个行业 | 北美、欧洲 | 多对一 | 金融中介机构作为委托人与供应商之间营运资本问题的缓冲 |
| 3 | 物流服务 | 欧洲（瑞士） | 一对多 | 物流和金融中介服务整合 |
| 4 | 金融服务 | 欧洲（英国和瑞士） | 多对多 | 通过技术平台进行金融服务整合 |

● 第一个案例说明联合利华已经帮助其供应商实现了较低的加权平均资本成本。这个战略也可以通过设置智能化支付条款来得到进一步的实施。

● 德意志银行的例子可以看作是一个标志：如果可以将中间商整合入支付流程，并通过缓和双方的付款条件来为双方创造利润，那么，高端供应链金融服务的采用可能会带来巨大的财务效益。

● 瑞士邮政物流和宝洁公司是混合式创新解决方案的典范。通过将物流和金融这两个关键环节进行整合，这两家企业之间的合作产生了可观的财务效益：瑞士邮政物流在提供库存融资的同时，提升了供应链的整体效益。

● 通过金融和技术解决方案提供商之间的合作——例如苏格兰皇家银行和全球供应链金融公司的合作——为供应链金融提供了恰当的解决方案。

除了需要注意各种供应链金融解决方案的不同使用情景外，还需要注意的是，所有的案例在没有"补偿物"的情况下都是行不通的。它们需要相应的"补偿机制"，以弥补企业在接受不利于自己但有利于整体供应链绩效的条款时所产生的额外费用。在确定可能实现的双赢局面时，企业必须考虑到以上这个"缺点"。此外，实践案例表明，我们还需要采取一些供应链整合措施，以便帮助它们更恰当地管理其净营运资本和财务资源。虽然现在，企业仍然主要关注于优化自己的（企业）财务绩效，但是，在未来，这种观念将逐渐向组织间一体化的观点转变。

为了能够让读者更好地了解供应链金融的演变过程，本章必须探讨以下一些关键问题。

**关键问题**

本章将讨论以下关键问题：

● 供应链金融实践是如何演变的？
● 网络融资理念的本质是什么？
● 供应链金融中，多方共赢的局面真的存在吗？
● 供应链金融解决方案的净收益是如何取得的？
● 供应链金融的主要设计参数和度量是什么？

## 4.2 过渡阶段

### 供应链金融实践的演变

供应链金融方法最初出现在20世纪90年代初的供应链管理文献中，并随着时间的推移逐渐扩大到更广泛的一体化服务之中（Hofmann，2005；Hurtrez and Salvadori，

2010)。简而言之，供应链金融在经历了几个过渡阶段的过程中逐级上升（见图 4－1）。

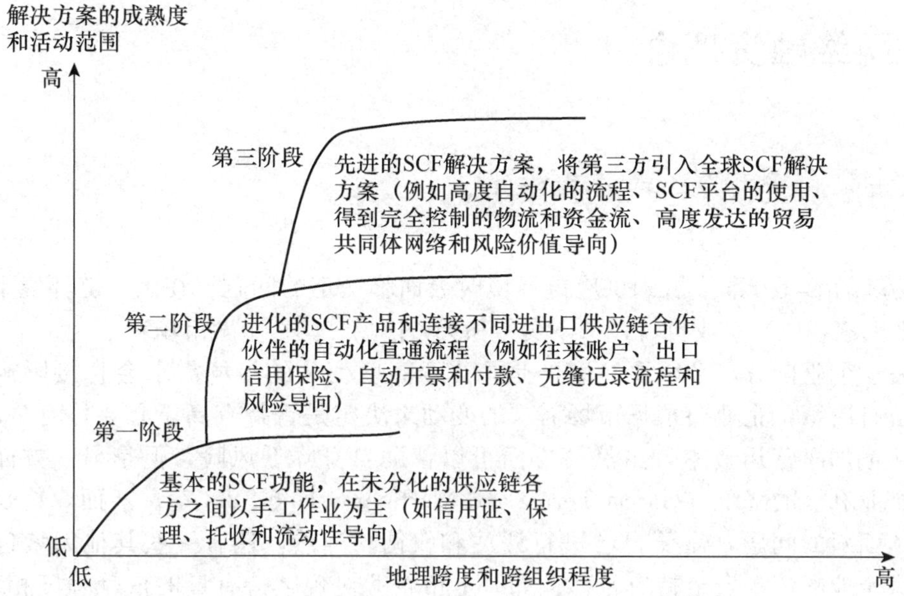


**图 4－1　过渡阶段——供应链金融的兴起**

● 第一阶段，即基本的营运资本管理导向（basic working capital management-oriented）阶段。这个阶段仅关注单一企业的利益，而忽略了对其他供应链成员造成的影响。营运资本管理的主要领域——短期财务计划、流动性管理、营运资本和某家企业绩效指标之间的关系——侧重于个体组织绩效的最优，这对于处于供应链弱势的各方是极为不利的。这一阶段的主要目标是以提高资产流动性为导向，这种导向强调的是在区域内和国内的流动性。

● 在第二阶段，供应链金融通过反向保理将国内贸易融资与供应链管理（SCM）结合起来，这被定义为一种新型的票据融资方法（反向保理导向阶段）。最初，反向保理只是提供给某些特定行业（特别是汽车行业）的专属服务。随着许多大型企业开始从世界各地的中小企业采购原材料，反向保理得到了进一步的发展，出现了国际反向保理业务。然而，这项业务的实现必须以平台技术的发展为前提，只有通过平台技术才能连接全世界范围内所有的贸易参与方，并且能够使得多个信用服务提供商同时介入进来参与竞争。这一阶段具有较强的风险导向性的特点。它通过将应收账款、库存和现金等业务进行联结和整合，实现绩效的提升，并且，这些业务已经被一批活跃的跨国企业在全球范围内运作。此外，此阶段还引入了往来账户业务和自动付款流程。

● 第三阶段，旨在为所有的价值创造参与方创建共赢的局面。众所周知，当今的企业以更加全球化的方式与越来越多的跨国企业进行交易（价值-风险导向阶段）。这个阶段是最有发展前途的，因为它旨在整合端到端供应链的所有部分，实现买方从采购到支付过程以及供应商从订单到现金循环的完全自动化。此阶段通过将采购、物流和分销以及票据管理和融资整合到一个平台，实现了现金管理和贸易融资的全面整合。

## 4.3 网络融资理念

### 供应链金融解决方案的基本框架

将传统的融资方案移植到供应链环境时会面临一定的问题。在供应链环境下，必须考虑以下因素：(1) 企业自身；(2) 卖方和买方市场；(3) 金融市场。

- 关于企业自身，必须要注意的是，当今高度变化的市场需求会直接影响企业的现金量持有决策，企业要根据市场需求的变动来决定是否持有高于必要持有量的现金。如果企业增加净营运资本，虽然一方面可以帮助自身降低风险，但是另一方面，也将会导致企业利润的降低（Garcia-Teruel and Martinez-Solano，2007）。然而，这是每家企业都必须面对的问题，需要自己进行评估和权衡。当然，还有一些其他因素也可能会影响各家企业的流动资金持有量，例如，上市企业对现金持有量的依赖程度相对较低，其不需要持有过多的现金。然而，当预期外部融资成本增加，或者作为一种预防性措施，为了能够确保企业在现金流较低时仍然可以进行投资，企业也需要储备大量的现金。
- 持有超额现金的想法也与卖方和买方市场（贸易结算）相关。如果企业无法及时收回其应收账款并且必须增加应收账款天数（DSO）时，它们需要的现金就会高于最佳需求量。此外，如果企业为了能够维持一个较高水平的现金持有量而延长应付账款天数（DPO），那么很有可能会恶化该企业与供应商之间的关系，最终导致不得不让买方企业承担一个更高的采购价格。
- 最后一点与金融市场相关，也与企业面临的现实——单个企业能够获取的资本是非常有限的或者只能以高利率和高成本获得融资——相关。受银行和金融服务提供商的《巴塞尔协议Ⅲ》规定的影响，现在的信用评级只考虑单一企业自身，而不考虑其供应链中的其他企业的合作情况。然而，从更广泛的风险角度来看，与财务能力较强的供应商和客户合作的企业应该比没有这些合作伙伴的企业具有更好的信用评级。

通常，在国际环境下，传统贸易活动必须面对以下事实：供应商（出口商）希望尽可能减少应收账款天数，而买方（进口商）希望延长应付账款天数。此外，在付款方式方面也存在不可调和的冲突：供应商（出口商）总是试图找到一种安全的付款方式（例如信用证），以保证它能够在预定日期收到付款，但买方（进口商）却更愿意选择无担保的往来账户的方式，因为这将使它们在付款期限方面有更大的灵活性。一般情况下，企业也并不能完全掌握供应链中的现金流信息，甚至得到的信息是错误的，这使得企业确定适当的现金持有量变得更加困难、更具挑战性。而且对于银行来说，这种信息的不透明会让情况变得更糟，这些金融服务提供商仿佛在黑暗中摸索一样！

## 国际贸易：信用证与往来账户

信用证（L/C）只是银行的信函保证，保证进口商向出口商的付款将按时按量收到。L/C也被称为“跟单信用证”（documentary credit），表示货物的买方和卖方之间的安全承诺。这种“信用”文书的使用通常至少有四方参与：申请人（进口商）、发证行、受益人（出口商）和通知/确认行。信用证在保证卖方只要发货就可以收到货款的同时，它还可以保证买方在付款前货物已经被装运发出。因此，如果出现某些风险，例如出口国的政治或经济形势不稳定或一国的监管要求变化，信用证是一种能够确保无误和安全的贸易融资工具。在合同双方不能相互评估的情况下、第一次合作或贸易合作不太成熟时，非常推荐使用信用证交易。

相反，当买方和卖方同意采用往来账户（O/A）条款时，这意味着卖方将向买方发货，并且还发送请求付款的票据。出口商在发货时就会失去对货物的控制，但它们相信进口商会根据合同和发票按时付款。对于这种付款方式，出口商承担了进口商是否在收到货物后具有支付能力和是否愿意支付的全部风险。因此，出口商只在信任对方并且进口国的政治局势和汇率比较稳定的情况下才会同意使用这种付款方式。当执行O/A条款时，银行仅在买方提出国外付款申请时发挥作用。因此，采用这种方式的交易结算，货物交易和支付过程是完全分离的。商品交易和支付过程之间的联系只是通过提供信用的方式来实现，而且也不如在L/C的情况下那么重要。

在国际贸易中，有时L/C会产生不必要的费用。在这些情况下，O/A可能更合适。在金融危机导致全球经济衰退之前，贸易融资正在从L/C担保交易转向O/A方式的无担保交易，这主要是因为贸易融资的获得相对容易。然而，2008年9月以后，出口商和进口商之间的相互信任和依赖需要一个安全的贸易融资工具来支撑。这时，信用证再次发挥作用并重新获得了广泛关注。

然而，O/A贸易可以简化出口商和进口商的流程，进而大大提高效率和节省时间。此外，以O/A方式进行交易，使进口商有机会在付款前对货物进行检查，确认货物是否按照约定的方式进行交货，以及货物是否与合同相一致。如果不一致，买方可以投诉，并且能够部分或完全地拒绝支付。如果进口商拒绝接受货物，则出口商就必须支付已获得预融资的利息费用。因此，采用O/A方式进行支付时，出口商需要对进口商有一定程度的信任，而且这种付款方式主要用于一些较为成熟的合作关系中。

此外，O/A比L/C的成本要低得多。通常，商业L/C交易会产生多个费用，并且需要在有限的时间内（通常为4个月）提供担保。在这些费用中，一些由卖方承担，另外一些由买方承担。大致来说，对于超过100 000美元的信用证，通常买方需要承担的费用是0.75%；但是，在发展中国家，这个比例可能高达1.5%以上。卖方的总费用可能会少一些，但是会有5～10种不同的费用，从25美元到150美元不等，用于邮费、快递服务、银行之间的费用报销、认证L/C和其他必要的服务费。

迄今为止，信用证和往来账户这两种支付方式占世界贸易总额的比例分别为15%和85%。无论如何，成本并不是这些付款方式得到快速扩展的唯一原因（见图4-2）。

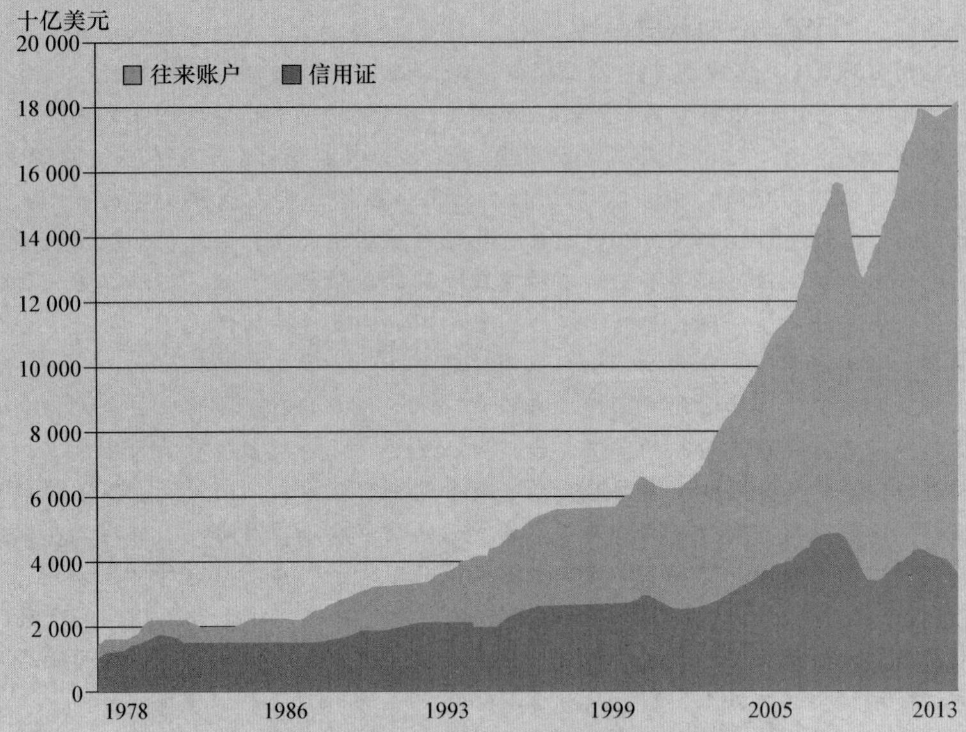


**图 4-2　外贸出口的发展（往来账户与信用证）**

资料来源：世界贸易组织、伯尔尼联盟和国际生产链组织（2015）

总之，这是一种"实际需求"。虽然银行在 O/A 贸易中的参与程度——特别是在供应链金融计划中——已经随着 O/A 在世界贸易总额中占比的增加而不断增加，但是，多年来，大多数往来账户的使用都是由交易方利用自己的资源来支持的，例如提供物流、电子发票和其他金融解决方案的服务提供商等非银行组织。此外，O/A 贸易已不再仅限于成熟稳定的贸易交易或低风险市场的贸易。支付方式从信用证向往来账户的转变几乎已经风靡全球，因此，相关的供应链金融技术和框架也在全球范围内得到了普遍应用和推广。正因如此，银行不得不向客户提供符合这些发展趋势的产品，以提供持续的、低成本的业务流程支持，以及支付保证和融资选择（全球供应链金融论坛，2015）。此外，以伤害供应链合作伙伴为代价，而使自己净营运资本最小化的企业的声誉和信用评级将可能会受到威胁。因此，在网络合作伙伴之间需要一种协同的付款流程和融资方法——引入第三方（如银行和供应链金融平台）。

## 网络融资理念的概念

供应链金融的基本理念是：供应链上的合作企业在融资来源方面要比单个企业有更

多的选择。供应链金融的基础是“网络融资”（network finance）（Hofmann，2005：11）。这种方法旨在实现从供应方到需求方的端到端的“金融链”的整合，同时，将从供应链内部网络和供应链外部网络获得的融资资源区分开来。并不是所有的解决方案都必须依赖于金融或物流服务提供商的存在和支持。虽然，从外部网络的视角，我们可能认为“金融服务提供商”所扮演的角色已经相当丰富（例如通过提供贷款），但是，不可否认的是，中介机构在其中也占据着非常重要的位置。因此，专业服务商可以为供应链合作伙伴提供接口，让它们能够利用一个更加有效的发票订单处理机制去创造价值。从内部融资的角度来看，在广义上，服务提供商还可能成为卖方和买方的顾问，通过买卖双方的协作来“优化现金周期”（Hofmann and Kotzab，2010）。

传统的内部融资观由于过于“静态”而遭到批评。通常，单个企业的内部融资能力主要取决于其年度财务报表。然而，供应链金融区别于传统观念的特点在于，它更加注重资金的流动性，而不是采用这种静态方法。其目标是有效地将金融资源分配到最有利的地方（供应链成员）。因此，必须沿着供应链持续跟踪现金的流动，而不是从单一企业的角度在一季度末或年底进行简单评估。在这种资金流动性导向的指导下，直接现金流入仅代表融资来源；而且留存收益或其他静态会计数据也不会再被考虑进来（Hofmann，2005）。

与传统融资类似，网络融资也分为内部融资和外部融资：

- 内部融资（internal financing），与传统融资不同，不再仅限于单一企业内部拥有的资源，还包括来自其合作者（买方或卖方）的财务资源。
- 如果所需的资源来源于买卖关系（网络实体）之外的合作伙伴，则称为外部融资（external financing）。

网络融资包括许多供应链金融工具，其中一些已经是供应链领域较为成熟的“工具”，而另一些则是近些年才受到人们的关注（见表4-2）。

**表4-2　供应链金融中的网络融资理念**

| 融资来源 | 单一企业融资 | 网络融资 | |
|---|---|---|---|
| | | 融资方法 | 实践中的方法 |
| 融资来源于企业或网络内部 | 传统的以企业为基础的内部融资（如留存收益） | 网络内部的内部融资 | 通过供应商管理库存（VMI）或准时制（JIT）等进行协同现金周期管理 |
| | | 网络内部的外部融资 | 供应链金融平台解决方案、协作的现金共储和现金网、合作贷款、补充贸易信贷 |
| 融资来源于企业或网络外部 | 传统的以企业为基础的外部融资（如IPO） | 网络外部的外部融资 | 银行贷款、参与性融资、风险共担（联合）、应收账款证券化 |

## 网络融资类别

第一类是网络内部的内部融资（inside network internal financing），包括通过释放以前在内部被占用的流动资金来优化供应链合作伙伴之间的资金流动等各种措施。这些措施与物流过程（如供应商管理库存或准时制库存管理）紧密地联系在一起，通过这样的方式来实现协作的现金周期的改进。因此，这类融资方式的目标应该是提高所有参与供应链金融网络的合作伙伴的“自筹资金增长率”（Churchill and Mullins，2001）。实际上，由于在协作中的紧密关系，这种融资机制只有在网络合作伙伴已经具有密切联系并且在地理分布上不太分散的情况下才能得以实施。

第二类是网络内部的外部融资（inside network external financing），包括能够让一家企业从同处于一个供应链网络的其他合作伙伴那里获得额外的外部资金的各种工具和方法。这些金融工具包括合作贷款、补充贸易信贷或其他共同投资等。与第一种内部网络的内部融资方法一样，在这种融资方式下，额外资金的获取也是由企业驱动或由服务商来驱动，并让供应链中的资金流动更加顺畅。技术提供者是供应链金融的推动者。它们提供解决方案，使所有参与方能够彼此连接，并提供实施供应链金融战略所需的互联和互通。这种供应链金融服务提供商为对账、发票、信用票据、付款和相关信息等过程的实现提供了便利，也可以帮助整合不同供应链成员之间的信息。此外，它们还可以为供应链金融参与者提供服务，如信用风险管理、供应链金融计划的创立和供应链金融参与者的法律基础设施的建立等。它们将资助者、风险承担者、买方和卖方等各方聚集在一起，并帮助了解每一方的需求。

最后一类，网络外部的外部融资（outside network external financing），通过协作，从（网络）外部合作伙伴获得融资。虽然人们已经就单一企业的外部融资理论进行了非常广泛的研究，但从网络角度就网络外部的外部融资展开的研究还非常少，不管是从理论角度还是从实践角度都很少见。为了促进和达成贸易或供应链计划的实施，网络外的投资者或贷款人可能会在某些特定条件下向供应链成员企业提供资金。从具体操作来看，人们通常把商业领域中出现的贸易金融证券化划为这种融资类别。因此，原来由金融机构持有的贸易融资应收账款，现在可以提供给资本市场上的私人投资者（例如，参见 www.crxmarkets.com 的计划）。虽然这些交易可能类似于由核心企业发起的单一企业导向的融资机制，但是，这种融资可以帮助企业获得更多的融资（或创造更加有利的条件），并造福整个网络。此外，这种跨组织的“网络观点”，在新型资本市场交易中可能更加明显，因为在这种情况下融资成本取决于所有内部和外部融资合作伙伴的财务健康状况。

## 4.4 共赢局面

### 供应链金融的构成特征

从早期的供应链管理文献可以看出，“双赢”一词与一体化供应链的概念密切相关

(Towill，1997)。其中，一体化主要是指产品流和物流的所有参与方实现了紧密协作。为了获得双赢局面，企业需要采取“合作计划”模式（Vlachos，2004：172）。而且这种合作应该能让各相关方在较长时间内获得互利。双赢局面的建立需要进行大量的投资，因此，供应链合作伙伴关系的长短会成为一个关键的问题。此外，“双赢关系”还经常和“长期战略联盟”同时出现，这也再次强调了时间的重要性。

**双赢局面的含义**

简单来说，双赢局面可以描述为一种合作关系。通过这种关系，可以创造一个能够产生1+1大于2的协同效应的供应链（Maloni and Benton，1997：420)。良好的伙伴关系可以帮助改进财务绩效，也可以降低各合作伙伴所面临的不确定性（风险）。Giannoccaro and Pontrandolfo（2004：132）给出了类似的定义，并指出，如果有在合同约束的情况下，每个供应链合作伙伴所获得的利润高于没有合同的情况下的利润，那么，这就达到了双赢。否则，供应链参与者就没有动力去履行合同。

尽管第一个定义过于宽泛而第二个定义则较为具体并明确地指出（财务）利益应该是双赢局面的必然结果，但是从这两个定义我们都可以看出，每个“参与者”都应该能够从给定的伙伴关系、合作或供应链合同中获得一些效用。

但这到底是什么意思？一个真正的双赢局面并不意味着所有的相关方都能从合作中受益？这个问题的答案可以利用所谓的“囚徒困境”来进行说明。研究人员表明，如果相互合作（这里的协作指事先确定的定价协议）和信息共享程度增加，企业可以获得最大化的利润（例如 Van der Veen and Venugopal，2000)。此时，它们的双赢局面完全由利润驱动，且模型本身包括两个场景：

- 在比较有利的“合作情景”（partnership scenario）中，如果买方与卖方共享需求函数的信息，则供应链的总利润将最大化。
- 如果双方共同商定零售价格，则它们会发现双方所获得的利润都比“非合作情景”（solitaire scenario）中的利润要高。

在实践中，双赢的结果是否会出现，很大程度上取决于供应链中的利润分配。因此，从长期角度来看，所谓的收益共享合同是一种能够推动双赢局面出现的有效方法（Giannoccaro and Pontrandolfo，2004)。

促进供应链管理中的双赢局面实现的另一个推动因素就是进行与技术相关的联合投资，如投资 IT 系统（Vlachos，2004；Corbett and Decroix，2001）或账簿公开式会计实务（Kajüter and Kulmala，2005；Rajagopal and Rajagopal，2009 )。此外，有一系列文献表明，如果整体供应链的绩效可以得到加强，个别企业甚至有可能愿意接受比建立供应链合作伙伴关系之前所能获得的更低的利益（Lanier et al.，2010)。这与当前的主流观点保持一致，即从长远来看，单一企业的成功强烈依赖于其供应链的成功（从供应链网络的视角)。

由此，我们可以得出这样的结论：两个独立的供应链成员能够“成功”建立合作关系的前提就是，它们应该都能从这个合作关系中受益。此外，为了获得这些益处，双方还需要付出某些自己拥有的资源。然而，基于企业自身的管理模式和对合作关系的利益期望的不同，双方会有不同的价值判断标准。而这些标准恰恰会主导它们对从合作关系中所获得的收益的看法；而且，不得不说，积极有利的净收入是双方都期盼的，对它们来讲也都是至关重要的。但是，在供应链金融环境中，事实也是如此吗？

## 供应链金融中的胜局：视角的问题

有关供应链金融中的双赢合作关系的学术研究是很少见的，即使有，那也常常只是理论上的讨论。一般来说，在供应链金融的背景下，双赢局面可以区分为两种不同的情况：

1. 在优化净营运资本（NWC）这一长期目标的驱动下，供应商和买方都愿意实施供应链金融解决方案，并且它们也希望能够通过供应链金融解决方案的实施来最大限度地降低资金流中的风险。

2. 参与其中的银行机构希望改善它们与企业客户群之间的关系。通过供应链金融解决方案，它们的客户可以通过创新的融资机制获得资金，与此同时，金融机构还能增加其自身的利润。

在上面提到的第一种双赢局面中，营运资本管理的绩效往往是通过现金周期（C2C）来衡量。现金周期表示企业必须支付其应付账款的时间点与其可以收回应收账款的时间点之间的时间跨度（通常以天为单位）。因此，从双赢的角度来看，供应链金融解决方案应该对供应商和买方的现金周期产生积极的影响。然而，这个概念却与 Randall and Farris Ⅱ（2009）的观点恰恰相反，他们指出，为了能够给网络中的合作伙伴提供支持，企业通常不得不延长自己的现金周期。它们的分析基于没有外部参与方（金融服务提供商）支持的情况下以缩短供应链的现金周期为目的的案例研究。营运资本管理中的“最佳实践”的意义及其与企业盈利能力之间的联系已经在经济合作与发展组织（OECD，简称经合组织）国家（例如 Deloof（2003），比利时）和非经合组织国家（例如 Raheman and Nasr（2007），巴基斯坦）的一些企业中都得到了证明。无独有偶，Seifert（2010）还证实了双赢理念和贸易信贷策略之间的联系。在《供应网络中的协作周转资金管理》这一著作中，他描述了三种潜在的贸易信贷策略，即“双赢”“跟随”“挤压”。双赢，是基于反向保理的解决方案，他建议要把这种先进的融资技术应用于重要的战略业务关系。这种解决方案除了可以增加供应链合作伙伴的融资机会，还可以减少应收账款天数，从而降低风险成本。此外，Seifert 的实证结果表明，在实施反向保理方案后，买卖双方平均可以将其净营运资本缺口降低 13%。

但是，供应链金融解决方案的好处不仅仅局限于减少净营运资本，也可能为参与者创造管理优势或促进风险利益的产生。供应链金融中的“真正的双赢局面”不应该仅是简单地采用一些付款条款，它还应考虑如何以更有效的方式来管理整个净流动资金。因此，这也是一个“运营效率”的问题（例如，电子交易平台使得以前通过物理方式进行交换的信息可以转而采用电子的方式进行交换，提高了效率）。从运营效率的角度来看，在供应链金融中，不仅要把大型供应商和客户纳入考虑范围，还需要将许多中小型企业也考虑进来。诸如电子账单提交和支付系统（electronic billing presentment and payment system，EBPP）的电子计费和支付系统就保障了流程的敏捷性、流畅性和一致性。

**电子账单提交和支付系统**

简单来说，EBPP就是指企业通过互联网发送账单，并通过电子方式接收客户的付款。EBPP背后的理念是要提高传统纸质账单管理的效率，传统的账单管理主要依靠不同的中介以及重复性劳动来完成。通过采用EBPP系统，可以大大简化出单和支付过程。

前面所提到的第二种双赢局面主要关注于金融机构以及在供应链金融的背景下如何使得这些金融机构成为一个赢家。显然，目前就该领域的学术研究和管理实践都相对缺乏。虽然在供应链中，物流服务提供商（服务于"物流"）和IT服务商（服务于"信息流"）的价值增值作用已得到充分证明，但是，金融机构在供应链上的价值增值作用则尚未得到充分研究。而实际上，银行和其他金融机构恰恰是围绕着"资金流"的资金供应者和服务提供者（参见第三章）。

因此，一些关系型借贷的文献认为：紧密的合作（从合作的范围和深度两方面）可以帮助银行找到更好的解决方案，但由于嵌入效应的存在，银行并不一定非要对所参与的企业客户都一视同仁（Boot，2000）。通过密切和良好的合作，银行可以获得更多的信息，这有助于降低信用风险。而由于信用风险的降低而带来的收益，银行又不一定非要以低利率的形式将这些收益传递给最终客户。对一个金融机构来讲，一个可以获得双赢的重要来源就是"供应链套利"。这不是指银行的资金利润率，而是指供应商或买方能够以与信用评级较高的买方或供应商相同（或相似）的利率获得贷款。对于供应商来讲，它们可以因享用了较低的贷款成本而受益；对客户来讲，它们可以延长付款期限，从而对现金流量表产生积极的影响，为双方创造双赢局面。

我们可以说，供应链金融的好处不仅是能够帮助减少净营运资本，还可以提高运营效率。此外，由于与客户的密切合作以及供应链中存在的套利可能性，供应链金融可以使银行能够找到更优的解决方案。

## 供应链金融中是否存在三赢甚至多赢的情况?

现在，问题来了。第一个问题是，作为第三方参与者，一个金融机构在供应链中将发挥什么作用？第二个问题是，各参与方获得的利益是什么？到目前为止，人们基本都认为，金融机构是在供应商和客户之间形成的（供应链）网络之外的外部团体。

当我们把关注点转移到前面提到的网络级融资时，我们可以认为，内部融资不一定需要金融机构的支持。但当企业需要外部服务时，银行能够提供的服务范围就是相当有限的，可能只是一些基本资金流的副产品（如货币对冲）。而真正的外部融资则主要是依赖金融机构来完成。但是，由于对实际融资工具知之甚少，因此，很难建立一个能够使各参与方都能“赢”的框架模型。然而，随着贸易应收账款证券化的普及，金融机构的佣金收入也可能会不断升高。

**“应收账款”和“应收账款证券化”的定义**

应收账款，是指企业在日常业务过程中，因向其客户提供商品或服务而需要收取的款项。这些款项通常记录在正式票据上，而这些票据将在应收账款的账龄报告中进行汇总。该报告通常由收款人员使用，用以收取客户的逾期付款。通常，在总分类账中，应收账款是在单独的应收账款账户中记录，但如果是预期在一年后才能收到付款，那么就将其列在资产负债表上的流动资产中。

应收账款证券化的最简单的形式就是将企业的贸易债务出售给有特殊用途工具（special purpose vehicle，SPV）的买方。SPV 通过资产支持的商业票据（asset-backed commercial paper，ABCP）、贷款和发行期限债务的形式为购买活动提供资金。由于贸易应收账款是短期的，融资的总规模也会随着卖方财富状况的变化而变化，因此，循环融资（如 ABCP 中介渠道融资）往往是首选。

资料来源：Accounting Tools（2016），Structured Finance in Brief（2016）

然而，三赢甚至多赢，不仅关系到实体供应链的节点（卖方和买方），也关系到一个或多个金融机构。通常，只有当供应链中的核心企业能够激励多个网络合作伙伴共同参与供应链融资计划时，这个计划才能成功。经常性的交易能够使金融机构更好地了解供应链成员的信誉，并可能创造出对各方在长期内都有利的融资条件。

在供应链金融计划中，供应商能够减少应收账款数量，也能够较早地获得资金；客户可以延长应付账款天数；金融机构可以将信用额度扩展到整个网络的所有合作伙伴。如果银行自己拥有融资平台，那么，在这种融资方案中就很可能会出现三赢的局面。这些银行旨在通过全面捕获信息流动（物流和资金流）来提供一个整体的贸易融资解决方案，这是因为这些信息能够使它们更好地了解潜在的（信用）风险（Camerinelli，2009）。与企业内部融资方案相比，金融机构在外部融资中的作用更加广泛，并且能够显著地影响特定资金的流动，其原因在于，它可以直接地或通过与有形服务商（平台）合作的形式提供中介服务。

图 4-3 说明了在双赢、三赢和多赢的情况下，各相关方的一系列关系。一个简单的双赢局面只涉及卖方和买方，而供应链金融的三赢局面还涉及物理形式中的物流服务提供商（LSP）和财务形式中的金融服务提供商（FSP）。在供应链金融的多赢局面中，上述所有各方都通过平台聚集在一起。

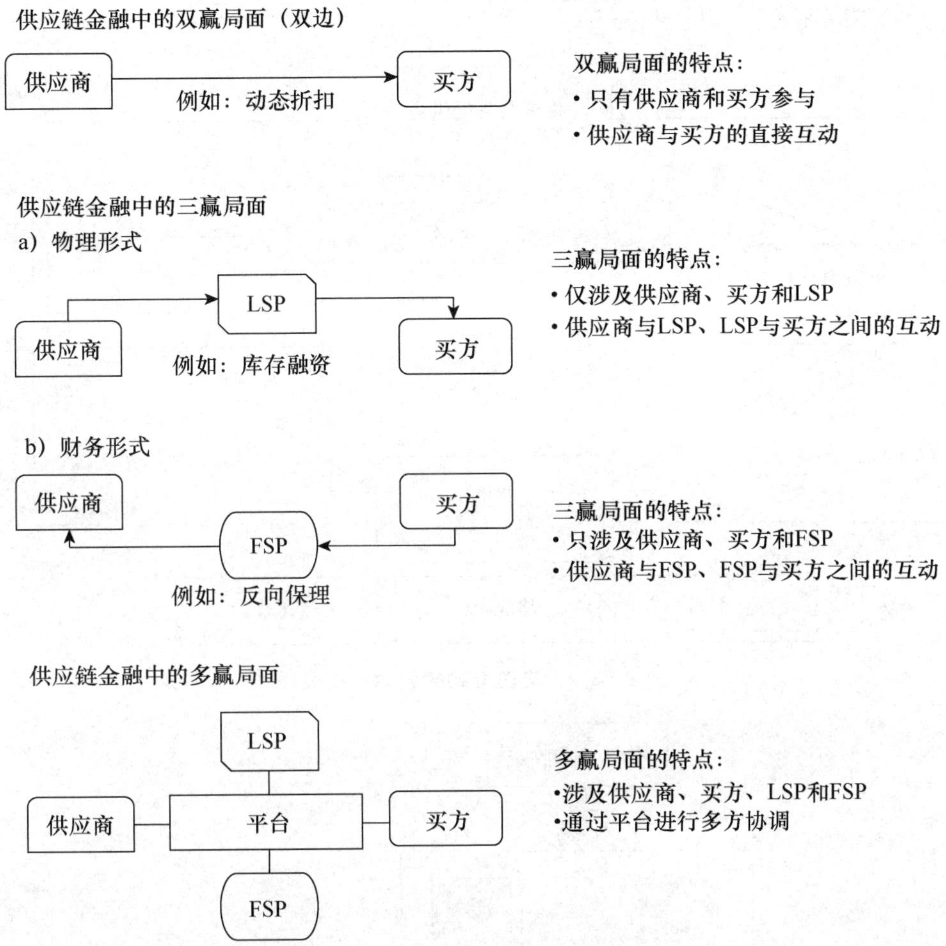


**图 4-3　供应链金融中的双赢到多赢**

图 4-4 说明了供应链金融的总体商业逻辑，其中包含了融资的三个不同的网络维度。该图为供应商、买方、金融机构以及平台提供商如何在供应链金融中获取收益提供了启示：相关各方所产生的综合效益必须超过因实施网络融资方案所产生的成本。虽然金融机构或其他外部服务商在所有备选方案中都发挥作用，但是在供应链金融中，供应链金融平台的解决方案是所有供应链金融解决方案中最能够创造这种多赢局面的一种方案。

如上所述，供应链金融商业逻辑的主要条件是，供应链内的所有成员都必须有正向的净效益。这意味着供应链网络中所有各方的净收益的总和必须为正：

$$\sum 净收益_{SC} > 0$$

获得正的净收益需要供应链的总收益要大于总成本。供应链金融的收益包括货币的定量收益（例如降低的资本成本）以及定性收益（例如与供应链成员的更紧密的关系）。同样的逻辑也适用于方程式中的成本方面，由“无形”成本（例如协调活动成本或“沉没成本”）和“有形”成本（例如实际支付的成本或“费用”）组成。然而，由于每个参与方感知到的定性收益和无形成本会受到企业价值观和利益的影响，因此，会因供应链参与方的不同而不同（见图 4-5）。

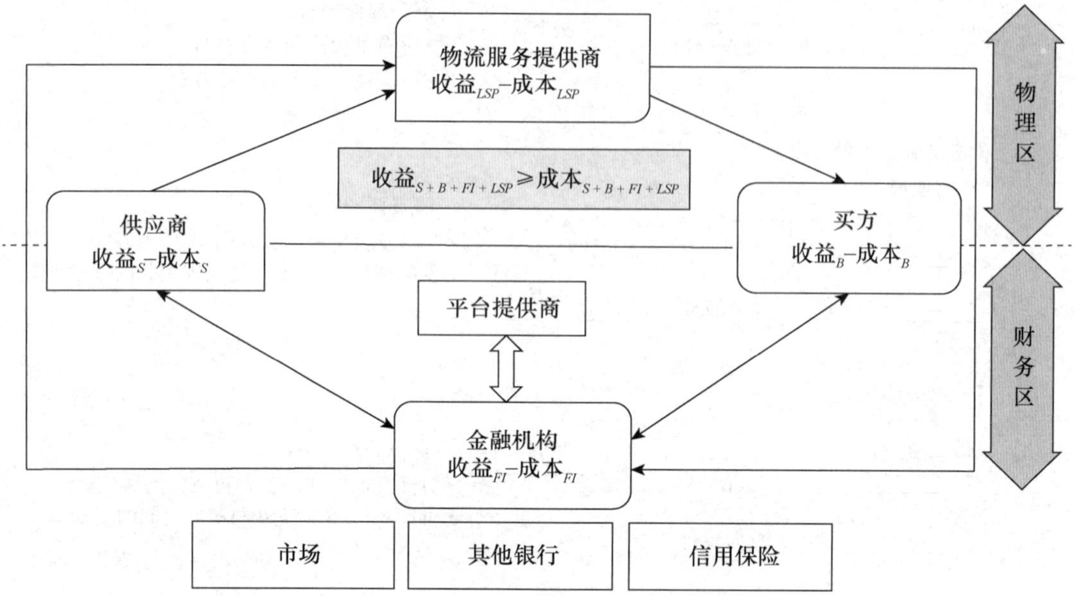


**图 4-4　供应链金融的整体业务逻辑**

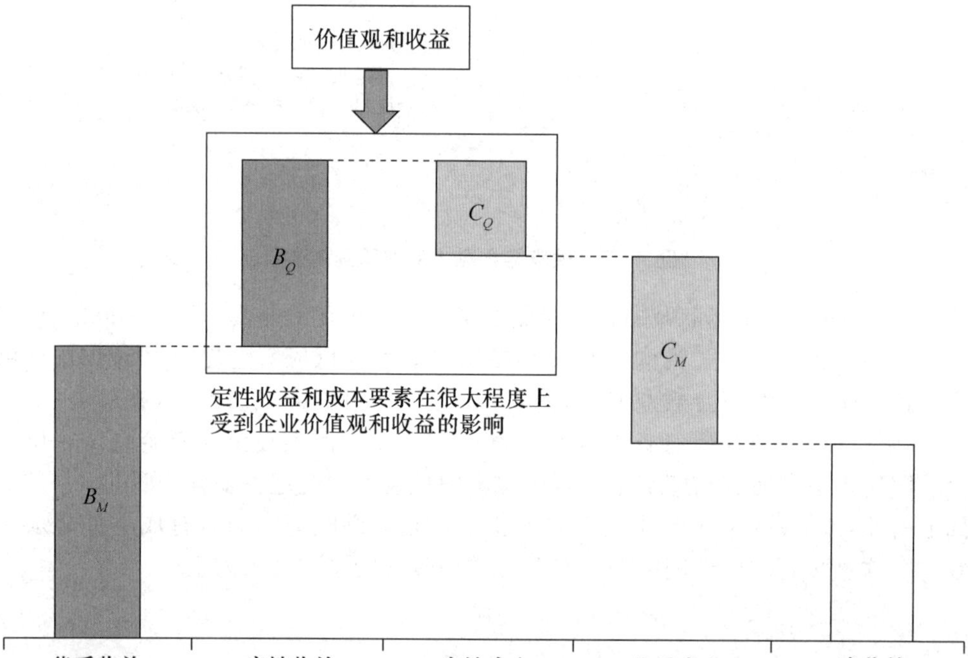


**图 4-5　单个企业的典型净收益计划**

除了需要整个供应链的净收益为正外，所涉及的每个参与方的净收益也必须是正的。如果无法满足这一附加条件，那么具有负净收益（即净亏损）的一方将没有动力去参与供应链运作。即使并非所有的参与方都能获得正的净收益，如果它们能够从供应链的其他参与方那里获得货币补偿，那么这种附加条件也可以实现。有了足够多的货币补偿的话，就可以将本来的单赢变成双赢，如图 4－6 所示。还有一种可能的情况是，供应链的所有各参与方都能够从供应链中获得正的净收益，如图 4－4 所示，这时就不需要货币补偿了。

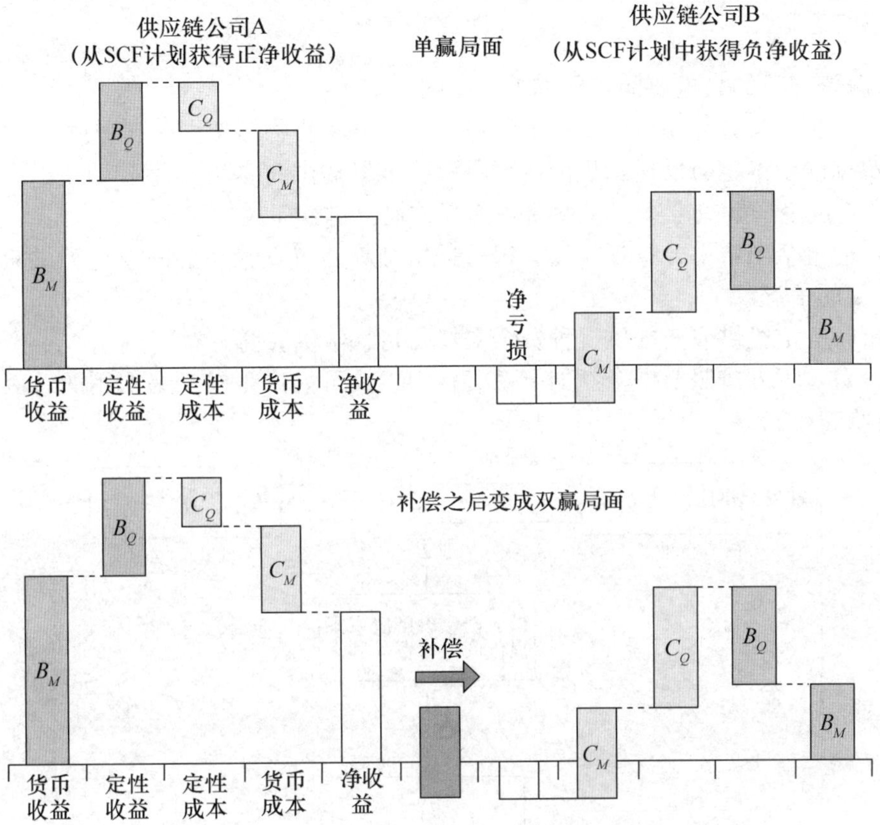


**图 4－6　供应链金融计划中补偿前的单赢局面和补偿后的双赢局面**

## 4.5　基本方法

供应链金融平台提供商能够弥补内部和外部网络维度之间的差距。但是，还必须要注意到网络融资方法的局限性。供应商和买方可能同时是多个供应链和网络的一部分，这使得它们不得不在多个“金融网”中进行运营。此时，如果希望采用平台的解决方案，那么就需要这些平台表现出一定的兼容性，以便有效地捕获不同金融网中的资金流活动。在这种情况下，参与企业还可能会损失一定财务运营决策的自主权，尤其是当网络融资协议被设计为长期合同或涉及联合投资的时候，就更是如此。

图 4－7、图 4－8 和图 4－9 强调了供应链金融中的三种不同类型的多方共赢情况以及

所涉及的各参与方的收益。在每个图的下面，我们都给出了各不同参与方所获的利益，另外，我们对模式下的重要步骤进行了简单的描述。

## 以供应商为中心的供应链金融模型

出口融资交易的最重要的步骤如下（见图 4－7）：

1. 第一步，买方与相应的供应商签订订单，并将货物与票据一起交付给买方。
2. 票据的副本也会发送给供应链金融解决方案提供商。
3. 供应链金融解决方案提供商向相关买方提出付款建议。
4. 供应链金融解决方案提供商为银行提供结算建议，它还会向银行提供关于买方信用评级方面的信息。
5. 银行决定给供应商提供哪种资金支持并付款给供应商。
6. 最后，买方按照票据金额加上融资费用以及可能产生的交易费用的总额，将所有费用支付给银行。

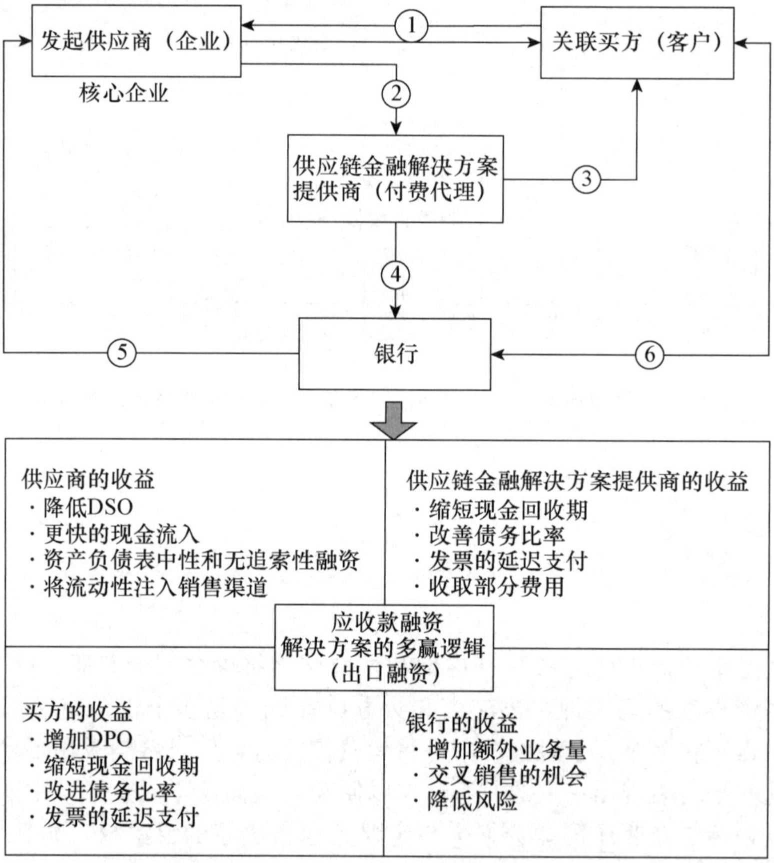


**图 4－7　以供应商为中心的供应链金融模型（出口融资）的多赢逻辑**

## 以买方为中心的供应链金融模型

“单一资助方模式”的应付账款融资解决方案（见图 4－8）——意味着有一个牵头银行提供专有技术平台服务，使服务提供商和资助者形成一个独特的实体——最重要的步骤可以总结如下：

1. 买方将采购订单发送给相关供应商。
2. 供应商将货物和发票副本一起交付给买方。
3. 买方批核发票并将其提交给供应链金融解决方案提供商（付款代理）。
4. 供应商选择相应的票据进行贴现，并将其出售给供应链金融解决方案提供商。
5. 供应链金融解决方案提供商接受这些选定发票的报价，并向供应商支付净额。
6. 在商定的信用期后，买方向供应链金融解决方案提供商支付账款。

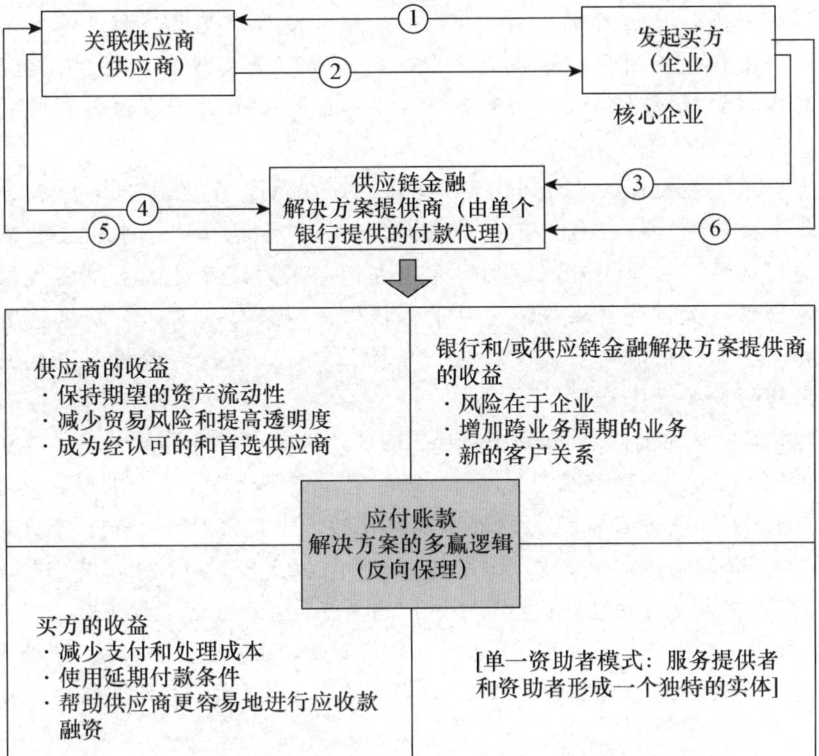


**图 4－8　以买方为中心的供应链金融模型的多赢逻辑（反向保理）**

### 附记：反向保理中的融资模型

最终决定反向保理融资到底属于哪种模式的因素就是资金渠道。根据资金是否直接由买方提供，可以将反向保理融资模型分为自我融资和第三方融资两类。在第三方融资解决方案中，又可以进一步分为单一资助方（只有一个资金提供方）和多资助方以及群体融资方的解决方案（欧洲银行协会，2014）。

自我融资模型（self-funding model）是基于提前支付条款的采用。通常，如果买方愿意早于付款协议时间付款的话，供应商会为买方提供付款折扣，这样提前付款就会发生。在实践中，提前付款有多种不同的应用形式：(1) 或多或少的固定折扣形式，或 (2) 动态折扣的形式。这里所谓的“动态”是指供应商会根据买方向其付款的提前天数的不同而提供不同等级的折扣。动态折扣减轻了基于标准化交易平台（如 www.taulia.com 或 www.tungsten-network.com）的付款时间和金额的不确定性。此外，买方还可以整合 (3) 供应商的信用额度，以使它们能够利用更多的短期资金来跟竞争对手进行竞争。自我融资模式将供应链融资的重点从银行驱动转移向以企业为中心。

单一资助方模型（one-funder model）需要一个能够提供专有技术平台的牵头银行。因此，它是一个典型的三角式的反向保理解决方案。在这种情况下，服务提供商和资助方形成一个独特的实体。如今，西班牙国际银行、花旗银行、德意志银行、瑞士银行、汇丰银行或美国银行等各大主要银行都已经开发了自己的供应链融资平台。但是由于其各自的规模限制，它们大多是提供和组成一个由多家银行构成的网络来为参与交易的各方提供支持。

在多资助方模型（multi-funder model）中，买方首先需要选择的不是资金支持者，而是服务提供商。一旦确定了一个平台，那么买方就在这个平台上的多个资金提供者之间进行选择。该应用可以被描述为以即插即用方式互连的系统集线器。在这个系统中，是由服务提供商（供应链金融平台提供商）来与一系列金融机构达成主要关系合作，并为企业提供流动资金。从这个概念上来讲，平台就成为一个能够利用多个外部资金来源的云融资平台。

最后，群体资助方模型（funder-pool model）是一种“中介”的方法，其中服务提供商直接作为中间人或作为融资经纪人，向二级和主要市场开放。资金可以直接进入二级市场。通过这种方式，买方可以从更广泛的可用资助者中获得融资，而不必具体选择某一个。在实践中，供应商通常是以电子方式将它们的票据上传到平台中，其中票据中包含了买方信用等级、提前支付金额和支付期限等信息。然后，出资者或投资者可以竞价或直接购买这些票据。这种模型与多资助方模型的关键区别是，买方能够自由决定其在融资决策中的参与程度，可以选择是由自己确定出资方还是把这项工作直接交给服务提供商来完成。

## 以库存为中心的供应链金融模型

“出厂”库存（产成品）融资的典型步骤如下所述（见图 4－9）。该模型需要发起供应商和关联买方之间签署框架合同，发起供应商还要与物流服务提供商签订采购协议。这些是库存融资的基础。

1. 货物从发起供应商流向物流服务提供商。
2. 物流服务提供商向银行提供抵押品。
3. 银行为物流服务提供商提供资金。
4. 关联买方直接向物流服务提供商付款。
5. 在收到买方的付款后，物流服务提供商将货物交付给买方。
6. 最后一步，物流服务提供商向发起供应商付款。

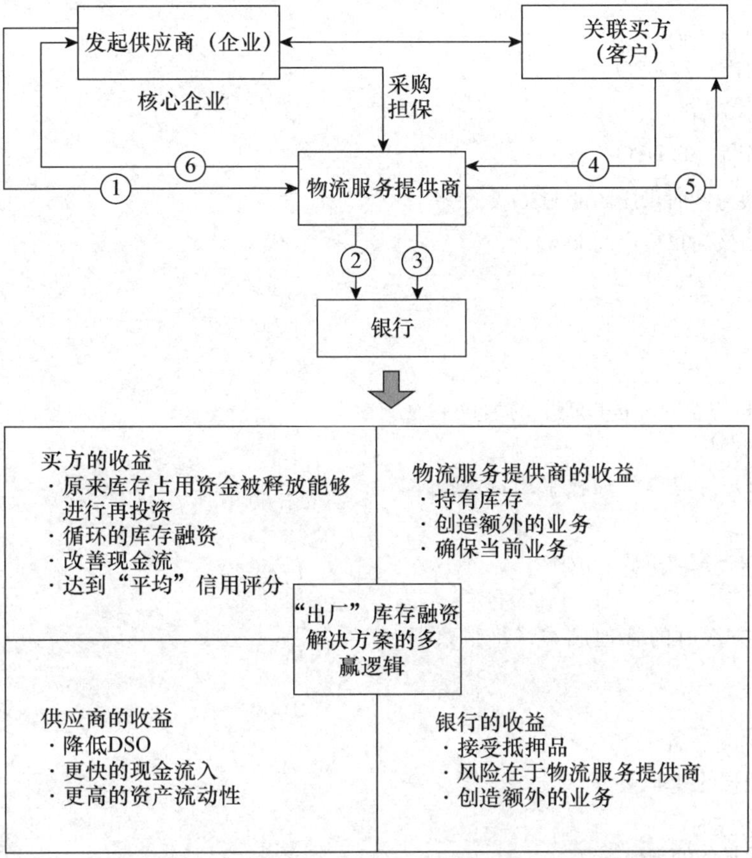


**图 4-9　以库存为中心的供应链金融模型的多赢逻辑**

“出厂”库存供应链金融模型当然也可以被借鉴到“入厂”库存的供应链金融模型中。在“入厂”模型中，发起企业是买方，用于融资的库存类别是原材料或在制品。

## 4.6　净收益推导

### 供应链金融的典型参数和模型分析

现在，我们来介绍一下计算“反向保理解决方案”（进口供应链中的应付账款融资解决方案）和（出口供应链中的）"应收账款融资解决方案"净收益的方法。下面，我们用一个摘自 Hofmann and Belin（2011）的算例，以表 4-3 和表 4-4 中的数据为初始值，并用后面提供的公式来计算构成成本-收益分析和收益分析中的各个要素。

**表 4-3　（进口供应链）应付账款融资解决方案的初始参数**

| 说明 | 数值 | 单位 |
|---|---|---|
| 每年应付账款（A/P） | 713 716 000 | 美元 |
| 未采用 SCF 解决方案时核心企业（进口商）的 DPO | 50.4 | 天 |
| 采用 SCF 解决方案时核心企业（进口商）的 DPO | 70 | 天 |
| 未采用 SCF 解决方案时供应商的 DSO | 50.4 | 天 |
| 采用 SCF 解决方案时供应商的 DSO | 15 | 天 |
| 融资成本 | 7.31 | % |
| 风险成本 | 1.80 | % |
| 服务费 | 0.12 | % |
| （OECD 国家）核心企业［进口商］的加权平均资本成本（WACC） | 7.82 | % |
| （非 OECD 国家）供应商的加权平均资本成本（WACC） | 15.00 | % |
| 未采用 SCF 解决方案时的管理成本（每张票据 13.71 美元） | 0.69 | % |
| 采用 SCF 解决方案时的管理成本（每张票据 8.52 美元） | 0.43 | % |
| 平均发票金额 | 2 000 | 美元 |
| 未采用 SCF 解决方案时每张应付账款票据的处理成本 | 13 | 美元 |
| 采用 SCF 解决方案时每张应付账款票据的处理成本 | 7.8 | 美元 |

**表 4-4　进口商（核心企业）的净收益分析**　单位：美元

| | | |
|---|---|---|
| 可用营运资本 | 进口商的 WACC ×((未采用 SCF 解决方案时进口商的 DPO－采用 SCF 解决方案时进口商的 DPO)/365)×(A/P) | 2 997 059.69 |
| ＋管理收益 | 未采用 SCF 解决方案时的总管理成本－采用 SCF 解决方案时的总管理成本＝每张应付账款发票的处理成本节约×((A/P)/平均发票金额) | 1 855 661.60 |
| － 融资成本 | 融资成本×((未采用 SCF 解决方案时进口商的 DPO－采用 SCF 解决方案时进口商的 DPO)/365)×(A/P) | 2 801 599.28 |
| － 服务费 | 服务费×((未采用 SCF 解决方案时进口商的 DPO－采用 SCF 解决方案时进口商的 DPO)/365)×(A/P) | 45 990.69 |
| ＝净收益 | 通过实施 SCF 解决方案为进口商带来的有形净收益 | 2 005 131.33 |

| SCF 进口商模型中供应商的收益分析 | | |
|---|---|---|
| 可用营运资本 | 供应商的 WACC×(授予供应商的信用期/365)×(A/P) | 10 383 101.26 |
| 一融资成本 | 金融服务提供商的融资成本×(授予供应商的信用期/365)×(A/P) | 5 060 031.35 |
| =有形净收益 | 通过实施 SCF 解决方案为供应商带来的有形净收益 | 5 323 069.91 |

在对进口商的分析中，核心企业（进口商）的净收益是通过将可用营运资本与管理收益相加，然后减去融资成本和服务费用来计算的。最终的结果就是通过实施供应链金融解决方案为进口商带来了有形净收益。

但是，要计算实施供应链金融解决方案为供应商带来的有形净收益，则需要将供应商的融资成本从可用的营运资本中扣除得到。

在出口供应链的应收账款融资解决方案中，净收益分析中的净收益是通过计算风险收益、可用营运资本、管理收益和节约损失的总和，再减去融资成本、风险成本和服务费得到的。这个结果就是出口商（核心企业）通过实施 SCF 解决方案获得的有形净收益（见表 4-5 和表 4-6）。

为了计算 SCF 出口商模型中买方的收益，需要用可用营运资本减去买方的融资成本计算得到。这就是实施供应链金融解决方案为买方带来的有形净收益。

从以上这些算例中我们可以看出：通过实施供应链金融解决方案，所有的参与方都能够获得积极的净收益，甚至连金融服务提供商和平台提供商都能够从中获利。金融服务提供商从融资成本和风险成本中获利，供应链金融平台提供商从服务费中获利。在这两个具体的供应链金融解决方案中，真正的多方共赢局面产生了。

**表 4-5　　（出口供应链）应收账款融资解决方案的初始参数**

| 说明 | 数值 | 单位 |
|---|---|---|
| 年度应收账款 A/R | 554 164 000 | 美元 |
| 未采用 SCF 解决方案时核心企业（出口商）的 DSO | 49.5 | 天 |
| 采用 SCF 解决方案时核心企业（出口商）的 DSO | 15 | 天 |
| 未采用 SCF 解决方案时买方的 DPO | 49.5 | 天 |
| 采用 SCF 解决方案时买方的 DPO | 70 | 天 |
| 融资成本 | 7.31 | % |
| 风险成本 | 1.80 | % |
| 服务费 | 0.12 | % |
| 稀释率（损失率） | 0.30 | % |
| 损失降低率 | 0.10 | % |
| (OECD 国家）核心企业的［出口商］WACC | 7.81 | % |
| (非 OECD 国家）买方的 WACC | 15.00 | % |
| 未采用 SCF 解决方案时的管理成本（每张票据 4.69 美元） | 0.23 | % |
| 采用 SCF 解决方案时的管理成本（每张票据 0.68 美元） | 0.03 | % |
| 平均发票金额 | 2 000 | 美元 |
| 未采用 SCF 解决方案时的每张应收账款票据的处理成本 | 14 | 美元 |
| 采用 SCF 解决方案处理每张应收账款票据的处理成本 | 7 | 美元 |

| 表 4-6 | 出口商（核心企业）净收益分析 | 单位：美元 |
|---|---|---|
| 风险收益 | 损失率×(A/R) | 1 662 492.00 |
| +可用营运资本 WC | 出口商的 WACC×(采用 SCF 前后 DSO 差额/365)×(A/R) | 4 090 869.01 |
| +管理收益 | 未采用 SCF 解决方案的管理成本－采用 SCF 解决方案的管理成本＝每张应收账款票据处理成本节约×((A/P)/平均发票金额) | 1 939 574.00 |
| +节约的损失 | 损失降低率×(A/R) | 554 164.00 |
| －融资成本 | 融资成本×(采用 SCF 解决方案前后 DSO 差额/365)×(A/R) | 3 828 969.59 |
| －风险成本 | 年度风险成本×((给买方的信用期/365)×(A/R)) | 560 237.03 |
| －服务费 | 服务费×(采用 SCF 解决方案前后 DSO 差额/365)×(A/R) | 62 855.86 |
| ＝净效益 | 通过实施 SCF 解决方案为出口商带来的有形净收益 | 3 795 036.53 |
| | SCF 出口商模型中买方的收益分析 | |
| 可用营运资本 WC | 买方 WACC×(给买方的信用期/365)×(A/P) | 4 668 641.92 |
| －融资成本 | FSP 的融资成本×(给买方的信用期/ 365)×(A/P) | 2 275 184.83 |
| ＝有形净收益 | 通过实施 SCF 解决方案为买方带来的有形净收益 | 2 393 457.09 |

## 4.7 形态盒

### 供应链金融的设计参数和度量

供应链金融解决方案的范围是多种多样的，但它可以总结为一个形态盒（见表 4-7）。在形态盒中，我们使用多种参数来探讨供应链金融的不同特征。供应链金融的四个主要特征是：协作、技术、融资和措施。

● 相关方：谁参与供应链金融解决方案？供应链金融不仅与供应商（出口商）和买方（进口商）相关，也与金融机构、物流服务提供商、风险承担者和其他所有能够在供应链金融领域提供机会的参与方相关。各参与主体构成所谓的“供应链金融的舞台”。

● 地理分割：参与交易的各方分别位于何处？国内交易是指那些在同一国家范围内进行的交易，可以进一步细分为地方、区域或全国业务。国内交易的主要特征是：相同的语言、相同的货币、相同的法律规定，而且通常也只有一个支付标准或基础设施。相比之下，国际交易要复杂得多，涉及至少两个不同国家的业务。在这种情况下，企业需要应付不同的地域、不同的货币、不同的语言和文化。在跨境贸易中，企业可以与来自经合组织或非经合组织国家的企业进行交易，有时还会同时与这两类国家的企业进行交易。与来自非经合组织国家的企业进行交易意味着更多的挑战、风险和不确定性，但我们仍然可以采用各种手段来帮助减轻这些风险，从而为那些位于经合组织国家的企业开辟更多的新的市场机会。

● 时间：处于交易生命周期的哪个阶段？应该选择哪种"技术"语言？每个交易的生命周期包括交易前、交易中和交易后三个阶段。交易前阶段即使用例如 RIXML（研究信息标记语言）和 NewsML（多媒体新闻的媒体独立结构框架）等进行研究和询价。交易过程中可以通过 FIXML（FAST 索引标记语言）或 FpML（金融产品标记语言）来执行。交易后阶段包括资产的清算和结算、报告和保管，此时可以使用 ISO 15022 和 20022 标准。在出口贸易融资中，也有三个阶段来决定融资的时间点：装运前、装运中和装运后。

● 解决方案提供商：谁在提供供应链金融解决方案？在实施供应链融资解决方案时，企业有三个选择：开发自己的供应链融资计划、购买软件使用许可证或使用供应链金融服务提供商或金融机构已有的解决方案。第一个选择——内部开发，可以给予企业很强的控制性和排他性，但它也非常昂贵，有一定的风险，并要求企业拥有供应链金融领域方面的计算机专家。对于那些不是专门提供供应链金融服务，而只是使用它的企业，这个选择不是很合适。第二个选择——购买软件使用许可证，像第一个选择一样，相比企业来说，这个选择更适合银行，因为对于银行来说，这意味着它们能够以更容易和更快捷的方法来满足它们的需求，但是，这个选择所需要的实施成本、维护成本和及时升级成本非常高。第三个选择是充分利用供应链金融服务提供商所提供的服务，它既可以是一个提供在供应商、买方和银行之间交换文件和付款所需的供应链金融应用平台，也可以是供应链金融支持服务提供商，例如为企业提供供应链金融程序设计或法律基础设施的服务商。像银行这样的金融机构也可以扮演供应链金融解决方案提供商的角色。

● 排他性：供应链金融解决方案是具有通用性的标准化解决方案，还是专门针对某一个特定供应链的解决方案？金融机构或供应链金融服务提供商提供的大多数解决方案都是标准化的，适合不同的客户。这些产品的特点是高数量、低利润、成本竞争、简单化和流程导向（例如，为应收和应付账款设计解决方案的网站门户 www. gscf. com 或来自 www. bolero. net 的开放贸易平台）。然而，当某些客户端或交易量足够大时，也可以为这些企业设计单独的解决方案。此时，供应链金融服务提供商就需要了解该客户的独特需求和当地特点，并设计有针对性的特定的产品。

● 信息技术平台：使用什么技术来构建供应链金融解决方案？由于每个供应链金融服务提供商（金融机构或独立的非银行类服务提供商）都试图开发不同于其竞争对手的解决方案，所以我们可以看到，目前市场上存在各种各样的信息技术平台。然而，它们却拥有共同的目标和信息技术基础设施架构：交易处理、融资、中央交易会计、数据收集、发票数据管理、电子采购订单、资金或现金管理。一些供应链金融服务提供商提供多种解决方案：例如 Bolero 4Business 解决方案——用于贸易融资，或 Bolero 开放贸易的

表 4-7 形态盒：供应链金融解决方案参数

| 参数 | 特点 | | | | | | | | |
|---|---|---|---|---|---|---|---|---|---|
| | 合作 | | | | | | | | |
| 相关方 | 买方（进口者） | 供应商（出口者） | 金融团体 | 风险承担者 | 物流服务提供商 | | | | |
| 地理分割 | 国内 | | | 跨境 | | | | | |
| | 本地 | 区域的 | 国家的 | 与经合组织 | 与非经合组织 | | | | |
| 时间 | 交易或运输前融资 | 交易或运输中融资 | 交易或运输后融资 | | | | | | |
| | 技术 | | | | | | | | |
| 解决方案提供商 | 开发自己的软件 | 购买软件许可证 | 供应链金融提供商 | | 金融团体 | | | | |
| | | | 信息技术平台提供商 | 支持服务提供商 | 多家银行 | 牵头银行 | | | |
| 排他性 | 定制化的解决方案 | 通用解决方案 | | | | | | | |
| 信息技术平台 | 交易处理系统 | 在线信用系统 | 中央会计系统 | 数据采集系统 | 发票数据管理 | 电子下单 | 财务和现金管理 | 电子账单提交和支付系统 | 资产证券化 | 其他 |
| | 网络融资 | | | | | | | | |
| 活动领域 | 贸易融资 | 风险管理（套期保值） | 流动性管理 | 会计 | | | | | |
| 解决方案 | 信用证 | 往来账户 | 跟单信用证 | 跟单托收 | 反向保理 | 保理 | 福费廷 | 应收账款管理 | 应付账款管理 | 其他 |
| 驱动因素 | 根据 WACC 在供应链上的差异进行的投资融资 | 根据供应链中流程效率进行的融资再分配活动 | 为了确保稳定的合作伙伴将融资扩展到整个供应链 | 基于供应链中最佳信用评级杠杆的融资 | 基于供应链中收入的不同周期性的融资 | 其他 | | | |
| | 绩效度量 | | | | | | | | |
| 成本结构 | 固定 | 可变 | | | | | | | |
| | | 融资成本（例如根据 LIBOR 来确定） | 风险成本（基于风险程度） | 服务费 | | | | | |
| | | | | 基于交易总量 | 基于交易频率 | | | | |
| 营运资本改善领域 | 应收账款（未偿还天数） | 应付账款（未付账款天数） | 库存（库存持有天数） | | | | | | |
| 结果测量 | 现金周期 | 释放隐性流动资金 | 运营成本（效率） | 资本成本 | 金融稳定 | 风险缓解 | 协作强度 | 其他 | |

多银行管理应用程序——一种通信基础设施。另一个例子是 PrimeRevenue 开放 SCi 为其供应商提供的 SCi 提供商解决方案，用于提供有关应收账款的支付可见性和确定性，或 SCi 客户解决方案，为应收账款提供早期付款。还有一些提供商已经开发了一种能够结合各种优点和目标的解决方案，例如 Orbian 解决方案，它提供了经过批准的发票可见性平台、高效的应收账款融资以及电子支付和结算。Kyriba 企业解决方案，作为一种软件即服务资金管理系统，将现金和流动性、支付、银行关系、金融交易、风险管理和供应链金融问题本身结合在一起。在这里，供应链金融包括应付账款融资和动态贴现。

- 活动领域：在哪些活动领域可以实施供应链金融解决方案？企业可以实施供应链金融解决方案的活动领域有贸易融资、风险管理、流动资金管理和会计部门。贸易融资主要由信用证、往来账户、跟单信用证和跟单托收组成。在供应链金融背景下的风险管理和流动资金管理涉及反向保理、保理或福费廷。会计部门则通常会使用应收账款或应付账款管理。然而，这种区分不是固定的，而是可以变化的，例如，应付账款管理通常与反向保理相关，但也可以用于风险管理。

- 解决方案：具体选择什么样的供应链金融解决方案？供应链金融解决方案包括如信用证、往来账户、保理、反向保理和福费廷、应收账款和应付账款管理等，不胜枚举。除了这里提出的主要解决方案之外，市场还提供其他各种方案——不断改进旧方案，提高有效性，同时创造新的解决方案。

- 驱动因素：实施供应链融资背后的根本原因是什么？供应链中的融资决策可能会受到供应链的加权平均资本成本差异或收入的周期性变化的影响。此外，充分利用最佳信用评级这一目的，也可能促使企业进行供应链融资。对于所融得的资金，可以根据流程效率，或出于促进供应链中伙伴关系稳定的考虑，对这些资金进行重新分配。此外，还有许多其他企业的、行业的或市场的驱动因素都可能促进供应链金融解决方案的兴起。

- 成本结构：供应链金融服务提供商如何对其服务进行收费？供应链金融服务提供商和其客户（买方或供应商企业）之间的费用结构既可以是固定的，也可以是变动的。固定的费用结构就是对所有客户均使用统一价格，不管它们的信用评级、交易类型或供应链设计等是什么样的。可变费用结构则取决于预先选择的因素，这些因素可以是融资成本、风险费用或服务费用。融资成本等于基本利率（通常是伦敦银行同业拆借利率）加上资金利差或融资利润率（平均为 3%）。风险费用取决于信用规模、多样化经营、国家和信用评级或债务人集中度等因素。平均风险费用是年交易总额的 0.2%左右。服务费用于实施和维护平台以及服务于整个方案，这部分费用的多少由交易总额或交易频率来决定。

- 营运资本改善领域：如何通过供应链金融解决方案来提升企业价值？供应链融资方案的主要目标是改善供应链中买方和卖方的净营运资本。营运资本是衡量企业偿还短期债务的能力的重要指标，等于流动资产减去流动负债。充足的净营运资本可以通过减少应收账款和库存或延长应付账款期限的方式来实现。通常，企业需要降低用于衡量营运资本管理有效性的重要比率——现金周期。从单一企业的角度来看，应收账款天数（DSO）越小越好，但从企业间的角度来看，减少应收账款天数和延长应付账款天数（DPO）可能会损害客户和供应商的利益。供应链金融并不是一个如何实现“最小化”的问题，而是如何达到一个“足够的”净流动资金水平的问题。此外，从“利润和损失的层面”来讲，供应链金融还必须处理好运营效率的问题。这是一种能够释放供应链中的现金、流动资产和负债等资源的方法。

● 结果测量：供应链金融解决方案的关键绩效指标是什么？所有供应链金融参与者都能产生正向的净收益是供应链金融解决方案的一个重要结果。净营运资本的改善、现金周期的缩短或者是流动性状况的增强，都是衡量供应链金融计划是否成功的常见关键性绩效指标。运营成本的降低或供应链风险的缓解，与稳定的供应链合作关系一样，只是用于衡量绩效的一些相关性指标。然而，在实践中，由于缺乏标准的绩效测量程序和统一的供应链金融概念，以及由于不同的目标或收益期望，尤其是不同的视角（单个企业视角与跨企业的网络视角）所导致的供应链金融解决方案之间的巨大差异，使得精确地测量供应链金融解决方案的绩效仍然具有很大的挑战性。最后，还需要评估这些供应链金融计划实施过程本身的绩效：在时间、成本、与合作伙伴的谈判、供应商的选择等方面的实施效果如何？参与者可以做出哪些改变来改善未来供应链金融解决方案的实现过程？也就是说，事后分析与事前分析一样，都很重要。

## 4.8 总结

到目前为止我们学到了什么呢？供应链金融离不开三个杠杆的运用：供应链协作、供应链技术和供应链融资工具。

第一，供应链金融的成功应用需要所有相关方的深入合作。为此，简单的工作关系必须发展成为可靠的跨企业和区域边界的稳定合作伙伴关系，并且在合作过程中，所有的相关方都应该认真考虑它们所做的决定会对供应链中的其他成员造成的影响。由此而带来的供应链运作模式的改变，需要所有相关企业的全力参与。供应链的进一步整合也需要相关成员企业的密切合作，以改善整体绩效。这其中就包括订单周期的同步。订单周期的同步可以通过降低运营成本或签署能够使整个供应链的利润最大化的保险合同来创造双赢甚至多赢局面。为了能够全面地观察供应链中资金的流动，第三方服务提供商（比如金融机构）、物流服务提供商或供应链金融平台应该全部纳入供应链金融计划中。每个交易的生命周期都包括交易前、交易中和交易后三个阶段。

第二，协作信息共享和资金供应需要由技术解决方案提供支持。这种“数字化”供应链金融解决方案，通常都要根据地区和行业特定的要求来进行个性化处理，并且要与供应链中的现有业务流程兼容，也需要与所有供应链合作伙伴兼容。此外，目前的供应链金融技术能够通过直接处理信息，将所有相关交易文档数字化，通过信息处理减少人工操作和纸制作业。这些技术解决方案提升了供应链中资金流的可见性，而且，基于现金流预测和自动决策触发系统的解决方案还能直接接入上述供应链融资方案中。最后，一些特定的信息技术平台还可以确保物流和资金流信息的互联互通，对前者的决策可以自动进入后者，反之亦然。

第三，供应链金融包括财务和资金方面。资金既可以由供应链内现金丰富的企业提供，也可以由外部金融机构来提供。但如果要提高金融稳定性，必须将资金扩展到所有相关的供应链合作伙伴，还要在供应链交易的所有阶段——从原材料采购到货物的最终出口——都可以获得充足的资金。此外，供应链金融通过供应链中最佳信用等级的杠杆作用，降低了供应链上信用较低企业的融资成本。基于往来账户贸易服务的融资方式多种多样，包括保理或反向保理、资产抵押融资和第三方库存融资等，所有这些都可以根据实际情况进行选择。此外，整条供应链还可以通过延长付款期限或使用提前付款折扣的方式来获得更多收益。

供应链协作、技术和融资工具的共同应用可以显著改善供应链的资金流——特别是所需的净营运资本以及“管理”流动资产的运营效率——从而提高供应链的财务健康程度和稳定性。各相关方的密切合作关系，不仅使共享专有财务信息成为可能，而且能够在相互信任的基础上，弱化企业对自身绩效的关注。供应链金融提高了供应链网络的有效性（减少净营运资本的占用）和效率（精益流程以及运作过程中资源“浪费”的减少），同时还降低了运作、财务和合规风险（见图 4-10）。如前所述，供应链金融计划通过发挥供应链中最高的信用等级的杠杆作用，降低了资本成本，同时也降低了商品成本，从而降低了整体运营成本。此外，供应链金融计划还通过缩短整个供应链的现金周期，使各参与方能够将隐性流动资金释放出来，并通过共同努力实现营运资本管理的优化。

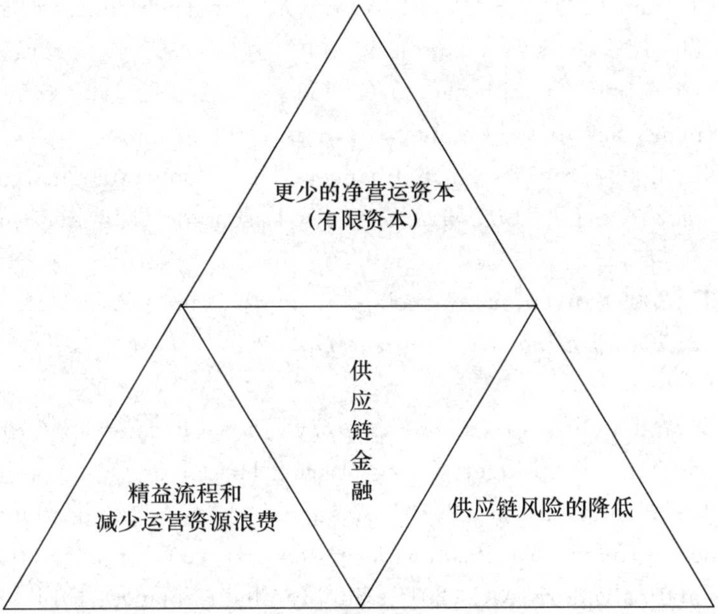


**图 4-10　供应链金融的一般目标**

# 参考文献

Accounting Tools (2016) [accessed 25 January 2016] www.accountingtools.com/

Boot, A (2000) Relationship Banking: What do we know? *Journal of Financial Intermediation*, 9, pp 7-25

Camerinelli, E (2009) *Measuring the Value of the Supply Chain*, Gower Publishing, Surrey

Churchill, N and Mullins, J (2001) How fast can your company afford to grow? *Harvard Business Review*, 79 (5), pp 135-42

Corbett, C and DeCroix, G (2001) Shared savings contracts for indirect materials in supply chains: Channel profits and environmental impacts, *Management Science*, 47 (7), pp 881-93

Dahrendorf, S and Philipps, F (2008) [accessed 19 February 2010] Collaborative supplier financing—a 'triple win case study' [Online] Association des Trésoriersd' Entreprise à Luxembourg: www.atel.lu

Garcia-Teruel, P and Martinez - Solano, P (2007) Effects of working capital management on SME profitability, *International Journal of Managerial Finance*, 3 (2), pp 164-77

Giannoccaro, I and Pontrandolfo, P (2004) Supply chain coordination by revenue sharing contracts, *International Journal of Production Economics*, 89, pp 131-39

Global SCF Forum (2015) Standard Definitions for Techniques of Supply Chain Finance [Online] The ICC Banking Commission (ICC), www.iccwbo.org

GSCF (Global Supply Chain Finance) (2016) [accessed 25 January 2016] Various information on company activities [Online] www.gscf.com/

Hofmann, E (2005) Supply chain finance: Some conceptual insights, in *Logistik Management - Innovative Logistikkonzepte*, ed R Lasch and C Janker, pp 203-14, Verlag, Wiesbaden

Hofmann, E (2009) Inventory financing in supply chains: A logistics service provider approach, *International Journal of Physical Distribution & Logistics Management*, 39 (9), pp 716-40

Hofmann, E and Belin, O (2011) *Supply Chain Finance Solutions: Relevance-proposition-market Value*, Springer Verlag, Berlin/Heidelberg

Hofmann, E and Kotzab, H (2010) A supply chain-oriented approach of working capital management, *Journal of Business Logistics*, 31 (2), pp 305-30

Hurtrez, N and Salvadori, MG (2010) Supply Chain Finance: From Myth to Reality, Working paper, McKinsey on Payments, McKinsey, London

Kajuter, P and Kulmala, H (2005) Open - book accounting in networks-potential achievements and reasons for failure, *Management Accounting Research*, 16, pp179-204

Lanier Jr, D, Wempe, W and Zacharia, Z (2010) Concentrated supply chain membership and financial performance: Chain-and firm-level perspectives, *Journal of Operations Management*, 28, pp 1-16

Maloni, M and Benton, W (1997) Supply chain partnerships: Opportunities for operations research, *European Journal of Operational Research*, 101, pp 419-29

Raheman, A and Nasr, M (2007) Working capital management and profitability-case of Pakistani firms, *International Review of Business Research Papers*, 3 (1), pp 279-300

Rajagopal and Rajagopal, A (2009) Buyer-supplier relationship and operational dynamics, *Journal of the Operational Research Society*, 60, pp 313-20

Randall, W and Farris Ⅱ, M (2009) Supply chain financing: Using cash-to-cash variables to strengthen the supply chain, *International Journal of Physical Distribution and Logistics Management*, 29 (8), pp 669-89

RBS (The Royal Bank of Scotland) (2011) [accessed 25 January 2016] *Case Study: London Borough of Hammersmith and Eulham* [Online] www. accountis. com/files/documents/RBS_ APCase-LBHF. pdf

Seifert, D (2010) Collaborative Working Capital Management in Supply Networks, Dissertation, Ecole Polytechnique Federale de Lausanne Structured Finance In Brief (2016) [accessed 25 January 2016] www. structuredfinanceinbrief. com/

Towill, DR (1997) The seamless supply chain-the predator's strategic advantage, *International Journal of Technology Management*, Special Issue on Strategic Cost Management, pp 37-56

Unilever (2005) *Exploring the Links between International Business and Poverty Reduction: A Case Study of Unilever in Indonesia*, Oxfam GB/Novib Oxfam NL/ Unilever, Oxford/Den Haag/London

Van der Veen, J and Venugopal, V (2000) Win-win situations in supply chain partnerships: A tutorial, *OR Insight*, 13 (3), pp 22-28

Vlachos, IP (2004) Critical success factors of business to business (B2B) e-commerce solutions to supply chain management, in *Supply Chain and Finance*, ed P Pardalos, A Migdalas and G Baourakis, pp 161-75, World Scientific Publishing, London

## 练习

仔细阅读案例“供应链金融证券化的力量”，并回答下列问题。

---

**供应链金融证券化的力量**

一家国际领先的食品和饮料企业（买方）经营着一个世界上最大的供应链金融计划。过去10年中，为了给供应商提供足够的流动资金并满足其融资需求，买方被迫参与并整合了8个来自不同银行的供应链金融解决方案。在这8个方案中，每个解决方案都需要分别在技术实施、流程报告和法律结构方面进行配置。同时运行多个供应链金融解决方案是非常耗费资源的，而且也难以管理。

在广泛征求意见之后，买方选择了 CRX Markets 公司的多投资者 APF 解决方案，这样就可以通过一个完全集成的平台来取代单个银行的供应链金融计划。

**证券化过程**

通过图 4－11 我们可以看出，与单一银行供应链金融计划相比，只需要进行少许修改即可实现多个投资者为同一个供应链金融计划提供资金。

图 4－12 为贸易应收账款证券化时序的一个示意图。

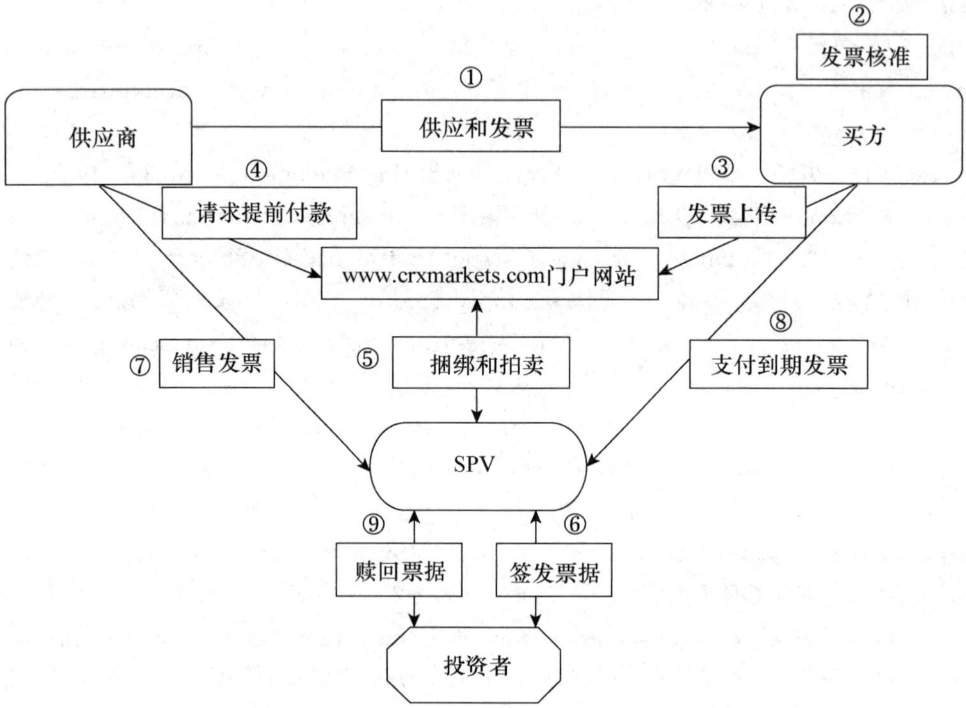


**图 4－11　CRX 的多投资者 APF 的供应链融资过程**

| | ① | ② | ③ | ④ | ⑤ | ⑥ | ⑦ | | ⑧ | ⑨ |
|---|---|---|---|---|---|---|---|---|---|---|
| | T－2 | T－1 | | T | T＋1 | T＋2 | | | M－1 | M |
| 供应商 | S | | | | | | S/R | | | |
| 买方 | R | S | | | | | | | S | |
| CRS/SPV | | R | A | A | A | R/S | R/S | | R | S |
| 投资者 | | | | | | S/R | | | | R |

S ＝发送；R ＝接收；A ＝动作；T ＝交易日；M ＝到期日

| | |
|---|---|
| 1. 发票接收 | 在交易日前 2 个工作日（T－2），买方从供应商处收到发票。 |
| 2. 上传 | 在交易日前 1 个工作日（T－1）的欧洲时间 15:00 之前，买方上传审核通过的发票。 |
| 3. 捆绑和注册 | 在交易日前一天（T－1）的欧洲时间 15:00 之后，CRX 根据给定的捆绑标准捆绑发票。CRX 向 WM 数据服务发送注册条件。 |
| 4. 拍卖 | 拍卖于交易日（T）的上午 09:30 举行。 |

| | |
|---|---|
| 5. 票据的签发 | CRX 发送全球通知、票据的条款和清算银行签发票据的条件。 |
| 6. 结算 | 基于德国结算标准的交割（证券）与支付（现金）在交易后 2 个工作日（T＋2）发生。 |
| 7. 供应商付款 | 成功的证券结算后就需要对供应商付款。结算当天（T＋2），供应商将被 SPV 记入贷方。只要供应商没有收到付款，应收账款就不会转给 SPV（应收账款的条件转让）。 |
| 8. 发票付款 | 为了保证票据的及时兑换，买方最晚要在欧洲时间 13:00 支付发票。 |
| 9. 兑换票据 | 付款代理（CACEIS）付款给投资者，该付款过程由 CSD（即结算银行 AG）管理的全自动兑现过程来完成。 |

**图 4－12 贸易应收账款证券化时序图（示意性）**

## 思考题

1. 多资助方模型、群体资助方模型和 CRX Markets 公司提出的基于证券化的供应链金融模型之间有什么区别?

2. 阐述基于证券化的供应链金融模型的多赢局面。存在唯一的赢家吗?

3. CRX Markets 提供的证券化原理是否可转移到其他供应链金融解决方案，如预付保理或库存融资？如果进行这种扩展，那么需要进行哪些调整?

# 第五章

# 生态圈——供应链金融的参与者

## 5.1 概述

本章的目的是要识别参与供应链金融活动的各种不同类型的组织，描述它们的角色、能力和动机。鉴于供应链金融的多功能性，我们还将探讨组织内部的一些典型的供应链金融参与部门和人员，因为供应链金融活动能否获得认可、批准、实施以及运行，都需要这些部门和人员的参与。

本章的目标是为读者们提供一个框架或清单，以便他们能够在供应链金融活动中，根据自身情况选择适合的组织或内部职能部门来参与。那么，这些组织和职能部门都是谁？它们的主要任务是什么？为什么？它们之间的联系是怎样的？

**成果**

本章的预期成果如下：

- 识别不同类型的参与供应链金融的组织；
- 描述它们的角色、能力和动机；
- 探索典型用户组织中的构成要素。

通过本章的学习，你将能够：

- 列出与你的处境相关的组织和功能；
- 了解它们的立场和动机；
- 制订适当的计划，与它们分别接洽。

**活动**

我们推荐如下活动：

● 对与你所在的企业有关联的组织或你所了解的组织进行调研，查验它们能否为供应链金融提供适当的服务和支持。

本章内容按照供应链金融参与组织的类型来进行安排，首先是概述，之后分九个部分进行阐述，如图 5－1 所示：

● 企业和公共部门用户；
● 物流服务提供商；
● 金融机构——金融服务提供商（FSP）；
● 服务或系统提供商——供应链金融平台；
● 咨询师；
● 顾问；
● 行业和职业协会；
● 政府；
● 学术界。

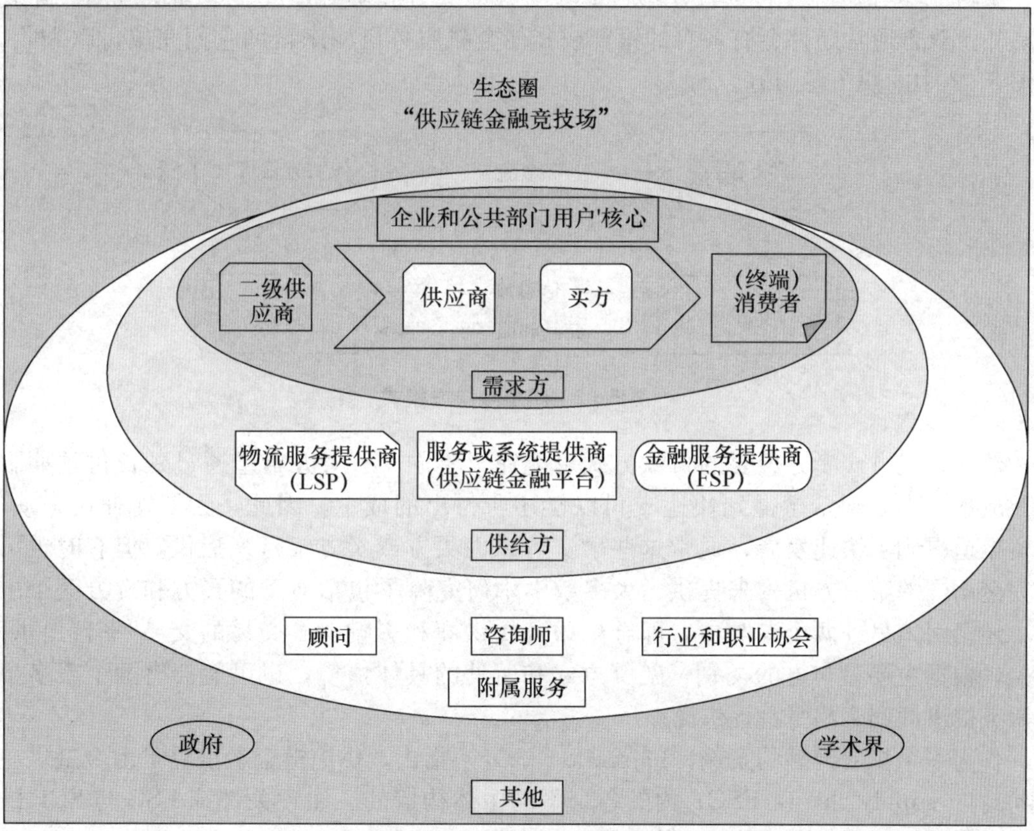


**图 5－1　供应链金融竞技场**

如前面章节所述，供应链金融不是一个全新的概念，它是多种传统的融资方式的结合、日益增加的企业间电子数据交换和各种替代性融资资源不断涌现的结果。因此，我们会看到市场上存在着各种各样的组织，它们或者拥有丰富的行业经验，或者拥有一些产品，最重要的是，它们已经在该领域形成了自己独树一帜的观点。组织发展背景的差异化所带来的一个缺点就是沟通的复杂性，现有的一些模式和语言可能能够被一部分人理解，但也可能造成另外一些人理解的混乱或复杂化。例如，信用证与银行支付责任（bank payment obligations，BPO）的利弊，对具有贸易融资背景的人来说，可能是清楚明晰的，但信用证和银行支付责任可能就不是中小企业与其供应商和客户在讨论付款条件时常用的术语（关于信用证和银行支付责任的详细讨论，请参见第四章）。但是，通常来讲，融资或借款的可得性是所有交易者都能理解的概念。然而我们不得不承认，在供应链金融生态系统中，参与方数量众多也千差万别，使得它们很有可能会用各种不同的语言方式来进行交流，即进行交流时所使用的“行话”取决于它们的历史背景和地域文化。关于一些常见概念，请参阅欧洲银行业协会（Euro Banking Association，EBA）2014 年发布的《供应链金融欧洲银行业协会欧洲市场指南》（*Supply Chain Financing EBA European Market Guide*）。

在描述不同类型的组织之前，我们先来介绍一下供应链金融生态系统的整体形态以及这些组织之间是如何展开合作的。

从两个参与方到四个参与方：两个参与方即买方和卖方，或客户和供应商。除现金交易外，双方通常还都会有各自的银行或其他金融服务机构来帮助它们完成付款和收款，即图 5-2 中的四个参与方。

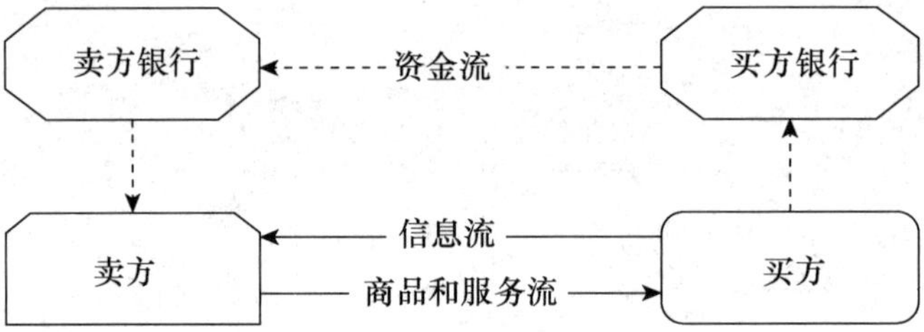


**图 5-2　四个参与方模式**

然而，买方或卖方想要的付款方式可能完全不同——买方希望通过延长付款期限来分散成本，卖方则希望得到快速支付以偿还所付出的成本。因此，为了弥补这个缺口，融资渠道得到了快速发展，通常这些融资可以由买方或卖方银行来提供，但有时也可能由完全不同的第三方机构来提供。大多数学术研究除了包括典型的买方和卖方两个主体外，还会引入另外两个参与方，即金融服务提供商和影响电子交易的交易/平台提供商。但是，根据主要参与方的类别、融资方式和所处的具体情境，也可能会有两个或多个金融服务提供商和交易平台提供商。

作为一个扩展模型的案例，Fairchild（2005）指出，供应链金融世界是由金融供应链（financial supply chain，FSC）内的各个不同主体构成的。注意关键词 FSC 与 SCF 的不同，两个关键词的字母顺序不同：FSC 更侧重于融资是如何联系或链接在一起的，而

SCF 则更多的是去考虑融资是如何支持实体供应链的。Fairchild 认为，SCF 活动的主要参与者如下：

- 买方；
- 供应商；
- 技术提供商（平台提供商）；
- 金融机构。

此外，阿伯丁集团（Aberdeen Group，2006）也提出了一个类似的观点，认为供应链金融是贸易融资和技术平台的混合体。其中，贸易融资可以由金融机构、第三方机构或企业自己来提供；技术平台能够以电子的方式将贸易伙伴和金融机构连接起来，也可以根据一个或多个供应链事件触发一些融资活动。

然而，实际上，供应链金融还有很多其他的直接或间接参与方。Camerinelli（2010）对组成成员做了更广泛的界定，除了前述的四个主要运营参与者之外，还包括咨询师、物流服务提供商、信用卡机构、各种协会和政府。这些在本章后面部分将详细介绍，现简单总结如下：

- 咨询师利用他们对财务和供应链管理、法律和财务流程、信息系统和电子通信等领域的知识，以及在其他有关现有供应链金融计划的经验，为供应链金融项目提供咨询建议、进行可行性研究和提供实施方面的支持。
- 通常，物流服务提供商可以获得整个供应链中有关货物位置和所有权的信息。这些信息对于理解和管理供应链金融中的交易风险以及相关的财务成本至关重要。在这些物流服务提供商中，其中有一些服务提供商是直接依靠自己的财务系统来为其他企业提供融资支持，还有一些则以中间人的形式存在，向金融服务提供商提供有关物流方面的信息。
- 信用卡机构为企业提供“公务信用卡”（corporate card）或“交易信用卡”（trade card），其作用类似于普通信用卡，可用于企业采购。一般来说，供应商在 1～2 天内得到付款，而买方则只需要每月对其支出合并结算一次；对于供应商，这种支付方式能够提高付款的确定性和付款速度，因此，也就实现了供应链金融的两个最主要的目标：对于买方来说，与内部的应付账款处理相比，这种方式可以让买方能够以更低的成本享受到交易服务，同时，也为它们的供应商提供了一个更好的付款条件，而这也恰恰是供应链金融的另一个主要目标。
- 协会、贸易或行业团体以及其他职能或专业协会也是供应链金融的积极参与者。通常情况下，在早期，它们的主要工作就是收集有关发展机会和发展所面临的挑战方面的信息，并将这些信息和相关知识在成员企业之间进行分享。随着成员企业实践经验的丰富，它们的工作就开始转向提出方法和标准、统一概念和运作模式。
- 各国政府也在积极参与供应链金融领域的活动，以提升国家经济系统的可持续性，并解决目前它们所面临的一个主要问题——融资的可获得性，特别是中小企业融资的可获得性。目前，一些政府已经在落实有关金融、标准化或贸易方面的措施，以便帮助企业提高资产流动性和现金周转速度。

在许多供应链融资方案中，发票通常是一个关键因素——发票的数据、时效和法律地位往往是启动贸易融资的关键因素，也是完成交易的核心目的。因此，发票的标准化就成为决定供应链金融模式能否被广泛采用的一个前提条件，这导致许多组织都想方设法成为这个标准的制定者——这些组织包括银行、支付业务服务商、软件公司以及提供电子发票服务的新进入者、政府和贸易机构。随着人们对发票中所包含信息的价值的认可，发票标准化的重要性就显得更为突出，而且我们可以看到很多机构都在倡导“发票数据的丰富化”。这些丰富的发票数据应用广泛，例如，可以利用发票信息来预测未来现金流或外汇交易。

因此，很多参与方都对这个领域产生了兴趣。而且，像许多事物一样，供应链金融所涉及的范围不仅在组织之间，也存在于企业内部。比如许多企业内部职能，从财务、融资、采购、运营到 IT 部门，都会参与到供应链金融当中来。对于大型企业而言，它们可能有这样的专业职能部门；而对于较小的企业来说，对这些职能的理解可能会有局限性，这会成为企业从供应链金融活动中获益的现实限制因素和实施障碍。

## 5.2 企业和公共部门用户

商品和服务的买卖双方是供应链金融解决方案的使用者。个人或组织之间的交易通常被定义为买方-卖方关系。通常，买方和卖方会就所交易的商品或服务签订合同。合同中包含买方向卖方付款的条款。根据所属行业、当地习俗以及买方和卖方的谈判能力的不同，这些付款条款可能会有很大差异。而实际上，双方的流程管理效率和动机会在很大程度上影响向供应商付款的时间。因此，这些买卖双方是供应链金融计划的核心，是主要的用户。

一个尽责、守信的买方的标志是：它们会就付款给供应商的时间的长短进行测量、监督并采取实际行动进行管理。英国铁路网（Network Rail，2016）就是一个实施支付绩效管理的例子：“我们致力于及时向供应商付款。作为承诺的一部分，我们将定期公布有关发票支付期限结束时的年平均支出、已支付的发票数量和平均付款时间的数据。”本节将对会受到供应链金融解决方案影响的以下用户和部门分别进行分析：董事会、销售和客户关系管理（customer relationship management，CRM）、采购和供应商关系管理（supplier relationship management，SRM）、运营、物流、财务、现金管理、法律和信息技术。

### 董事会

首席执行官及其董事会主要关注商业战略、企业领导力、财务投资以及由此获得的短期和长期经济回报。决定企业能否进行持续投资的关键是营运资本的总量，而营运资本的总量受到供应商付款和客户融资的影响。因此，供应链金融解决方案的实施会影响企业的资本回报率。此外，将发展竞争性供应链放在战略高度的企业越来越关注整体供应链的融资以及参与者的风险，特别是财务风险。因此，供应链金融应该是一个董事会层面的议题，既影响着企业层面的融资需求，也影响着供应链层面的竞争性融资。

## 销售-客户关系管理

供应链金融通常被认为是一个与供应商相关的发展机遇，但是关注顾客融资需求也一直都是一个机遇——提供供应商融资是促进销售的一种方式，特别是对于高成本或资金密集型项目来讲。由于远程监控和设备管理的广泛使用，如今的一个发展趋势是，制造商提出以“运行时间”或“工时数”作为基础价格核算方法，例如劳斯莱斯和卡特彼勒等。因此，下面对采购过程的意见和看法应该也适用于销售和客户关系管理，因为客户融资也是端到端供应链融资蓝图中的一部分。

一个真实的案例是，为了让客户拥有充足的资金，劳斯莱斯按照客户使用发动机的小时数来进行价格核算：“为此，劳斯莱斯还提供了全面的维护服务，包括发动机监控、维护（服务要素）以及发动机本身（产品要素）”（Ryals and Rackham，2012）。

## 采购-供应商关系管理（SRM）

该职能组识别采购需求，制订供应计划和组织实施，并在必要时对其进行监控和修正。通常，对不同类型的采购，企业会根据采购规模以及对企业的重要性进行分类管理。而且一般情况下，采购规模和该采购对企业的重要性，也会决定企业到底愿意花多少精力进行谈判以及是否愿意接受某些交易条款。例如，对一个普通货物的供应商，企业会按照行业标准条款来进行支付；而对于另一个供应商，可能就会采用不同的付款条款，并将这些条款作为整体规格-数量-价格协议的一部分展开谈判。因此，采购或购买过程在建立付款流程方面起着关键作用，可以把它作为杠杆来获得总体成本收益最大化。

Peter Smith 认为：“付款是购买到支付过程中的最后阶段，逻辑上来讲，如果说谁应该对整个过程负责，那应该是采购和首席采购官（CPO）。付款效率和效益在很大程度上取决于这个过程的早期阶段，从供应商的选择到订货。”（Spend Matters Network，2014）

## 运营

这是一个广义的概念，但通常涵盖生产计划和管理，与企业内的产能计划、销售和运营计划、调度和资源规划或企业资源计划（ERP）关联密切。虽然运营并不直接影响供应链上下游的融资，但往往会涉及引发供应链融资过程的一些重要因素，如采购订单和货物签收等，此外，也有可能引起一些供应问题，例如延迟发货或交货失误，这些问题会影响付款过程。运营绩效会受到供应商是否拥有按时按质提供产品和服务的动机和是否愿意对环境变化做出快速响应等因素的影响。运营部门希望供应商将其公司视为它的“最佳”客户，提供的服务超越合同标准水平。而对于供应商来说，是否将买方列为“超额服务”的客户，关键取决于它们的货款是通过何种方式支付以及何时被支付。在极端情况下，供应商收款时间的延迟或不确定收款可能导致额外的银行服务成本、延迟交货，甚至最终有可能导致企业失败，这成为一个关键的运营风险。

### 物流

通常，物流部门管理着企业的内部和外部、入库和出库的仓储和运输。它们对于供应链金融活动的参与程度与运营管理相同。

### 财务

财务部门在决定恰当的供应链金融战略和相应的运行流程上发挥着重要的作用。在大多数组织中，采购到支付（P2P）的整个流程中的所有任务都是由采购和财务部门完成，广义上来说就是采购和支付。一些创新型企业通过为基本的采购和支付指定同一个责任人而使运营过程实现无缝链接，然而，在更高层次上来看，采购侧重于制定供应商协议并监控供应商绩效，财务则侧重于实施财务战略和流程并监控相应的绩效。

财务要做的主要决策就是要实施适当的财务控制，而这些控制贯穿整个新工艺、会计和交易的内部报告以及任何供应链金融模式中所拥有的不同角色和职责。

### 应付账款

应付账款功能的主要步骤是：采购订单—收货—发票—校验—批准—支付。根据所选择的供应链金融解决方案，这个过程以及响应支持工具和技术将会有所不同。许多组织表示，自动化、稳定和高效的 P2P 流程对于供应链金融的有效实施具有至关重要的作用，否则流程崩溃、返工和回溯审批将会导致收益的降低。

### 应收账款（供应商）

这里的典型步骤是：发票—保理或贴现—付款。与应付账款类似，应收账款流程、数据和报告也会发生变化。

## 现金管理

在大型企业中，通常会有一个专门的财务小组来负责现金的管理，以确保企业有充足的短期和长期现金，并且最大限度地从现金平衡中提高收益。

供应链金融计划中，融资有两种不同的方式：自我融资或外部融资。在第一种方式中，企业按照非标准条款，把部分可用现金提供给供应商（或客户），以获取某种形式的折扣、费用或其他收益。显然，这种方式影响了企业的总体现金需求，它从可用的现金中挪走了一部分，同时，这种方式也改变了企业信贷或风险状况。在第二种方式中，第三方金融服务提供商，如银行或供应链金融解决方案提供商，为供应商（或客户）提供融资，这种融资通常是以提前兑现应收账款或延后支付应付账款的形式来完成。这将会对企业现金平衡产生积极效应，但也会对企业的整体信用和风险状况产生影响。曾有资金管理部门负责人在采访中指出，他们必须积极参与管理所有与流动资金提供商之间的关系。在使用外部融资时，另一个挑战是，要确保这些安排能持续作为营运资本入账，无论是交易的债务人、债权人、应付账款还是应收账款（取决于你所使用的语言），而且它们不再被重新归类为借款或银行贷款。

## 法律

供应计划和实施协议的变更是许多企业都经历过的障碍之一。这种变更需要重新确定恰当的支付方式、发票所有权、问题责任的认定和决议的履行。尽管可以从一些最佳实践经验和解决方案提供商那里得到一些通用的解决方法，但通常仍然有一些与企业相关的细节问题需要确定。

更为困难的是，当非标准付款条款已经作为总体供应协议的一部分被确定下来时，供应链金融双方将很难重新就全部的供应协议再次进行谈判。通常，这些变更会使原定的采购计划时间表延迟。

## 信息技术

供应链金融通常需要一个更复杂的交易流程，特别是当一个额外的参与方——通常是一家新的银行或供应链金融服务提供商，被整合到流程中时。与纸质交易相比，电子通信和信息交换可能是处理这种复杂性的唯一方法，而且，实际上，目前大多数企业已经直接或通过某种形式的枢纽或接口服务与其客户和供应商进行联系。因此，必须制订适当的计划，以确保信息的可用性和标准格式化，并且能够进行安全和及时的传播，以支持新的流程。

如其他部分所述，测量和监控新流程运营绩效，是确保它们能够带来收益，或者在无法带来收益时进行及时调整的关键。这个过程可能需要更改现行的数据收集和报告的方法，或者增加所需要收集和报告的数据内容。

我们从飞利浦公司选取了以下内容，作为跨职能需求的案例：

> 为了让我们能够更好地了解我们的供应商，供应商融资计划应该由采购部门进行集中管理，但需要有经验的当地团队的全力支持。希望该计划能够无缝运行，并与相关职能部门保持步调完全一致，其中：
>
> - 采购部门指定供应商，牵头进行谈判和管理供应商风险。
> - 现金管理部门选择合作银行和解决方案，负责支付流程。
> - 财务运作通过应付账款银行支付责任（APBPO）确保短期发票处理时间。
>
> 供应链融资计划还应该通过一流的IT解决方案和精益流程来维持，并且完全遵守国际会计和法律要求（Brabander，Wandachowicz-Krason，2014）。

## 中小企业

本小节从用户角度探讨企业的规模或大小的问题，以及这种不同如何给供应链金融带来机遇和挑战。中小企业往往难以获得融资，尤其是其负担得起的融资（见第四章），所以，通过客户提前付款、库存融资和其他供应链金融方式，给企业提供了很多提高现金头寸的机会。然而，许多中小企业却没有能力去分析供应链金融项目的成本和收益，以及它们与传统融资方式的区别。通常，中小企业没有相关的专业性知识或经验来决策和实施客户提供的供应链金融项目，而通常情况下，这些客户的规模却更大也具备更多更好的相关专业技能。因此，对中小企业或中小企业集团来说，它们所选择的任何方式都需要适合其自身情况，尤其是在沟通、参与、协议和业务联系方面。

然而，也有大量的研究显示，一些中小企业资金充足，或对付款条款不太关心。在某些特定的行业尤其如此：例如在航空航天业，较长的产品开发周期需要对资本投资做出长期的财务承诺，而短期的销售收入回收期则不那么重要。在这种情况下，最合适的供应链金融模式可能是融资工具或某种能够支持中小企业融资需求的长期供应承诺。

另外，对于大型跨国公司（multinational company，MNC）而言，供应链金融，尤其是基于反向保理的项目，使得它们能够在不受当地企业实践或行业习惯的影响下，将供应安排标准化，同时还能通过跨国公司的财务能力保持本地供应商（和客户）的融资灵活性。显然，在这个标准化过程中，与那些拥有良好付款记录和融资成本更低的供应商相比，有延期付款记录的供应商能够从供应链金融中获得的收益大大降低。然而，供应链金融在实际运作过程中的一个最大的挑战就是，所有的供应链金融项目必须在每个地区的法律、税务和监管环境中运作。因此，在实践中，许多需要跨国运作的供应链金融业务都不得不在各地区选用不同的服务提供商来提供服务。

除了上面提到的标准化以及期望实现的工作流程简化之外，跨国公司往往还与发展中国家或新兴经济体进行贸易，但是，在这些地区当地进行融资比那些发达国家（如欧洲或北美）的小企业融资还要艰难而且成本更高。在这种情况下，提供融资服务可以成为投资和发展供应商的最佳途径。

因此，总结本部分关于组织内部的内容，在用户组织中有许多利益相关者，并且，已经为拥有供应链金融项目的持股人开发了大量方法。

从众多企业的经验来看，财务领域的部门，或者是现金管理部或者是财务部门本身，通常是供应链金融的责任部门（见图 5－3）。然而，过度的财务驱动的举措，特别是集中于改善流动资金的举措，可能会扰乱有效的供应商管理计划。在下一章中，我们将介绍一些关于核心企业或发起公司中谁应该拥有供应链金融执行权的最佳实践。

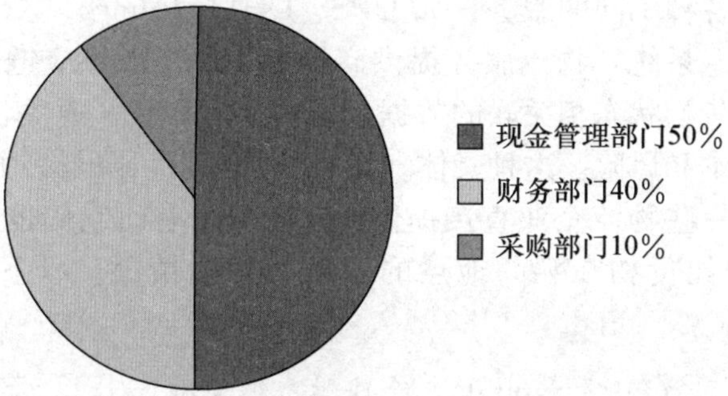


**图 5－3　供应链金融功能所有权**

资料来源：Extra（2011）

## 5.3　物流服务提供商

物流服务提供商经常为客户提供和传递一系列超出基本运输条款的服务。第三方物流提供商，简称 3PL，之所以被这样称呼，是因为它们联结了贸易的双方，即它们把产品从卖方运送到买方或承揽运输中的部分环节，至于是负担全部还是部分运输责任，取决于第三方物流企业的自身能力、合作网络和运输业务的具体要求。第四方物流，即 4PL，用来描述超越第三方的物流服务提供商，它们通常提供一个一揽子解决方案，在这个解决方案中，能够将包括规划、工程设计、仓储、维护、融资、保险、信息系统、海关管理等全部或部分服务整合于一体，并将运输服务转包给其他运输商。在一些案例中，它们甚至走得更远，成为产前或产后运作环节的一部分，例如对于计算机来说，这可能包括零部件的最终组装以及软件的配备和安装。具体的融资范围如图 5－4 所示。

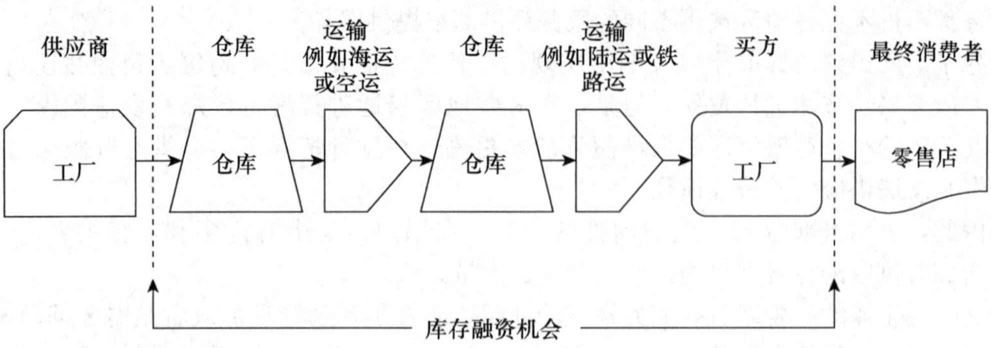


图 5-4 库存融资机会

有许多物流服务提供商和大量的企业业务单元或分支机构，在第三方物流和第四方物流服务范围内提供各种不同的服务：如 UPS、DHL、Damco、K&N 都是这样的例子。通过它们的活动和信息系统，物流服务提供商拥有了对整条供应链进行物流可视化观测的能力，并获得了与货物状态相关联的数据（位置、所有权、通关状况等），这些数据会影响到库存融资的成本和风险。这种具体和实时的数据可以降低一方或多方的财务风险，从而降低资本成本。一些物流企业直接提供库存融资，有时它们也为其他供应链金融流程提供交易数据，例如货物在某一地点的发运或到达情况。以下内容来自 UPS 网站（UPS，2016）：

> UPS 金融公司（UPS Capital）：全球供应链金融
>
> ● 基于资产的全球信贷。以国外库存或在途库存作为抵押进行借贷，以便能够以较低的利率获得营运资本。
>
> ● UPS 金融公司的货物融资服务（UPS Capital Cargo Finance）能够为您的超过 70%的海外采购提供融资，将贵供应链中的现金积压最小化。

国际贸易（通常买卖双方来自不同公司）需要将复杂的所有权关系、交易和支付流程与出口国、中介国和进口国的海关程序相结合。为此，服务提供商得到了快速发展，它们通过与物流服务提供商进行联结或协作来管理以上这些业务。

如上所述，由于具有更好的物流可视化能力以及相应的低风险，物流服务提供商本身就可以作为库存融资的资金来源。Hofmann（2009）进一步推进了这一发展。在非核心业务外包趋势的驱动下，许多供应链成员认为其物流和仓储业务属于非核心业务。他建议更多地将第三方物流融入库存融资过程中，构建了以第三方物流公司为供应链金融服务提供商的库存融资模式，以克服信息不对称和信用贷款缺乏透明度的困难。在他的做法中，第三方物流公司从制造商那里购买货物，并在出售给买方之前成为临时所有者。在拥有所有权期间，第三方物流公司对这些货物提供融资放贷。这种安排需要有供应商和买方之间合同的支持，以便保证货物的购买权。目前已经有多家第三方物流公司提供在途库存融资，包括位于瑞士的瑞士邮政物流、德国的 DHL、美国的 UPS 和日本的三井物产。核心企业（FC）的第三方物流库存融资如图 5-5 所示。

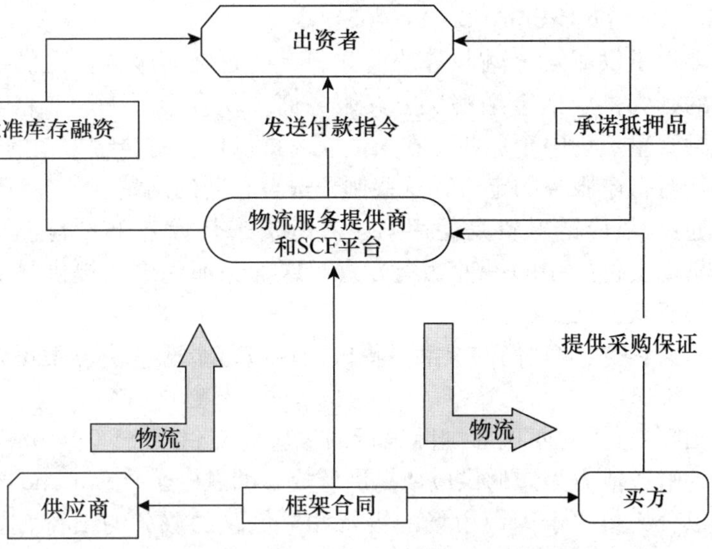


**图 5-5　第三方物流库存融资**

资料来源：改编自 Hofmann（2009）

## 5.4　金融服务提供商

传统上，银行会根据企业的信贷风险、资产等为供应链中的单个企业提供融资服务。这包括以保理和发票贴现的形式提供的发票抵押贷款，其中，发票即能够从买方收到货款的预期，因此能够抵押。在这种模式下，银行在综合考虑宏观经济形势、行业和客户群体实力的同时，更主要关注的是需要融资的个体企业的实体。然而，它们与企业客户建立起来的银行业务关系很有可能会受到新兴供应链金融模式的冲击，因为在供应链金融模式中，企业可以由它们的供应商或者客户来提供融资，从而取代了需要通过一般借款或某种形式的资产抵押（如发票保理）来向银行进行融资的传统模式。这大大缩减了银行客户的融资需求规模，也改变了银行与客户之间的关系、企业的经济能力和盈利能力，但更重要的是，通过将一些资产（如发票）排除到商业安全之外的方式，改变了企业的风险结构。此外，随着电子支付和共同标准（例如单一欧元支付区（Single Euro Payments Area，SEPA））的实行，交易业务的价值也正在不断下降。

尽管如此，银行似乎仍然是供应链金融中资金和平台的主要提供者。许多银行，例如花旗银行、德意志银行、汇丰银行、摩根大通、苏格兰皇家银行和西班牙国际银行，都已经拥有成熟的供应链金融产品。在这个市场上，通过提供供应链金融，银行通常专注于为它们的直接客户——供应链核心成员，提供服务。除了核心融资产品，物流活动的可见度和集成能够让我们更好地理解融资风险成本并为之定价，从而让我们能够提供一个更具竞争力的融资产品。下面的引文作为有力的证据，揭示了该领域的市场增长量："据银行经理报告，供应链金融产品呈现两位数的增长率（一些主要银行能够达到 30%～

40%)。”(Meijer and de Bruijn，2013：305)

银行有许多提供供应链金融服务的模式。有些是全面服务，提供综合的融资和平台解决方案；有的则为供应链金融解决方案服务商提供资金，下一节将对此进行介绍；还有一些银行把融资重点集中于那些正在为供应商提供供应链金融方案的采购方。

以下是银行对自己服务的定义，这些例子选自它们的网站：

- 摩根大通：“供应链融资是使用第三方融资来替代基于采购企业的资产负债表融资，从而获得早期支付折扣的一种融资方式。这确保那些愿意提供早期支付折扣的供应商能够早日取得货款。”(JPM，2016)
- 苏格兰皇家银行：“我们的灵活且集成的供应链金融解决方案可以帮助您克服这些挑战。”(RBS，2016)
- 西班牙国际银行：“西班牙国际银行的供应商支付服务（supplier payments）能够让您利用自身的财务能力为您的供应商提供低成本的融资。”(Santander，2016)

银行也可以分为集中于国内市场的银行和提供跨国服务的银行。前者倾向于将供应链金融视为发票贴现业务的拓展；后者将供应链金融作为贸易融资的延伸，贸易融资是通过信用证和其他传统手段支持进口商和出口商业务的传统服务。根据这一侧重点的不同，供应链金融既可能是企业银行业务的一部分，也可能是贸易融资服务的一部分。在一些银行中，供应链金融是全球交易服务的一部分，与现金管理、贸易服务、外汇和付款或结算有关。图 5-6 显示了供应链金融在这两侧重点之间的比例划分。

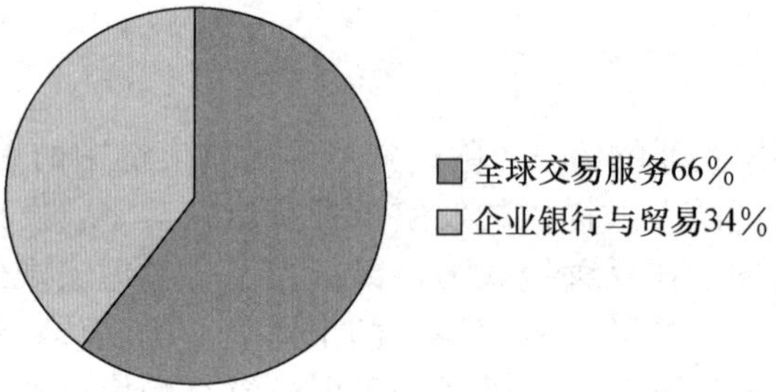


**图 5-6　银行的供应链金融定位**

资料来源：Extra (2011)

根据《供应链金融欧洲银行业协会欧洲市场指南》(EBA，2014)，提供供应链金融产品的银行有：澳新银行、中国银行、东京三菱银行、巴克莱银行、法国巴黎银行、花旗银行、德意志银行、汇丰银行、荷兰国际集团、摩根大通、苏格兰皇家银行、西班牙国际银行、加拿大丰业银行、瑞典北欧斯安银行、渣打银行、裕信银行。

## 证券化

随着公共平台管理的发票数量的增加，银行和其他金融机构得以成为一体，并让企业能够向它们借款，这就是一个所谓的证券化的过程。虽然目前这种形式并不常见，但我们预计会有越来越多的金融交易机构加入供应链金融生态系统中，从而增加供应链金融活动所需要的流动资金。

## 信用卡

信用卡服务提供商通常是银行，也有很多银行推出了企业采购卡。企业采购卡主要针对那些需要用主信用卡或借记卡来支付从小型供应商处购买的低价值物品的企业。这些采购通常位于长尾曲线的末端，即数量多但采购额小。供应商支付交易通常可以在一夜之间完成，使付款得到保证，避免了个别发票和提前付款需要核对信息，还可以使用卡对账单信息进行对账、预算分配和其他分析。应该说明的是，交易过程不一定非要使用物理实卡，通常更多的是采用嵌入电子采购和付款流程的虚拟卡。然而，根据信用卡系统（通常是维萨卡或万事达信用卡）的不同，根据买方和卖方的发卡方，通常在交易过程中会产生转账费用，也正是这些费用阻碍了它们的使用。这些费用就是所谓的买方和卖方服务费，通常这笔费用为交易金额的3%～5%。但是，企业信用卡的使用能够带来类似很多供应链金融解决方案的好处，特别是能够提前付款给供应商的同时还为客户提供了延迟付款的机会，因为它通常每月结算一次总金额。下面是信用机构、企业、信用卡公司的案例，这些信息全部来自这些公司网站：

- 维萨信用卡："及时和确保支付。维萨信用卡的支付请求由您的收款银行自动处理，并且该笔付款通常会在2～4天内计入您的账户中，消除不确定性压力，同时为您提供足够的流动资金。"（VISA，2016）
- "万事达信用卡是全球支付行业的技术公司，我们运营着全球的支付处理网络系统，连接超过210个国家和地区的消费者、金融机构、商家、政府和企业。万事达信用卡的产品和解决方案使每个人的日常业务变得更容易、更安全、更有效。"（MasterCard，2016）

## 替代金融服务提供商

与以上这些传统的金融机构竞争的，还有一些具有替代性融资能力的新的行业进入者。它们有些是建立在非银行融资模式上，如P2P借贷和众筹。这些也经常与系统产品相关联或属于系统产品的一部分，详情请参见下一节。通常情况下，它们提供融资支持的前提是基于某一种具体的融资模式，因此，它是一个独特且可衡量的风险或回报模式。在供应链金融的情况下，企业间的交易可以被看做是一种相对比较安全的资产。另外，在反向保理中，买方公司的信用风险可以被确定和控制，从而最终保证支付风险是有限的。然而，大多数替代性金融服务提供商的服务对象为中小企业，而鉴于传统银行的高服务费和风险控制，在为中小企业提供融资方面，相对于替代性金融机构，传统银行缺乏竞争力。替代性金融服务提供商能否成功运营，在很大程度上依赖于它们能否在大量的企业客户和交易间分散风险。

替代性金融服务提供商的例子，包括 Funding Circle（英国网络借贷平台），Market Invoice（英国 P2P 金融协会成员），River Rock（英国另类资产投资公司），The Receivables Exchange（首批应收账款的网上交易平台之一）。

还有一系列与其他核心业务相关的替代性金融服务提供商。如通用电气和通用汽车集团，已经开发了客户融资解决方案，为客户以及供应链上的其他客户和供应商提供供应链融资。值得注意的是，通用电气正在或已经向美国富国银行（Wells Fargo）出售包括其供应链金融在内的部分融资业务。

### 风险和信用评级机构

显然，供应链金融解决方案的属性会影响买方或卖方的信用评级。其影响评级的关键标准是这些解决方案中固有的风险。例如，在物流或库存保理中，信用评级机构主要对最终购买者或核心企业拥有的抵押品感兴趣。核心企业可能会因为为供应链上的合作伙伴提供融资而导致资产总量减少，从而使其融资能力受限。在经济低迷时期，更是如此。

通常在这个领域，还应该包括保险商。买方和卖方经常通过购买保险的方式来管理不交货或不付款的风险，特别是在跨境贸易时和企业需要面临不同地区的法律制度所带来的潜在风险时。这时就要求保险商参与到交易过程中，还需要它们能够根据所有权或供应过程中的其他因素，清楚地判断风险什么时候在自己一方，何时转移到另一方。

信用保险商密切参与保理业务，并在一定程度上与保理市场中的其他参与者进行竞争。信用保险商会假设违约风险的存在。当银行或其他投资者贷款时，它们可以选择通过为其购买的应收账款提供保险的形式来减轻发票无法收回的风险。此外，信用保险可作为保理业务的补充，如果保理服务提供商对它们面对的风险感到不安的话，可以选择利用信用保险来覆盖一部分风险的方式来调整总体风险。当地的法律和税务构成也会对融资产生一定的影响，因为在一些立法中，专业的保理和租赁公司不在正常的监管范围内，因而，相对于银行和保险行业的这些竞争对手，它们具有一定的成本优势（Bakker et al.，2004）。

## 5.5 供应链金融平台提供商

如本章前文所述，供应链金融将传统的买卖交易与某种形式的融资结合起来，此外，随着一个或多个新的参与者被引入供应链金融中，企业间和企业内部的交易步骤更加烦琐，最终使得交易的复杂性增加。在本节中，我们将介绍一系列的服务提供商，它们能够提供信息系统或一整套电子工具来支持供应链金融。毫无疑问，这些组织中的多数不认为自己是技术公司，但这种技术往往是将这些组织区分开的重要因素，它们不同的流程和风格反映了对供应链金融进行支持的具体方式，而这也正是那些潜在的用户需要理解和做出选择的东西。

为了说明供应链金融系统所面临的挑战，我们用图 5－7 中的交易模型进行说明。从该图中可以看出，一个典型的反向保理流程可以使企业间的交易步骤数量翻一番：

1. 整个过程开始于买方下订单。

2. 供应商将货物和单据发送给买方。

3. 买方接受单据。

4. 该平台提供给供应商有关发票的状态信息，供应商可以在发票审核通过后要求提前付款，并提供一定的折扣或者付出一定的费用。

5. 供应商收到折扣后的付款。

6. 买方全额支付给银行，交易完成。

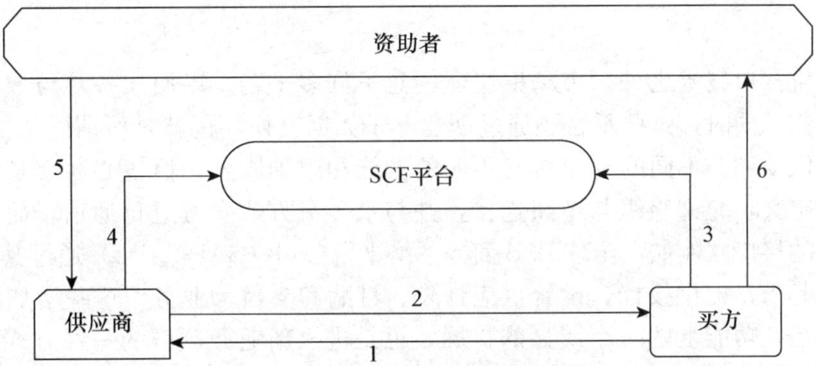


**图 5－7　供应链金融反向保理步骤**

事实上，在大量研究中，电子信息交换被视为供应链金融实施的基本条件。在反向保理的情况下，买方较强的购买到支付（P2P）的能力是进行反向保理的一个先决条件。也正是由于这些原因，信息技术、系统集成和电子通信都成为推动供应链金融的关键因素，而且往往是实施过程中所面临的主要挑战和成本所在。

除了提供现有的能够将买卖双方联系起来的服务外，系统提供商还正在不断地引入供应链金融的功能。为企业提供全面的企业系统和企业资源计划（ERP）是大多数此类系统提供商的核心业务。随着企业期望与其客户和供应商进行电子联系的意愿的增强，ERP 供应商已经开始进行业务功能扩展以支持电子商务。这些包括协同规划、电子发票、特定的供应链金融解决方案以及进行事件实时追踪的链接，Oracle 和 SAP 就是两个杰出的例子。

除了“大”系统提供商之外，专业的软件提供商也在增加供应链金融功能。关于电子发票和支付的系统就是很好的例子，因为它与反向保理直接相关。而且一些传统的自动化流程（例如事件实时跟踪或库存可视化）提供商，已经开始能提供一些支持供应链金融的工具。能够提供价值增值服务的“交易”工具的开发，使得服务提供商能够更深入地挖掘供应链的效用并获取更高的边际利润率（见图 5－8）。

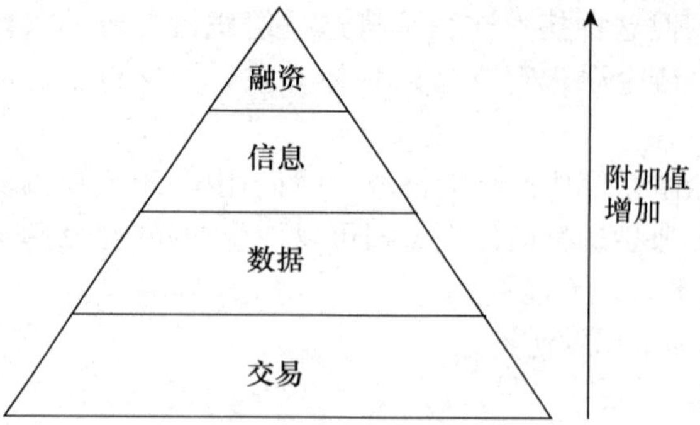


图 5-8 平台提供商的融资金字塔

## 市场枢纽

除了提供接口技术之外，市场枢纽还创建了许多平台，以便让各参与方能够在供应链中进行协作，同时，这些平台还通过创建电子数据交换，也就是所谓的“枢纽”，来为贸易管理提供便利。不同的枢纽具有不同的功能和附加服务，但核心通常是一组常见的接口和数据定义，允许组织与枢纽连接，并与众多买方或卖方进行通信，而无须多样化的或多对多的接口。例如，全球 B2B 商务网络平台公司（SAP-Ariba）通过其市场将卖方和买方联系起来，提供投标、设置供应计划、订购和支付等业务。这些增加的交易融资的管理模块是在功能上的一个明显的扩展，也是进入新业务领域的一种方式。全球 B2B 商务网络平台公司 Ariba 和全球托管软件与服务的领先供应商 GT Nexus 是枢纽企业的两个典型，以下内容节选自它们的网站：

- “Ariba，是下属于全球企业管理软件与解决方案的技术领袖公司 SAP 的一家公司，提供全球商业网络和基于云软件的解决方案，包括合同和目录管理、采购订单和发票的自动化、动态贴现和 AribaPay 公司的电子支付。全球 190 多个国家的 170 多万个组织已经加入了 Ariba 的网络，以改善它们在数字经济时代的采购、销售和现金管理方式。”（Ariba，2016）
- GT Nexus “采购到支付流程与整个物流供应链活动相连并从这些活动中获得相关信息。订单和发票文件也是物流人员用于确认收货、清关和进行运输处理过程中转运和再分配的常用文件。GT Nexus 通过为企业及其合作伙伴提供单一的控制平台，为流程转型升级和协作开启了巨大的发展机遇。”（GT Nexus，2016）

然而，也有许多新进入者，则利用了买卖双方之间不协同的特点，提供“插件”服务来管理实施早期或延迟付款所需的复杂金融交易，并与典型的买方-卖方流程脱钩。这些新进入者通常是从一个电子票据企业发展而来，具有支付服务背景或经历。一般情况下，这些服务提供商可以提供融资来弥补供应商收到货款和买方结算之间的时间差。PrimeRevenue 公司和 Basware 公司就是这样的例子，以下内容同样是节选自它们的网站：

- “作为开放式交流云平台，PrimeRevenue 的开放 SCi 产品组合正在彻底改变财务供

应链的管理模式，这些产品能够让客户优化其营运资本并增强其财务供应链。”（PrimeRevenue，2016）

- “Basware 是在业界提供采购到支付和电子发票解决方案的全球领导者。通过简化和理顺关键财务流程，我们让企业能够发掘财务运作的巨大价值。我们的基础商业网络为各种规模的买方和供应商提供了轻松、及时的支付和融资。”（Basware，2016）

这一领域的其他公司还包括全球供应链金融平台（Global Supply Chain Finance）、OB10-Talia、Oxygen Finance、Platform Black、Tradebridge 和 GSX。

企业对更大范围服务领域的渴望引起了服务范围的转移，图 5-9 是来自麦肯锡公司的分析，显示了这些组织在采购与付款范围内的服务起点和延展。

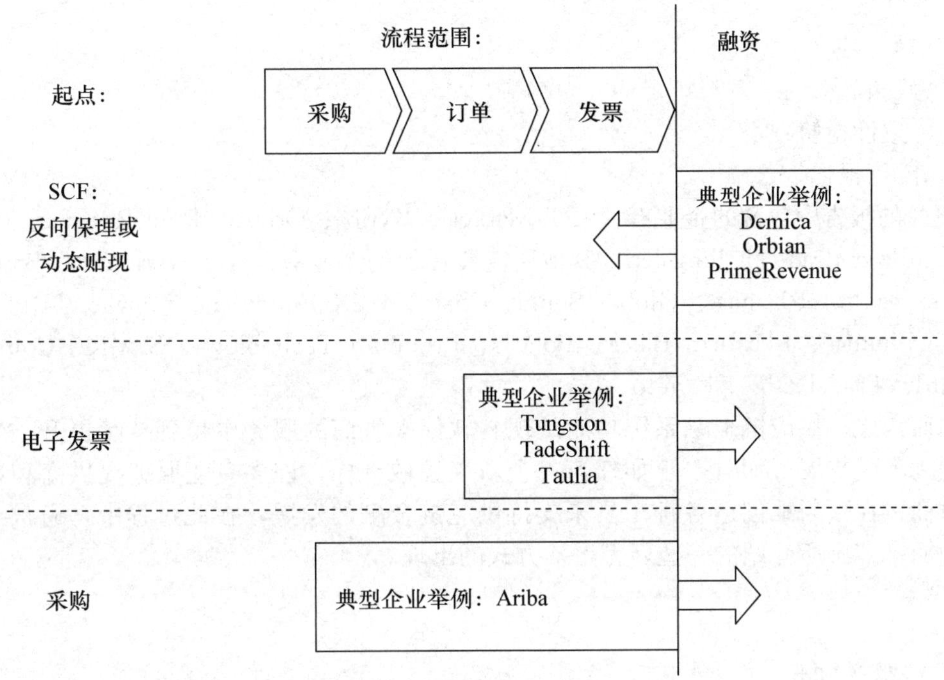


**图 5-9　不断扩展的能力**

在这里，我们还应该将包括具有贸易文档背景的信息系统涵盖进来，例如信用证管理系统、海关系统、组建和记录大多跨境贸易的提单系统。这些文件中包含的信息，如正式所有权的变更，可能引发各方在贸易过程中的融资需求和风险状况发生变动。大量的系统工具供应商正在这些信息的支持下将业务扩展到供应链金融领域，典型例子包括 Misys TI Plus、美国的电子交易平台 TradeCard、提供营运资本解决方案的 Demica 公司和曼哈特软件公司（Manhattan Associates）。

环球银行金融电信协会（Society for Worldwide Interbank Financial Telecommunication，SWIFT）（详见后面章节），尽管其背景是贸易协会，但它为买卖银行之间的付款结算提供了一个交易平台。协会经营的 TSU 公司是一个支持供应链金融的往来账户交易数据匹配和工作流的动力引擎。

关于供应链金融服务提供商部分的结论，可以借用 TXF 贸易和财政部（TXF Trade

and Treasury）印发的《供应链金融服务提供商指南》（TFX，2016）。虽然不够全面，而且很有可能会随着企业服务范围的拓展和新进入者的加入而发生改变，但它确实提供了主要的服务提供商的范畴，更重要的是，提供了一系列的评估指标：

- 地域范围；
- 动态贴现；
- 供应商准入；
- 语言；
- 本地货币融资；
- 自筹资金；
- 资金来源；
- 信息传递；
- 融资利率；
- 一致性检验；
- 分析/报告。

TFX 的报告中包含的企业有：CRX Markets、Kyriba、Orbian、PrimeRevenue、Propell、Taulia、Tower Trade 和 Tungsten。其他还需要提及的企业有：ACI Worldwide、Bottomline Technologies、CGI-Logica、Global Supply Chain、GSX Fundtech、Misys、OB10-Talia、Oxygen Finance、Platform Black、Polaris、Premium Technology、SIA-RA Computer、SunGard、Tradebridge 和 Tieto。

总而言之，供应链金融系统功能从现有软件提供商的服务中得到持续提升，服务范围也得到不断扩展。而且，正如任何一个新兴领域一样，许多专业服务提供商和系统服务提供商正在不断地创造各种工具来支持供应链金融的发展，在此过程中，通常还伴随着在前面章节中所介绍的一些新型融资方式的出现。

## 5.6 咨询师

通常，咨询师不仅能为企业提供以往客户的实践经验，还能够提供一些功能性技巧和额外的资源。在本章里，我们将咨询师从其他外部职业咨询专家中分离出来，因为下一节的顾问更倾向于关注功能范围的具体领域。

咨询师可以帮助企业对机会和挑战进行专业识别，并运用标杆和指导方针来设定成本和收益的绩效目标。在这个角色中，咨询师主要在企业的融资方式发生变更或需要进行模式选择时使用。它们在流程变更、IT 和安全性以及内外部参与融资的努力等方面的经验，可以帮助企业形成一个更加稳健的供应链融资计划，并降低风险。

咨询师的第二个关键角色是为企业提供丰富的经验资源来完成部分或全部的战略制定、规划和实施，特别是在项目或计划管理、供应商参与和准入、新的流程和程序开发方面。企业内部可能不具备这些技能，或者在数量上不足以支持一次运用所需的量。然而，无论是什么咨询业务，对于企业来讲，重要的是，需要明确哪些是企业长期需要的技能，以及如何利用外部的支持和帮助来获取和发展这些技能。

根据组织内部的不同需求，在供应链金融领域中运营着各种来自不同背景的咨询企业。例如，专业财务咨询公司在信贷、风险管控和识别会计部门面临的机遇和挑战方面具有很强的知识和咨询储备；而更大型的综合咨询公司已经在供应链金融领域开发了专门的产品，并且通常可以在多个国家提供本地化的服务。

小型咨询公司的例子包括：

- 赞德斯财务和金融解决方案（Zanders Treasury and Finance Solutions）；
- M3 咨询公司（M3 Consultancy）。

大型或更广泛范围咨询公司的例子包括：

- 埃森哲（Accenture）；
- 德勤（Deloitte）；
- IBM；
- 毕马威（KPMG）。

## 5.7 顾问

在本节，我们将讨论一些参与供应链金融项目的外部专业顾问。他们主要在法律和会计方面发挥作用，具体如下：

### 法律顾问

现有的供应商或客户条款很可能会发生变更，其中一些变更将需要新的合同，这意味着需要重新进行谈判。因此，通常需要具有更专业知识的内部或外部法律人员来协助进行适当的变更，并保证这些变更能够在适当的时间范围内完成。

鉴于支撑供应链金融的资产属性不同，法律事务的复杂性可能会有很大差异。对于反向保理来说，发票的法律所有权、收款方的责任和义务、违约的处理方法等都需要界定。然而，在库存融资中，法律问题可能会变得更加复杂，因为支撑该种融资的资产可能尚不存在。

如果融资方案在多个法律管辖范围内实施，那么可能需要在每个司法管辖区都要提供法律咨询。

但是，我们现在已经形成了很多具有完善的法律和合同基础的、成熟的供应链金融运营机制，如下文所述，各行业团体的主要责任就是参与制定一些标准和共同条款，并支持它们在企业中的应用。

同样，付款的会计条款也可能会发生变化。在银行提供融资或反向保理的情况下，找到正确的会计方法至关重要，否则，延长买方付款期限所能获得收益就会大打折扣，这主要是因为未付款项的数额可以从应付账款转移为债务，从而改变企业的资产负债表。对于这个问题，在一些专业出版物中已经有详细描述，在这里，我们主要是对所面临的其中一个挑战做一下总结。

对于多数供应链金融解决方案来讲，尤其是保理，其中一个关键问题就是，交易是否被确认为真正的买卖，从而成为表外资产，换句话说，与公司的财务状况不再相关。企业的财务团队和外部会计师或审计师必须对保理有正确认识。根据《国际财务报告准则》（IFRS），对保理的认定取决于以下标准：（1）对应收账款的授权；（2）所有权重大风险和收益转移（无追索权）；（3）如果（2）在风险分担的情况下仅部分成立，保理商或银行必须对应收账款具有控制权，即有权转售应收账款（BDO，2010）。

同样，第三方物流服务提供商库存融资的关键标准是，被外包出去的活动现在被认定为是企业账户中的内容。根据《国际财务报告准则》，这一认定主要取决于上面的第二个标准：重大收益和风险转移给了第三方物流服务提供商。因此，在第三方物流服务提供商库存融资中，审慎设计框架合同至关重要。

在出售与返租式租赁（sale and lease back，SLB）中，对租赁的认定是非常令人关注的，因为当地会计准则会使得整体的客户价值主张发生改变。一般来说，租赁交易分为融资性租赁（finance lease）和服务性租赁（operating lease），后者可以根据交易风险或收益的转移和交易实质，将租赁物品从资产负债表中去除。但是，如果满足以下条件之一，租赁就必须被认定为是融资性租赁，也需要在核心企业（focal company，FC）的资产负债表中列出：（1）标的资产在租赁期结束时归核心企业所有；（2）核心企业有权以明显低于资产实际价值的价格购买资产；（3）租赁期与资产的经济寿命相符；（4）租赁分期付款最低值的现值等于租赁资产的公允价值；（5）由于资产的特殊性，这些资产仅对核心企业有价值；（6）任何与取消租赁合同相关的供应链金融服务提供商的费用均由核心企业承担；（7）由于资产残值的变动所产生的任何收益或损失由核心企业承担；（8）首次租赁期满后，核心企业有权根据市场价格继续租赁（Deloitte，2014）。重要提示：国际会计准则委员会（International Accounting Standards Board，IASB）和美国财务会计准则委员会（US-based Financial Accounting Standards Board，FASB）已经对租赁会计准则做出了修订。无论是什么类型的租赁，凡是符合《国际财务报告准则》的出售与返租式租赁都必须明确列在核心企业和买方的资产负债表中。这些租赁标准的修订已于2015年生效（IFRS Foundation，2014：2）。

## 5.8 行业和专业协会

各行业团体和专业团体都积极参与到供应链金融领域中，同时它们还汇集了许多特定领域的专家，以便进行信息交流，就相关话题展开讨论，提供教育培训和制定标准。主要协会列举如下，协会的划分主要摘录于各自网站。

### 欧洲银行业协会

欧洲银行业协会（Euro Banking Association，EBA）是一个支付和交易银行从业者协会。2011年，该协会的委员会成立了欧洲银行业协会供应链工作小组（Supply Chain Working Group，SCWG）。其最初的目标是对供应链金融（SCF）市场进行研究，2014年，它们出版了《供应链金融欧洲银行业协会欧洲市场指南》（第二版）。该市场指南描述了当前的供应链金融生态系统，并分析了推动或限制供应链金融发展和广泛引用的因素。EBA还制定并发布了标准流程、票据电子交换的数据和交易标准、电子发票标准等。电子发票是反向保理供应链金融的基本要求，采用标准化方法能够使企业更轻松地集成到多个供应链金融服务中去（EBA，2014）。

### 银行家金融与贸易协会-国际金融服务协会

银行家金融与贸易协会-国际金融服务协会（Bankers' Association for Finance and Trade-International Financial Services Association，BAFT-IFSA）是一个位于美国的全球性协会，其积极从事国际银行业务，已经公开对贸易融资和供应链金融工具的术语和概念进行了定义，如：BAFT-IFSA产品定义之传统贸易融资（2010）、BAFT-IFSA产品定义之往来账户贸易处理及往来账户贸易融资（2010）（BAFT-IFSA，2016）。

### 国际商会

国际商会（International Chamber of Commerce，ICC）曾经制定了传统单证贸易融资工具定义的行业标准，最近，该商会又对这些标准进行了拓展以适用于供应链金融环境：

五个主要的商业协会与国际商会银行业委员会合作，开展的一项重点工程就是规范和统一全球供应链金融产品和服务的市场术语，新成立的全球供应链金融论坛旨在明晰现有的定义和供应链融资术语（ICC，2016）。

上面所提及的五个协会包括：

- 银行家金融与贸易协会（Bankers Association for Finance and Trade）；
- 国际保理商联合会（Factors Chain International）；
- 欧洲银行业协会（Euro Banking Association）；
- 国际保理商组织（International Factors Group）；
- 国际福费廷协会（International Forfaiting Association）。

## 环球银行金融电信协会

环球银行金融电信协会（www.swift.com），是一个由所有的成员银行共同拥有的服务提供商联盟。除了提供资金的电汇标准外，环球银行金融电信协会还开发和经营着世界级的交易服务网络，以便在其成员和其他机构之间进行资金转换。其中一个最重要的措施就是银行支付责任（BPO），这是一个在 SWIFT 贸易服务效用（SWIFT trade services utility）的基础上开发出来的银行间业务工具。现在，贸易服务效用已经被国际商会采用，成为各种供应链金融交易结构的基础（SWIFT，2016）。

## 其他行业协会

许多供应链金融实施的核心是保理或反向保理，在这一领域有许多行业协会：

- 国际保理商联合会是保理组织的全球性网络（FCI，2016）；
- 国际保理商组织是保理企业的行业协会（IFGroup，2016）。

国际保理商联合会和国际保理商组织发布了管理国际保理的规则（GRIF）：

- 欧盟保理和商业金融业联合会（EUF，2016）；
- 国际福费廷协会（IFA，2016）。

如前所述，电子发票和支付是供应链金融的关键组成部分，下面的两个组织就是集中于这一领域的行业机构，并在供应链金融中发挥着积极作用：

- 欧洲电子发票服务提供商协会（European e-Invoicing Service Providers Association）是遵照比利时法律运营的国际非营利性协会。

该协会作为欧洲一级的行业协会，为电子发票服务提供商提供了一个大型且充满活力的团体，主要由提供网络、业务外包、财务、技术和电子数据交换服务的组织构成（EESPA，2016）。

- 欧洲支付委员会（European Payments Council，EPC）是代表支付服务提供商的理事会，支持和促进欧洲，特别是单一欧元支付区（SEPA）支付的融合与发展。请注意，SEPA Card Framework（单一欧元支付区支付卡框架）的缩写是 SCF（EPC，2016）。

很多专业协会已经开始将供应链金融纳入它们的活动中，特别是新闻、会议、教育和标准化活动中。在大多数国家，都会有代表会计师、财务主管、采购人员、物流人员和法律从业者的专业团体。这里，我们列举了一些英国的例子，在其他的很多国家，情况也基本类似：

● 会计师：向供应链金融成员发布信息的两个主要机构是特许管理会计师公会（Chartered Institute of Management Accountants）（CIM，2016）与英格兰和威尔士特许会计师协会（Institute of Chartered Accountants in England and Wales）（ICAEW，2016）。

● 财务主管：企业财务主管协会（Association of Corporate Treasurers）在其年度会议上举办了供应链金融分会，并在其网站上列出了该主题的链接（Treasures，2016）。

● 采购人员：英国皇家采购与供应学会（Chartered Institute of Procurement and Supply，CIPS）将供应链金融纳入其学术课程（CIPS，2016）。

● 物流人员：英国皇家物流与运输学会（Chartered Institute of Logistics and Transport，CILT）举办供应链金融论坛，并将其作为其核心组织之一（CILT，2016）。

除了这些专业性协会，许多一般性的商业组织也开始关注供应链金融。例如，英国工业联合会（Confederation of British Industry，CBI）对供应链金融有积极的兴趣，其称："供应链金融是促进企业发展的替代融资的主要形式。"CBI 主管 Matthew Fell 表示："促进供应链金融的使用，是很多小型企业缓解资金压力的新方法，但它是否有效取决于各自供应链的特点，所以不是一个通用性的解决方案。"（Telegraph，2016）

综上所述，虽然已经有许多组织参与到了供应链金融中，但是，在创建通用性的标准方面，仍然存在着挑战。

## 5.9 政府和公共机构

除了缩短现金周期外，还有一些其他的因素会促使政府和国际机构参与供应链金融，其中包括：

● 发展中小企业；

● 鼓励出口；

● 支持发展中国家的经济。

此外，公共税务机构对自动支付、债务和信用的管理方式，也可能会对每个国家的供应链金融的实际应用产生重大影响。

在本节中，我们将研究公共政策和金融监管对供应链金融产生的一些积极和消极的影响。

中小企业的资金可获得性一直都是政治辩论的焦点，这主要是因为已经有许多研究表明：对于大多数国家来讲，中小企业在促进就业、创新和经济增长方面起着非常重要的作用。研究还显示，对中小企业付款的延缓是导致资金短缺的一个主要问题，而且当大型企业延长它们的标准支付条款时，这种问题还会变得更加严重。这主要是因为，对于许多中小企业来讲，它们直接筹资是非常有限制性而且成本非常高的。虽然对所有买方企业来说，最合理或最简单的做法就是快速付款给供应商，但是在不同的经济环境下在具体的做法上可能会有很大的差异。例如，一些买方需要在订购时就付款给供应商，而其他供应商在交货多年后支付，特别是在支付和产品使用相关联时。因此，规定的标准付款条件可能并不适用于所有供应市场的情况，而且鉴于这些差异，各国政府和经济部门已经开始接受供应链金融，通常这些供应链金融计划能够促进或强制实现及时支付或按照共同标准和惯例支付。

为了消除中小企业进入市场的障碍，许多政府使用的一种机制就是支持通用交易平台的发展，有时甚至为这些平台提供资金支持。在英国，英国商业银行赞助了 URICA，为英国中小企业提供了一种简单且易于使用的现金解决方案。它为中小企业提供了英国和海外发票的直接提前支付，并根据它们的进口额为中小型企业提供长达 90 天的延期付款（BBB，2016）。在荷兰，荷兰经济事务部（Dutch Ministry for Economic Affairs）支持和补贴“立即付款”（Pay Me Now）计划，以便荷兰中小企业供应商能够通过快速支付、快速融资来获得额外的流动资金（BMN，2016）。

另外一种机制是，“注册”大企业来支持中小企业支付计划。在美国和英国就有相关的例子。下面是 2014 年发布的新闻稿：

> 奥巴马总统的“供应商支付计划”得到扩展；21 家企业承诺加强扶持美国小企业的发展。
>
> 今天，白宫和小企业管理局宣布扩大奥巴马总统的供应商支付计划，该计划通过与私营部门合作来增加小企业的流动资金，从而增强小企业的实力，促进企业发展和雇用更多的员工。
>
> 在 7 月，奥巴马总统宣布实施供应商支付计划时，已经有 26 家企业承诺参与该计划，现在又有 21 家企业也要加入它们的行列。作为供应商支付计划的一部分，企业需要承诺以更快的速度向小型供应商付款或者实施一个能够让小型供应商以更低的成本获得流动资金的融资解决方案。（White House，2014）

在英国，一个较早的供应链金融计划是在联合政府的支持下于 2012 年提出的：“2012 年 10 月 23 日，英国首相宣布实施供应链金融计划。”（Cabinet Office，2012）这促使一些大型企业承诺提供更好的供应商支付方式。

项目银行账户（Project Bank Account，PBA）是英国的一个有趣的创新，这是为了支持建筑业供应商而开发的。内阁办公室正在与公共部门建筑采购商合作，通过项目银行账户开辟向建筑项目供应链成员支付的新途径。项目银行账户能够让参与政府建筑项目的中小企业在 5 天甚至更短的时间内收到付款（Cabinet Office，2014）。

政府关注供应链金融的第二个动机与出口相关：企业出口带来国民收入的增长，但当产品运输给客户时，企业往往会受制于长期付款条款。促进早期支付可以减少出口商的资金限制，降低借款成本，从而促进出口量的增长。在美国，国际贸易得到政府支持：“今天美国进出口银行（Ex-Im Bank）批准了新的供应链金融担保计划下的第一笔交易。”（Exim，2016）

虽然这适用于所有出口商，但也可以用于促进发展中经济体的发展。这些经济体往往缺少财务强大的企业，它们的繁荣主要来自众多小型企业，这些小企业需要营运资本支持，尤其是需要那些发达国家的进口商的早期支付。世界银行已经通过其国际金融公司（International Finance Corporation，IFC）选择和开发了一个供应链金融解决方案，以便支持对发展中国家供应商的支付。这个解决方案被认为是一种机制，它允许较小的供应商利用其在不具备信贷能力或信贷能力有限的国家的销售来为自己提供资金，从而支持出口贸易中的延期支付。国际金融公司是世界银行的一部分：该公司成立于2010年，全球贸易供应商金融（Global Trade Supplier Finance，GTSF）计划是一项价值5亿美元的多币种投资和咨询计划，为新兴市场供应商和中小型出口商提供短期融资，帮助解决供应链融资的巨大缺口（IFC，2016）。

一些地方机构也正在积极推动供应链金融的发展，以支持其区域内的贸易。欧洲的一些机构已经开始支持相关标准的制定活动，并为一些举措提供资金扶持：

- 欧盟委员会电子发票专家组（European Commission's Expert Group on e-Invoicing）；
- 欧盟电子发票多方利益相关者论坛（EU multi-stakeholders forum on e-invoicing）；
- 欧洲支付委员会（European Payment Council）；
- 单一欧元支付区（SEPA）计划。

上述内容似乎已经充分表明政府对供应链金融的广泛支持，但重要的是，我们还需要认识到，目前仍然存在着一些因立法和监管问题而产生的障碍。例如，对保理交易的税收政策就经常导致保理费用高得吓人（Klapper，2006）。在某些国家，商业贷款利息是可以扣税的，但是保理费用的利息却不能；有些国家则是在整个交易中收取增值税，并且每笔应收账款都要缴纳印花税。此外，资本管制会限制非银行机构持有外币，这阻碍了通过保理来进行全球的资金流管理。更复杂的是，保理或反向保理中的风险承保标准会影响保理的预期成本和效率，因为它们设定了保理商参与活动的环境。因此，法律和税收环境在决定供应链金融的价值主张方面起着至关重要的作用。

在租赁中（与资本购买相关的一种供应链融资形式），将租赁确定为服务性租赁的一个主要依据就是，能否给双方都带来良好税收效益。不同的税收政策使出售与返租式租赁对所有参与方都有吸引力（Pfnür，2004）。

综上所述，我们已经有很明显的证据表明政府已经对供应链金融进行扶持，但同时政府也为所有供应链金融解决方案的合同设置了基础框架。比如，当项目参与者来自不同国家时，可能需要有许多子类别的供应链金融解决方案，以确保遵守每个国家现行的法律框架。

## 5.10 学术界

一些大学、商学院和其他学术机构正在通过学术研究、开设本科和研究生课程以及行业调查的形式参与到供应链金融的发展中。

供应链金融协会（Supply Chain Finance Community）每年都会组织供应链金融全球学生挑战赛（SCF Global Student Challenge）。这是一个国际竞赛，旨在研讨供应链金融领域知识和开发产品，并试图弥补学术研究与企业实践之间的差距。挑战赛的目的是促进企业、银行和科研机构之间的互动。2015 年 16 轮挑战赛吸引了来自 96 个国家的 700 多所大学的近 2 500 名学生和 250 多名教师参加。这表明了该项赛事已经引起一大批学术机构的高度关注（Global Student Challenge，2016）。

除此之外，许多学术机构还纷纷表示它们对供应链金融的关注度在不断地提高，如英国伦敦城市大学卡斯商学院（UK London City University Cass Business School）修订了其硕士课程，以便将供应链金融包含在课程之中："物流、贸易和金融硕士补充了供应链金融的相关内容……名称将被改为供应链、贸易和金融硕士（SCTF）。"（Cass，2016）还有许多供应链方向的研究生课程也包括了供应链金融的内容，例如美国罗格斯商学院（Rutgers Business School）的供应链管理 MBA 以及英国克兰菲尔德商学院的物流与供应链硕士。

事实上，现在有一些学者也带有供应链金融的头衔，例如，国际供应链金融协会（International Supply Chain Finance Community）主席 Michiel Steeman 最近被选为荷兰温德斯海姆应用科技大学的首位供应链金融教授，Federico Caniato 是米兰理工大学（Milano Politecnico）的主任和供应链金融观察家。

研究记录也清晰地表明，供应链金融在大学出版物的标题或摘要中出现的次数不断增加，如图 5－10 所示。

对此领域的研究也呈现出明显的交叉领域或跨学科的特点，如图 5－11 所示。

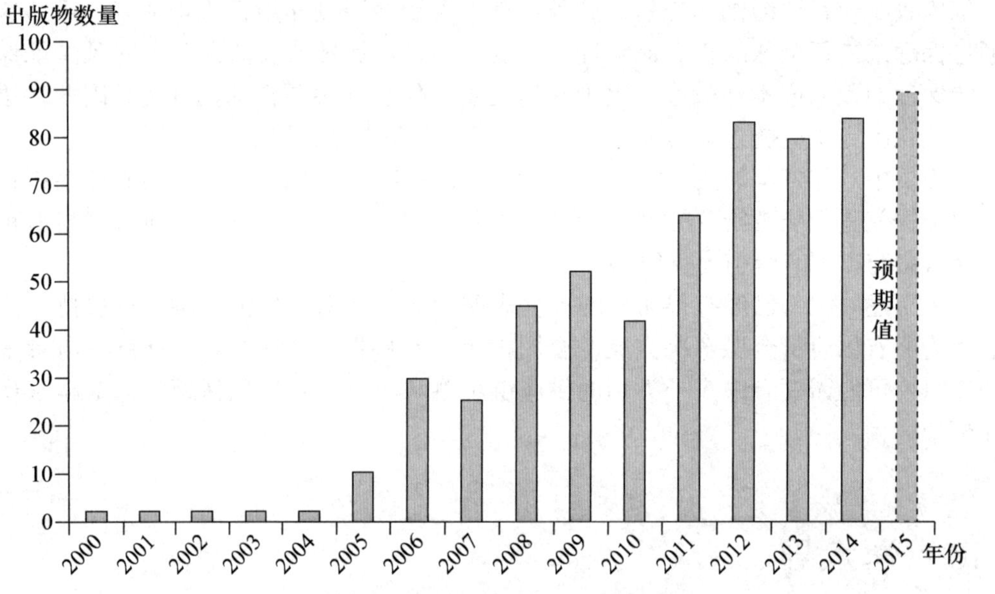


**图 5－10　有关供应链金融的研究**

资料来源：van den Berg（2015）

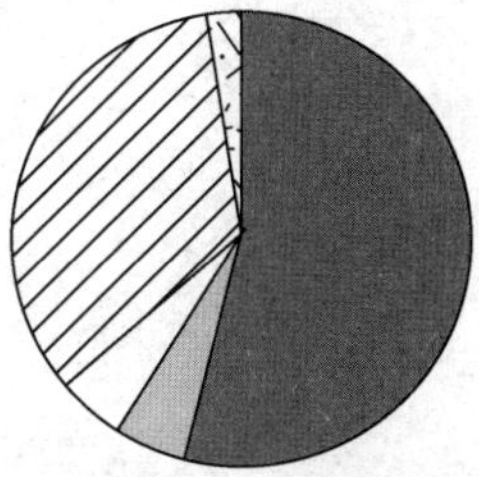


**图 5-11　跨学科的供应链金融研究兴趣**

资料来源：Yi（2013）

但是，大量研究表明，现有研究结果仍然存在着较大的分歧，同时，学术研究和从业者实践之间也存在着明显的区别，因此，很显然，在该领域我们还有很多工作要做。

## 5.11　结论

现有的和新兴的组织正在努力积累供应链金融领域的经验、技巧和能力。对用户来说，最重要的是，其对机遇和挑战的认识水平在不断提升，这会让企业对供应链金融计划的采用决策变得更为明智，帮助企业选择正确的解决方案并高效实施。

然而，另一点也很明显的是，由于每个参与企业的背景和起点不同，导致许多不同的方法和标准出现，这可能会引起混乱，尤其在企业内部或者当小型供应商被要求加入不同的供应链金融项目中时。值得庆幸的是，现在已经有很多跨企业的举措开始进行通用语言、定义和数据交换标准的开发。

我们看到越来越多的政府、行业、贸易和专业组织以及教育机构开始从事供应链金融领域的相关活动，这将扩展人们对供应链金融的理解并促进政策制定的科学化和合理化。

## 5.12　总结

谁是供应链金融的参与者？

- 企业和公共部门用户；
- 物流服务提供商；
- 金融服务提供商；
- 服务或系统提供商——供应链金融平台；
- 咨询师；
- 顾问；
- 行业和专业协会；

• 政府；
• 学术界。

在组织内部，谁是供应链金融的参与者？

• 董事会；
• 销售-客户关系管理（CRM）；
• 采购-供应商关系管理（SRM）；
• 运营；
• 物流；
• 财务；
• 应付账款；
• 应收账款（供应商端）；
• 现金管理；
• 法律。

## 展望

• 不断有新进入者从事有关供应链金融的服务，你将如何跟上它们的步伐？
• 谁在制定那些对你产生重要影响的通用方法的标准？
• 加入供应链金融协会，以便获得相关信息和支持。

# 参考文献

Aberdeen (2006) Get ahead with supply chain finance: How to leverage new solutions for end-to-end financial improvement. Supply chain finance research brief, Aberdeen Group, Boston

ABI Proquest (2015) [accessed 30 April 2015] from proquest. com

Ariba (2016) [accessed 31 January 2016] from ariba. com

BAFT-IFSA (2016) Bankers' Association for Finance and Trade-International Financial Services Association, BAFT-IFSA Product Definitions for Traditional Trade Finance (2010) and the BAFT-IFSA Product Definitions for Open Account Trade Processing and Open Account Trade Finance (2010). Other details [accessed 31 January 2016] from haft-ifsa. com

Bakker, MHR, IClapper, L and Udell, GF (2004) Financing small and medium-size enterprises with factoring: global growth in factoring-and its potential in Eastern Europe. World Bank papers, no. 3342, Warsaw

Basware (2016) [accessed 31 January 2016] from basware. com

BBB (2016) British Business Bank [accessed 31 January 2016] from british-business-bank. co. uk

BDO (2010) [accessed 31 January 2016] from bdo. ch

BMN (2016) Betaal Me Nu (Pay Me Now) [accessed 31 January 2016] from beta-alme. nu

Brabander, Wandachowicz-Krason (2014), Corporate perspectives, Philips Procurement, 10 December 2014

Cabinet Office (2012) and (2014) UK Cabinet Office [accessed 31 January 2016] from gov. uk

Camerinelli, E. (2010), *Supply Chain Finance: A Taxonomy*, Aite Group, Boston

Cass (2016) Cass Business School [accessed 31 January 2016] from cass. city. ac. uk

CILT (2016) Chartered Institute of Logistics and Transport [accessed 31 January 2016] from ciltuk. org. uk

CIM (2016) Chartered Institute of Management Accountants [accessed 31 January 2016] from cimaglobal. com

CIPS (2016) Chartered Institute of Procurement and Supply [accessed 31 January 2016] from cips. org

Deloitte (2014) [accessed 28 September 2014] IAS Plus: IAS 17-Leases [Online] www. iasplus. com/de/standards/ias/ias17

EBA (2014) *Supply Chain Finance EBA European Market Guide*. Version 2. 0. Euro Banking Association, June 2014

EESPA (2016) European e-Invoicing Service Providers Association [accessed 31 January 2016] from eespa. eu

EPC (2016) European Payments Council [accessed 31 January 2016] from european-paymentscouncil. eu

EUF (2016) EU Federation for the Factoring and Commercial Finance Industry [accessed 31 January 2016] from euf. eu. com

Exim (2016) The Export-Import Bank of the United States [accessed 31 January 2016] from exim. gov

Extra, W (2011) An investigative study into identifying the stakeholders in the supply chain finance landscape, unpublished MSc Thesis, Cranfield University

Fairchild, AM (2005) Intelligent matching: Integrating efficiencies in the financial supply chain, *Supply Chain Management: An International Journal*, 10 (4), pp 244-48

FCI (2016) Factors Chain International [accessed 31 January 2016] from fci. nl

Global Student Challenge (2016) [accessed 31 January 2016] from globalstudentchallenge. org

GT Nexus (2016) [accessed 31 January 2016] from gtnexus. com

Herath, G (2015) Supply-chain finance: The emergence of a new competitive landscape, *McKinsey on Payments*, 8 (22), pp 10-16

Hofmann, E (2009) Inventory financing in supply chains: A logistics service provider-approach, *International Journal of Physical Distribution & Logistics Management*, 39 (9), pp 716-40

ICAEW (2016) Institute of Chartered Accountants in England and Wales [accessed 31 January 2016] from icaew. com

ICC (2016) International Chamber of Commerce (ICC) [accessed 31 January 2016] from icc. com

IFA (2016) International Forfaiting Association [accessed 31 January 2016] from forfaiters. org

IFC (2016) International Finance Corporation (IFC), part of the World Bank [accessed 31 January 2016] from ifc. org

IFGroup (2016) The International Factors Group [accessed 31 January 2016] from ifgroup. com

IFRS Foundation (2014), Leases. Project update, London, August

JPM (2016) [accessed 31 January 2016] from jpmorgan. com

Klapper, L (2006) The role of factoring for financing small and medium enterprises, *Journal of Banking&Finance*, 30 (11), pp 3111-30

MasterCard (2016) [accessed 31 January 2016] from mastercard. com

Meijer, CRW and De Bruijn, MDE (2013) Cross-border supply-chain finance: An important offering in transaction banking, *Journal of Payments Strategy & Systems*, 7 (4), pp 304-18

Network Rail (2016) [accessed 31 January 2016] from networkrail. co. uk

Pfnur, A (2004) *Modernes Immobilienmanagement*, Springer, Heidelberg

PrimeRevenue (2016) [accessed 31 January 2016] from primerevenue. com

RBS (2016) [accessed 31 January 2016] rbs. com

Ryals, L and Rackham, N (2012) Sales Implications of Servitization, Cranfield School of Management, February

Santander (2016) [accessed 31 January 2016] from santandercb. co. uk

Smith, P (2014) [accessed 31 January 2016] from spendmatters. com

SWIFT (2016) Society for Worldwide Interbank Financial Telecommunication [accessed 31 January 2016] from swift. com

Telegraph (2016) [accessed 31 January 2016] from telegraph. co. uk

TFX (2016) [accessed 31 January 2016] from txfnews. com

Treasurers (2016) Association of Corporate Treasurers [accessed 31 January 2016] from treasurers. org

UPS (2016) [accessed 31 January 2016] from ups. com

van den Berg, R (2015) Investigation into how supply chain finance can enhance collaboration, unpublished MSc Thesis, Cranfield School of Management

VISA (2016) [accessed 31 January 2016] from visa. com

White House (2016) [accessed 31 January 2016] from whitehouse. gov

Yi, Chunxuan (2013) Identify the opportunity of applying supply chain finance to enable the provision of additional product capacity in a manufacturing environment: A structured literature review, unpublished MSc Thesis, Cranfield School of Management

# 第六章

# 价值主张——供应链金融方案选择

## 6.1 概述

本章列举了一些在实践中得到应用的不同供应链金融解决方案。我们在综合了大量供应链金融应用案例经验的基础上，对比分析了各种方案的收益、成本和风险。在第四章中，我们提出了全部的供应链金融模型，描述并论证了不同解决方案的合理性。本章的主要目的是，在特定的组织或情境中，对不同的供应链金融的“价值主张”进行识别和特征描述。换句话说，本章回答了“我们应该实施哪一个方案以及为什么”的问题。与其他章节一样，本章也是将关注点集中于反向保理，这主要是因为反向保理是最常见的解决方案，但也会涵盖大多数供应链金融解决方案中的方法。最后，还有一个需要考虑的关键问题是会计处理方式。在此，我们只对其进行概括性的介绍，但在应用过程中还需要专家根据具体的情况给出专业的意见。

本章旨在为读者提供一个信息源，使他们能够在本章分析的基础上，找到最适合的方法，描画出商业应用案例的框架结构。

**成果**

本章的预期成果如下：

- 识别可供选择的不同的供应链金融解决方案；
- 了解它们的成本、收益和风险；
- 探析用于选择适当解决方案的标准。

通过本章的学习，你将能够：

- 解释不同的解决方案及其优缺点；
- 开发商业案例的大纲和框架。

**活动**

我们推荐如下活动：

通过从服务供应商、行业网络或现有联系人等途径获取信息，收集现有的供应链金融解决方案的成本和收益管理的标杆。

本章包括的内容如下：

- 范畴；
- 可供选择方案；
- 方案对比；
- 选择标准；
- 决策时间；
- 其他选择方案；
- 会计处理；
- 总结。

## 6.2 范畴

在本章中，我们需要首先回顾供应链金融的一般概念，以便为用户提供尽可能多的选择方案，让他们能够根据自己的情况选择最适合的方案。显然，这将会重复前面几章的一些内容，但在此进行前文回顾是非常值得的，这可以让我们在深入研究最常见的解决方案（通常是反向保理）之前，能够认真地考虑所有的可选方案。反向保理使得客户能够通过提前向供应商付款（往往是以价格折扣或提前付款折扣的形式）来获得收益。

"供应链金融"最早的雏形可以追溯到 20 世纪 90 年代初的国内信用套利，被称为"保兑"（confirming）或"反向保理"（reverse factoring），这是供应商向银行（保理商）出售其应收账款和保兑发票，然后向买方进行追讨的一种协议（McKinsey，2010）。但是直到 21 世纪初，供应链金融的概念才被正式提出。在供应链管理（SCM）框架下，供应链金融后来发展为三种不同的思想学派，如图 6－1 所示。

简单来说，供应链金融建立了金融解决方案和供应链流程之间的联系，从而改善供应链中一方或多方的资金或现金状况。因此，为实现本章的研究目标，本章将涵盖所有能够改变或修正买卖方付款标准的方法，不管这些典型的付款标准在各个行业、产品、国家或法律环境下是什么样。从这个角度出发，我们认为，可以将融资交易能否给一方或双方甚至可能是供应链上所有参与方带来益处，作为选择供应链金融解决方案的关键标准。之后，再去考虑其他的次要标准，如执行成本、复杂度、风险和声誉等。而且，当我们考察所采用方法的范畴时，不能只考虑对商品或服务的直接支付，还有许多其他的方案在以间接方式为这些付款提供资金。

对于只阅读本章的人来说，间接供应链融资的一个例子就是买方提供的资本设备融资或模具资金。这有效地减轻了供应商自己去寻找资金的麻烦，设想如果买方的资本成本较低，那么供应商就不必花费大量的融资成本进行融资，从而买方可以获得较低的价格。与其他所有供应链金融解决方案一样，这种模式还会带来其他方面的影响，例如，如果买方仍然保留对设备或模具的所有权，并能够在必要时转移给其他的供应商，这样买方的风险就可以大大降低，但是，反之，买方就要对那些长期战略合作的供应商做出明确的承诺。

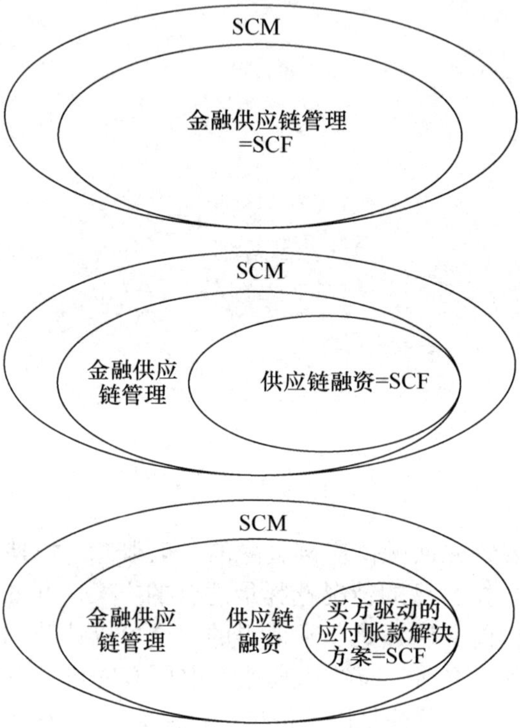


**图 6-1　供应链金融的其他定义**

资料来源：改编自 Cosse（2011）

在许多行业中，延长或缩短付款期限已经成为一种成熟的商业管理实践，因此，在开发商业解决方案时，很重要的一点是，一定要注意这些解决方案与“惯例做法”之间的差距，不论这些惯例到底是什么样。

## 6.3　可供选择方案

本节将介绍和描述一些已经在实践中得到应用的供应链金融解决方案，并给出了每种方案的具体特征属性。下面，我们先从基于“资产”的融资方案开始。

## 资产视角下的供应链金融解决方案

按照图 6-2 中的欧洲银行业协会（EBA）的框架模型和定义，根据金融担保的标的资产的不同，供应链金融解决方案可以分为应收账款或货物预付款。通常，在决策时，企业首先会问的问题是：融资能否得到业务活动支持，即卖方开出货票，买方是否以某种形式确认并承诺会在未来某个时刻予以支付？通常发票代表已经交付或提供的一些商品或服务。在图 6-2 所示的模型中，所有应收账款购买的解决方案，都是在保证付款承诺的前提下，向供应商提前付款，然后买方在适当的时候偿还这笔借款。右边是第二类基于资产的解决方案，这类解决方案是基于未来会交付或提供某些商品或服务的假设来为供应商提供融资——尽管在第二和第三种情况下，供应商通常已经将货物发出或者货物正在运送途中。不管在哪种情况下，相对于以前只能等到最终发货后才能收到货款的情况，供应商都能够较早地收到部分或全部的款项。

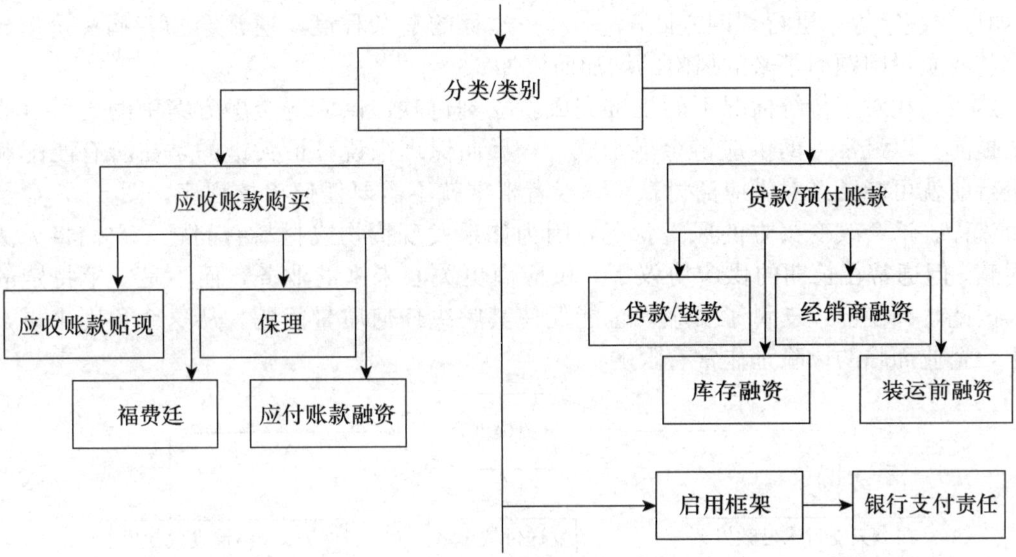


**图 6-2　供应链金融框架**

资料来源：改编自 Camerinelli（2014）

## 实施视角下的供应链金融解决方案

图 6-2 所示的模型将各种解决方案按照其背后的资产进行了划分，这通常是金融机构、银行和其他中介机构考虑解决方案的一种方式。然而，从实施的视角以及对成本和收益的评估来看，通常考虑四种主要模式和三种融资来源。此分类方式更符合用户对不同解决方案的理解。总的来说，四个主要的实施方式是：应收账款-应付账款、库存、固

定资产和“其他”，这里面包括了交易的频率、每笔融资的总值以及，也是最重要的，涉及的组织内部职能或团体。

**应收账款-应付账款**

应收账款融资方案包括所有提前或延期付款的方案，在这些方案中，卖方已开具发票但这些发票尚未进行支付或结算。通常的流程是，买方收到卖方的票据，并通过一些内部审核流程进行审批，然后通过现金、支票或银行转账的方式进行结算。这些现行的流程很重要，因为在实施供应链金融解决方案后，这些流程通常会发生改变。此外，现行的正式“批准”的流程，也可能会随着供应链金融的实施而发生变化，甚至可能在付款后才进行，例如，供应链金融解决方案中的提前付款方案。

大多数企业会根据发票价值、发票种类和与供应商的关系来对发票进行分类，以便采用恰当的审批程序来控制错误付款而带来的风险。因此，不同的发票会在进行不同程度的匹配后付款，例如，有些发票需要与采购订单进行“双向匹配”，有些发票需要与采购订单和收货通知进行“三向匹配”，还有些则需要与采购订单、收货通知和用户许可（例如行政签字等）进行“四方匹配”。这一过程的复杂程度，通常会随着购买价值、因不完整或质量问题而带来的风险的增加而增加。

然而，相对于传统情况下的批准完成就立刻付款，供应链金融方案中的支付可能延期或提前。以最常见的供应链金融形式——反向保理来说，最关键的是在所有匹配和检查进行前就可能已经对供应商付款了，或者根本就不需要任何审核程序，图 6-3 显示了这个流程。这会改变买方的风险状况，因为如果发现货物或材料有问题，它们将无法阻止付款。但通常在长期的供应协议下，供应商更关心未来的业务，而不是一笔特定的款项。因此，即使已经支付了资金，也能促使其解决任何质量问题，从这个角度来讲，实际上，企业面临的风险是非常有限的。

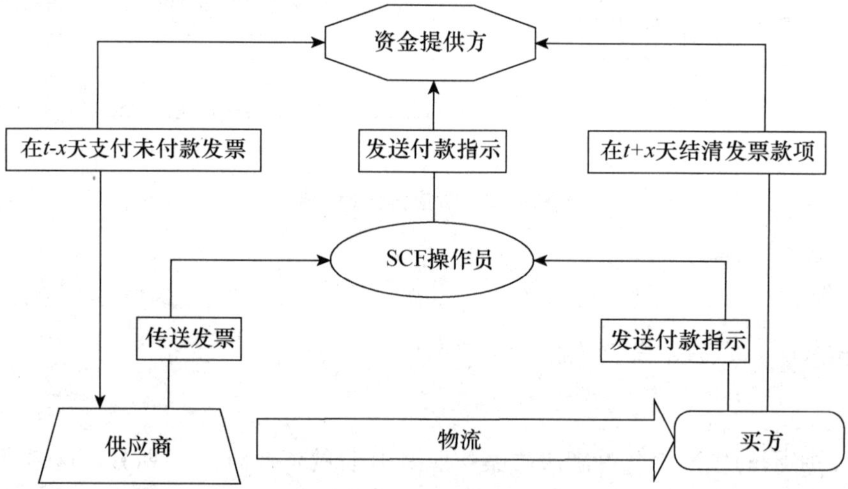


**图 6-3　高级保理原理流程图**

资料来源：基于 Hofmann and Belin（2011）

需要注意的是，实际上我们还有许多其他的替代融资方案，例如，在有些方案中供应商会在原材料被使用时，而不是在买方收到货物时，获得付款。这也可以被认为是一种供应链金融解决方案，这部分内容将在本章稍后的 6.7 节——其他选择方案中进行介绍。

**库存（或存货）融资**

第二种方案是库存或存货融资。在这种方案中，买方根据供应商为买方持有的一定数量的商品或原材料，在某种形式的承诺安排下为供应商或中间商提供融资。对于供应商来说，这可以通过在交货前收款或早于发票日期收款来降低融资成本。这种成本的降低可以进一步分享或传递给买方。对于买方而言，这种安排可以确保其供应，可能获得比在实际生产时再购买商品或原材料更有利的价格，而且由于原材料或商品留在供应商或其他中介人那里，买方也不必负担仓储费用。然而，很显然，这里会存在供应商无法按时交货的风险，尽管当供应商遇到财务困难时，买方可以通过诉讼或索赔的方式来缓解一定的风险。

这里的融资模式包括进口、出口或过境融资。其中，后者自国际贸易开始以来就一直在使用。鉴于国际贸易的距离和过境时间可能很长，中间商具有对过境货物进行“收费”的权利，但条件是它们必须在货物到达最终目的地之前将货款支付给供应商。如前所述，这些方法已经相当成熟，本书不再做详细介绍。

**资本资产融资**

第三种买方为卖方提供融资的方法是，买方为卖方提供部分资本资产成本，例如为生产买方所需产品而购买的新设备或模具，或对现有设备或模具进行升级的成本。虽然这种方式所带来结果是供应商能够在商品或服务交付之前提前获得资金（所以可以被视为供应链金融），但是，通常情况下，这种融资方式的目的更为广泛，往往侧重于形成供应商对投资的承诺，以便它们在买方正式订购商品或服务之前就能够具备相应的生产能力或新技术。在某些情况下，买方可以对所投资的项目，例如制造业中的模具或模型，保留所有权或收取费用，这就使得买方可以在初始供应商由于财务或其他原因不能按时交货时，拿走模具并把它调配给其他供应商。

资产融资可以通过出售和返租式租赁来实现。在这种模式下，通常是由第三方（如专业租赁公司）提供资金。这些资金的成本以及给供应链带来的收益，不单取决于个别企业对相关风险的感知，还取决于资产所适用的供应链的稳定性和确定性——会有连续的工作来负担租赁费的支付吗？不幸的是，关于这些资产如何记录的会计准则很复杂——融资性租赁和服务性租赁，是需要我们理解和考虑的两个术语。

第四种方法我们称之为“其他”，因为它们是一些具有供应链金融影响力的供应链管理方法，在此为了将我们的关注点更聚焦于供应链金融，我们将在 6.7 节中介绍这一内容。

## 资金来源

伴随着这四种常用方法，有三种渠道——银行、中间商或自我融资——可以支持你对以上任何一种方法的选择，例如提供资金来改变正常的贸易条款。要想更好地了解这些来源的背景和资金提供者的经济情况，请参阅第四章。

### 银行融资

在银行融资中，是由买方银行或一家合作银行来提供资金。鉴于银行对其客户（买方）的了解程度，银行应该能够很好地理解和管理金融风险，并且作为其整体服务的一部分，银行应该能提供一个有价格竞争力的融资服务。花旗银行、西班牙国际银行、苏格兰皇家银行都是提供银行融资服务的例子——在第五章中，我们已经给出了那些将供应链金融服务列为银行业务范围的银行的完整名单。

### 中间商融资

中间商融资通常与提供供应链金融服务或平台的第三方相关。在这种融资渠道下，企业可以获得一个或多个来源的资金，而且这种模式往往只关注供应链金融的交易情况，而不关注供应商的整体财务状况。这些资金来源可能是银行、政府或其他可替代的非银行贷款，如众筹资金或其他第三方机构。它们通过在众多的买方、供应商和交易中的资金分配来管理借贷风险。因此，它们通常把注意力集中于大规模的供应链金融服务提供商或平台。Prime Revenue 公司和 Oxygen Finance 公司就是此类的实例——完整的中间商名单还请参见第五章。

### 自我融资

自我融资是资金充足的采购企业为供应商提供融资支持的一种方式，在这种方式下，采购企业将部分多余的资金提供给供应商，以期能够有助于降低供应商成本或提高其财务安全性，或改善买卖双方的关系和提升买方对卖方的重要性程度。在某些情况下，采购企业可以以定期和连续的提前支付的形式为企业提供融资。如果这是沟通过的并且买方按照约定实现了提前支付，供应商应该认识到这将大大减少它们的融资需求，随着时间的推移，应该优先回报给对方更低的价格或更好的服务。这通常是政府或其他公共服务机构所采用的方法，例如第五章所述的英国政府和铁路网。或者，买方企业通过提供融资来换取价格折扣或其他形式的承诺，如为买方持有的库存进行投资。

## 6.4 方案对比

目前已经有大量综合性研究关注融资的成本方面，但很少有研究从供应链金融的实施所带来的收益角度展开研究，因而，有关供应链金融的实施所产生的回报的探讨极为少见。在大多数情况下，有关收益的探讨只是停留在学术研究中的经验性描述。根据我们的经验，与已经实施供应链金融计划的组织建立网络联系和接触，是了解实际成本和收益的最有效的方法，而且花时间与这些组织建立进一步的联系，是一项非常值得的投资。尽管缺乏有力的基准，我们仍在下面概述了典型供应链金融业务案例中的一些主要因素。

一般而言，收益和成本分为有形的或无形的：

- 有形的：可以衡量的，例如时间和金钱：

—— 一次性：一次的收款或支付，通常发生于供应链金融计划启动期间；

—— 经常发生：定期或频繁发生的。

这些有形物是用现金或资源来衡量的：

——货币化：易于以现金形式表示；

——全时当量（full-time equivalent，FTE）：被定义为某人从事此类活动的时间。

- 无形的：不易衡量的，如信任、满意度、供应商绩效改进、降低的供应商风险等。

所有权总成本（total cost of ownership，TCO）被认为是评估一个项目所能产生的真实财务效应的最全面的方法，因为该方法捕捉了包括启动成本、运营成本、定期升级成本和报废成本在内的所有成本。相对于前期投资回报或内部收益率（IRR）分析，所有权总成本分析需要对时间进行更复杂的处理。通常，所有权总成本伴随着最低的贴现现金流（discounted cash flow，DCF）。组织通常会为商业案例和投资计划（如供应链金融投资计划）制定相应的标准，企业读者可以采用这些标准，而其他读者可以调查做得最好的商业实施案例。

为了开发商业案例内容，让我们先来探讨一下收益，然后再考虑成本和风险。

## 收益

尽管前面提到了缺少关于收益的全面研究，但是，也有学者，如 Tanrisever et al.（2012）和 van Laere（2012），对各参与方的收益运用数学模型进行了量化，并得出结论：供应链金融可以使供应链价值提高，大约是支付价格或货物成本的 2%～10%（Molon，2015）。虽然这只是理论目标，但实际的收益来自哪里呢？

供应链金融收益的来源是多方面的，如表 6－2 所示。根据四个供应链金融实例，我们可以看到，各个公司对优先级的设定是有差异的。营运资本和现金流管理是常见的有形收益。不过，所有参与者都会提到，提供给主要供应商的融资支持和加强的供应商关系是非常重要的无形收益，有助于改善供应链的可靠性和可持续性。

作为研究项目的一部分，我们研究了四个案例。案例企业是全球性运作的企业，注册的销售收入超过 200 亿美元。所有这些案例公司的总部都设在欧洲，为保密起见，分别将它们命名为电信公司、制药公司、化学公司和汽车公司。

- 电信公司是一家专业电信服务企业，面向包括零售客户在内的大型和小型客户提供服务，其供应链包括来自全球的消费者、网络设备以及服务提供商。
- 制药公司是全球制药产品研发型生产商，它的市场和销售是国际化的。其供应链包括来自多个国家的研发服务、原材料、制造设备、运输、营销和商业服务支持。
- 化学公司是一家跨国的化学品制造商，在多个地区为工业客户提供服务。除制造和分销不同类产品外，它的供应链还包括商品材料和许多化学半成品。

● 汽车公司是一家典型的全球性大型汽车、货车和卡车制造商，主要在发达国家和新兴市场运营。

我们使用这些案例来证实不同的组织为每个收益来源设定的优先级不同，如表 6-1 所示。

**表 6-1　　供应链金融收益的跨案例研究**

| | | 电信公司 | 制药公司 | 化学公司 | 汽车公司 | 文献综述 |
|---|---|---|---|---|---|---|
| 有形的 | 营运资本改善 | √ | √ | √ | √ | √ |
| | 现金流量管理 | | √ | √ | | √ |
| | 资产负债表中增加的价值 | √ | | | | |
| | 潜在的投资机会 | √ | | | | |
| | 降低销售成本 | √ | √ | | | √ |
| | 降低处理成本 | √ | √ | | √ | √ |
| 无形的 | 有限的应收账款保理 | √ | | | | |
| | 与供应商建立良好关系 | √ | | | √ | |
| | 增强与关键供应商的关系 | √ | √ | √ | √ | √ |
| | 对战略合作供应商的资金支持 | √ | √ | √ | √ | √ |
| | 交易的有序性和可视性 | √ | √ | | √ | √ |
| | 谈判工具（当付款期限很长时） | √ | √ | | √ | |
| | 简单明了的结算流程 | | √ | √ | √ | |
| | 供应链金融的风险意识 | | | | √ | √ |
| | 买方的金融知识的提升 | | | | √ | |
| | 审查供应基础：交易协调 | | | | √ | |

资料来源：Cosse（2011）

现在，有大量研究运用数学模型来探讨供应链金融能够给供应链上的合作伙伴带来的收益，如现金周期（cash-to-cash cycle，C2C）或营运资本（WC）的改善。这种分析的关键在于，必须要了解供应链中各方在正常现金状况方面的差异，虽然图 6-4 看起来有点复杂，但该图能够充分地说明，改变供应链中一方的状态就会对其他方面产生或好或坏的影响。

在探讨了收益之后，接下来，我们需要考虑这种变化给每个参与者造成的成本。一般会认为，相比于那些规模小、风险大的公司，越大规模的公司越能获得更好的融资，资金成本也越低。显然，这是一个通用的假设，而且在许多情况下这个假设并不成立。然而，通过这个典型模式，资金在链条中被传递，从而使那些处于劣势的企业能够受益于核心企业的可用的低成本融资——这通常被称为利率套利，这个术语意味着利用不同团体或不同时间的利率差来获取收益。

图 6-5 中的信息支持了信用评级机构使用典型风险评级的套利思路。同样，这些通用模型需要仔细考虑——它们只是平均值，可能不具体针对某种个别情况。克兰菲尔德管理学院的一篇硕士论文研究表明：在金融危机爆发后不久，航空航天领域幸存的小企业是那些没有债务和拥有高额内部现金余额的公司，这使它们能够用长远的眼光来看待新业务，并获得买方的长期合同。对于它们来讲，基于发票的供应链金融与它们的关系

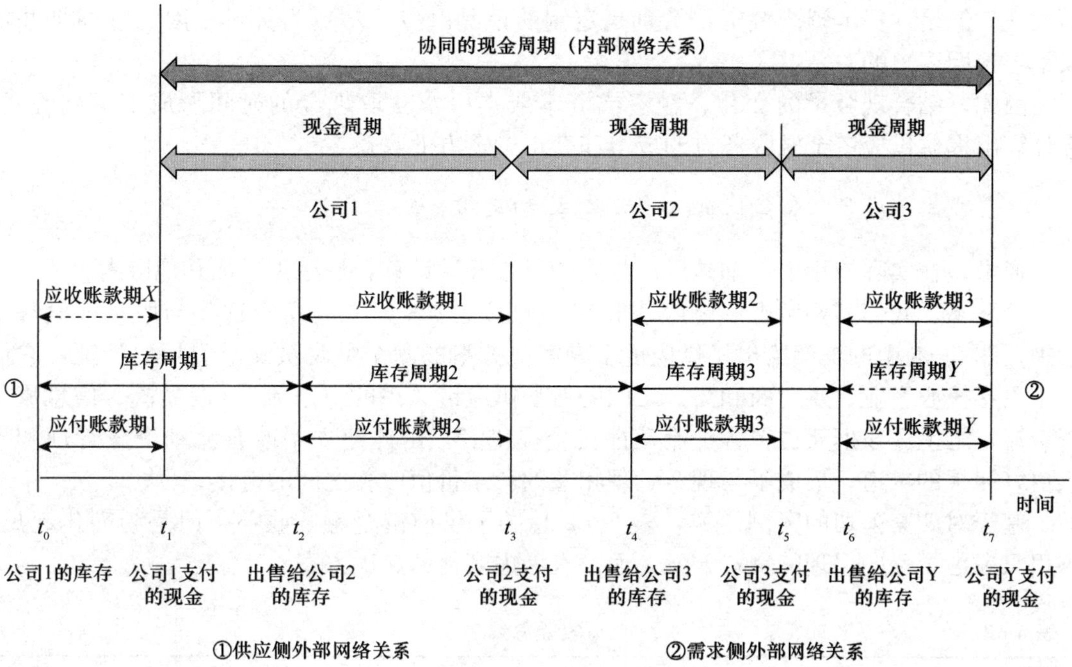


**图 6-4　现金周期**

资料来源：Hofmann and Kotzab（2010）

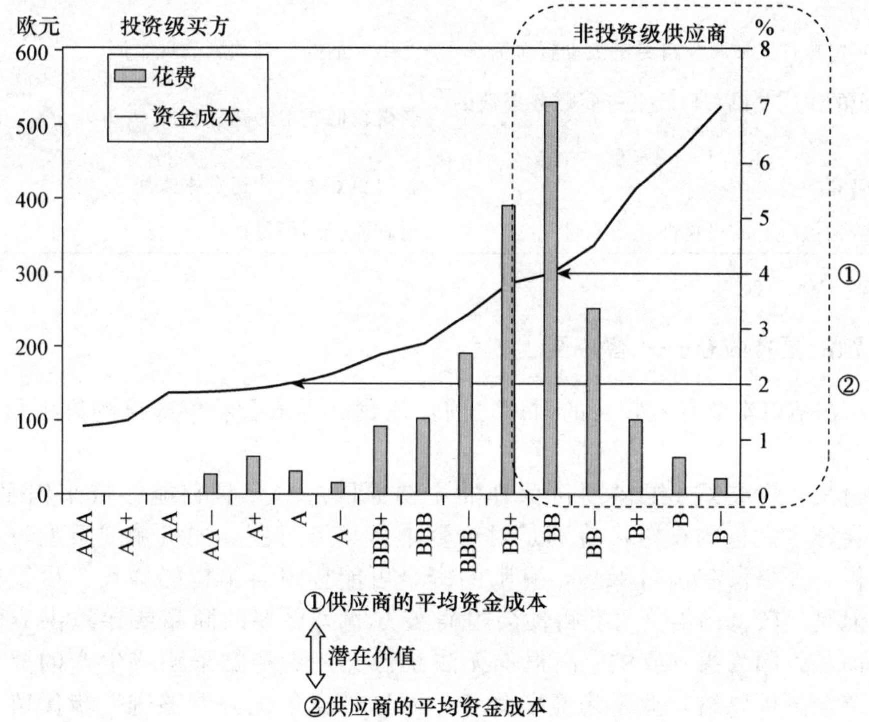


**图 6-5　大公司融资成本较低的证据**

资料来源：de Boer（2015）

不大——但是，资本资产融资，特别是定制的模具融资，却更为关键，因为它捆绑并加强了与长期客户的关系。

因此，结合现金量的变化、融资或资本成本以及获取现金的时间形成了下列等式，它计算出提供供应链金融服务方的成本和获得融资方的收益：

成本＝数量×持续时间×资本成本率（百分比）

通常，在实际应用中，都是以此等式为核心开始计算，然后再增加其他因素。

接下来，我们需要考虑影响收益和成本的其他要素，并将所有这些与股东价值联系起来。图6－6中的框架给出了供应链金融解决方案的六个最常被文献引用的特征，它们位于贯穿核心企业、供应商和买方之间的典型供应链关系的“三流”（商品流、信息流和资金流）之上。该框架也包含了流动性资金提供者，由此建立了改善流动资金管理和提供更好回报的渠道，形成了与现金管理相关的股东价值改善之间的链接。

基于对四家公司的案例研究，表6－2总结了供应链金融的收益，但是为简化起见，这里只考虑了反向保理的融资方案，而没有考虑其他的解决方案。

**表6－2　　收益总结**

| 买方 | 供应商 |
|---|---|
| 通过降低整体供应链的融资成本，缩减采购成本 | 通过改进应收账款天数和压缩财务成本来降低自身资本成本 |
| 通过改进应付账款天数减少自身的流动资金需求 | 产生灵活的、可预测的现金流 |
| 享受更稳定的供应基础，降低供应商财务失败的风险 | 获得较低成本的融资利率 |
| 改善与供应商的关系 | 获得更安全的营运资本来源 |
| 提高整个金融供应链的可见性和协商性 | 付款流程的可见性 |

资料来源：Cosse（2011）

### 供应链金融的更多收益——客户至上

最后，在结束本节有关收益的讨论之前，让我们再来看看供应链的终极目标——满足客户需求。

企业向其客户或买方提供预付保理的主要原因之一，是它能够带来销量的上升。业务扩张会产生大量的投资，特别是对于资本密集型行业，如机械或重型设备，进行的融资销售。如果没有预付保理，有限的资金可能会阻碍销售的增长：尽管市场需求量很大，但是，较低的信贷可获得性会阻碍买方购买更多的商品或导致供应商无法提供更多的商品，因为买方或供应商根本无法获得支持更多的采购或生产的资金。所以说，供应链金融可以给企业带来竞争优势，而这种竞争优势能够进一步保留客户，强化供应链。

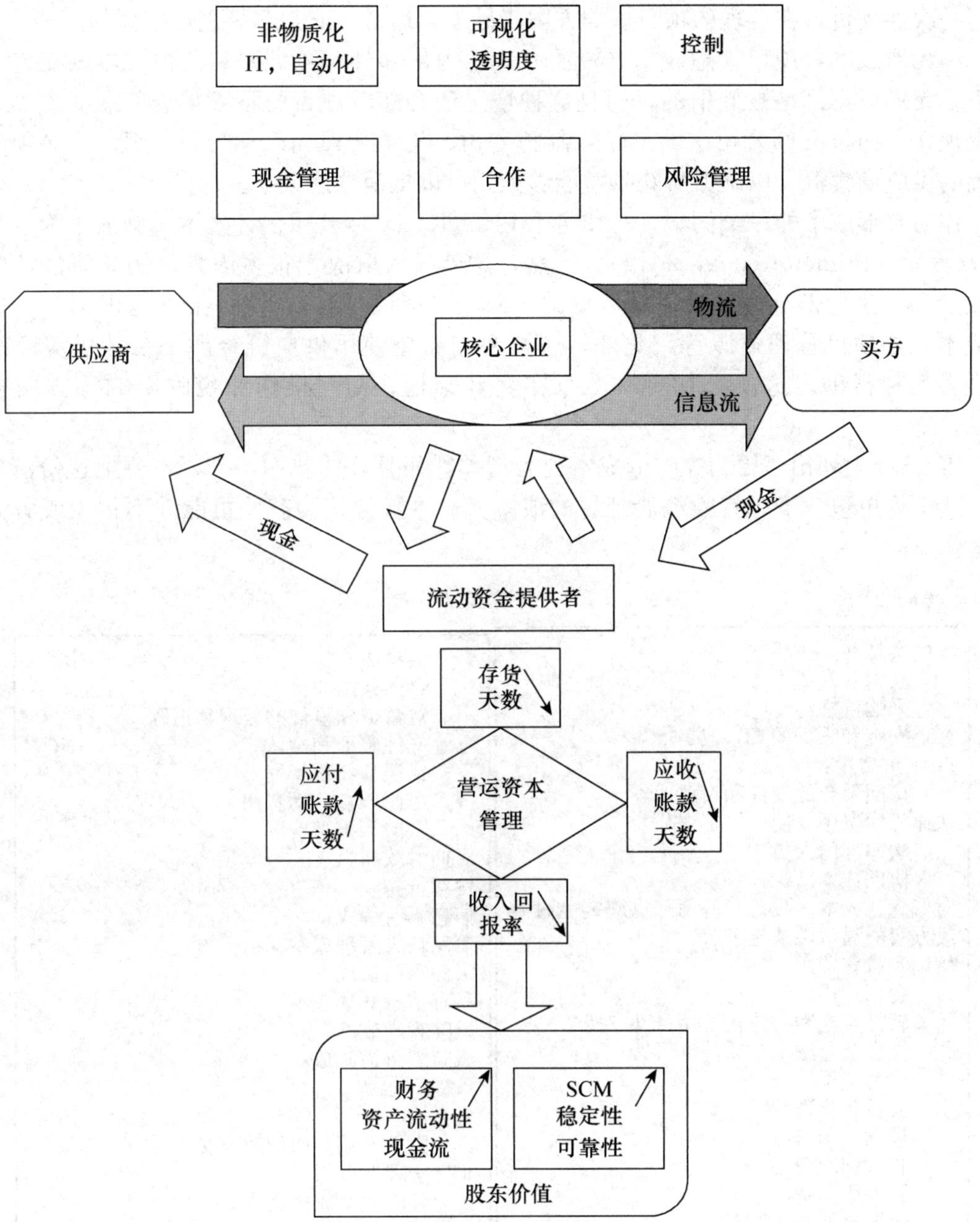


**图 6－6　供应链金融的股东价值框架**

资料来源：Cosse（2011）

## 成本

供应链金融项目会产生有形成本和无形成本：

- 有形成本：如 IT 实施或 ERP 系统更新。有形投资和成本需要在项目实施开始时就进行一次性支付，在合理的项目规划方案指导下，通常是非常容易进行核算的。

- 无形成本：项目管理成本（资源配置、内部和外部培训）和监控成本。在许多情况下，无形成本都是被低估的，而且这种情况还会随着项目的不断推进而愈演愈烈。这也出现在了四家案例公司中的三家：制药公司、化学公司和汽车公司。因此，必须瞄准正确的供应商集群，以确保所获收益能够大到可以抵消这些成本。

作为有形成本的一个例子，2012 年，PrimeRevenue 公司估计技术实施成本为 5 万～20 万美元（PrimeRevenue，2012）。当然，这笔投入取决于很多因素，例如所涉及的地区数量和向供应链金融平台提供数据的 ERP 数量等。同时，这一报告也识别了一些持续成本，如项目管理资源等。此外，还需要向希望使用供应链金融平台的供应商组织提供咨询和帮助。这就必须要有专家在会计结构、交互操作和税收影响等方面提供帮助。

表 6－3 中列出了更为完整的成本列表清单，而且，朋友们，千万不要把这份清单扔掉。这份清单包含了所有曾经遇到过的成本——尽管你认为有些可能并不相关或者微不足道。

**表 6－3　　成本类别**

| | |
|---|---|
| 软件实施和升级成本：<br>　　技术开发成本<br>　　采购价格<br>　　安装和维护的 IT 人员<br>IT 维护费用：<br>　　访问平台的硬件和设备成本<br>法律程序费用（使协议正式化）：<br>　　法律部门人员<br>　　协助成本<br>对概念、成本、收益、费用和供应链金融解决方案的局限性缺乏了解<br>培训和教育费用：<br>　　费用结构<br>　　软件实施和一体化费用（开户费）<br>　　供应链金融平台软件许可费<br>　　交易费用<br>　　会员和管理费<br>　　借款费用<br>　　收入利润费用<br>　　附加服务费<br>　　逾期欠款和违约费<br>转换成本：<br>　　对系统改变的抵制<br>　　供应商对买方强加程序的抵抗<br>　　先前系统的投资损失<br>　　缺乏使用新系统的经验<br>　　与其他系统不兼容 | 运营活动成本：<br>　　合同条款的谈判<br>　　对数据和事件的处理和追踪<br>　　文件验证和确认<br>　　错误和纠纷管理<br>　　尽职调查活动费用<br>　　上岗和招聘费用<br>逾期付款罚款<br>发票折扣<br>信息不对称成本<br>信息缺失管理成本<br>限额和门槛成本<br>私有信息共享成本<br>风险管理成本<br>风险缓解措施成本<br>条款<br>机会成本<br>其他财务费用（如贷款成交费）<br>非完全理性行为成本<br>文化障碍成本或机会主义行为<br>信用评级可能降低<br>市场营销推广<br>倒闭和破产保险<br>控制和欺诈评估费用 |

资料来源：Molon（2015）

表6-3来自一个研究项目，该项目的研究结论是，有两个影响因素对总成本的影响最大：

● 数字化水平：将数字技术集成到日常业务活动中的程度，以支持自动化、交易、通信、整合和发票流程可视化，并访问其他各方的数据。

● 合作伙伴之间的关系质量：与协作和共享信息的意愿有关。这不仅取决于关系的战略性程度和交易频率，也关乎交换信息的质量、透明度和及时性。

考虑到这两个因素，供应链金融解决方案越能让合作伙伴保持一致，它们获得的好处就越多，因为它影响到处理、审核批准和支付发票的时间、错误率以及对账时间等。数据越容易获得和越透明，那么它就越可能准确和可靠。之后，研究项目给出了四类典型的供应链金融解决方案（有平台或无平台的反向保理、动态贴现、发票贴现和发票拍卖），并将其映射到数字化和关系矩阵中（如图6-7所示）。

研究发现，与有平台的反向保理的成本相比，无平台的反向保理的成本会翻一番——这些成本主要来自与银行达成协议的内部努力以及缺少发票的自动化管理。

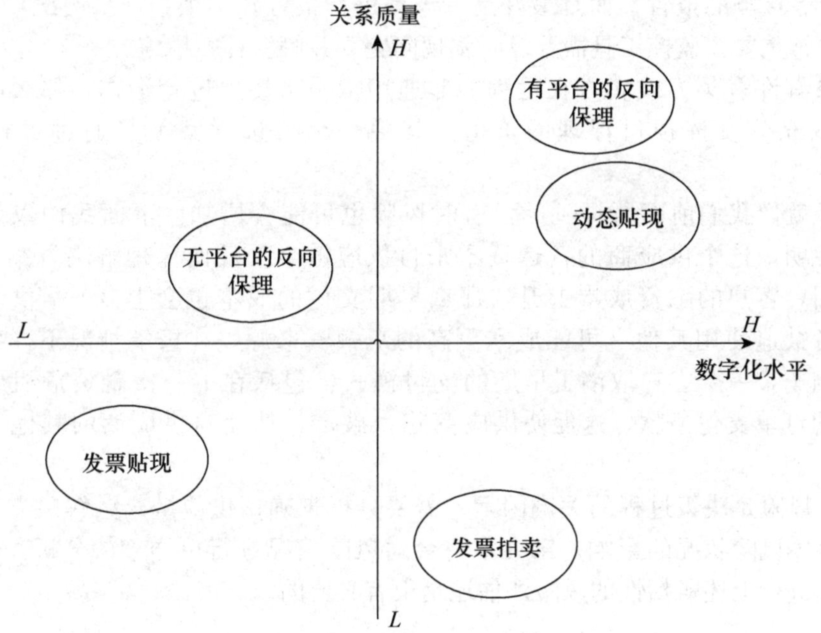


**图6-7 关系质量和数字化水平对供应链金融解决方案收益的影响**

资料来源：Molon（2015）

## 风险

在某些情况下，供应链金融能够通过增加供应链中的可用资金来降低整体业务风险。然而，在其他情况下，风险也会因为各参与方的紧密联结和付款时间的延长而增加。首先，我们来看一下支持风险降低观点的论据。供应链金融带来的风险主要来源于需求的不确定性、买方的偿债能力、流程质量和内部控制，以及由于国际汇兑管理而产生的潜在风险。

- 为了减轻需求不确定性的风险，预付保理可以作为促进供应链关系的稳定因素。将买方纳入预付保理融资网络中，可以确保买方对核心企业的更高的承诺。虽然整个市场可能会经历经济衰退，但买方取消订单或由于买方财务负担导致的销售中断的风险都降到了最低。
- 按照相同的思路，买卖双方的偿付能力可以得到有效监控。它们的应付账款天数（DPO）的延长释放了买方和卖方的压力，反过来，这又促进了买卖双方基础的稳固，同时也能够实现更好的评估。除信贷风险外，承担运营风险的财务流程得到了加强。这里的风险降低机制包括供应商支持和资产抵押。
- 而且整合可以提高参与者之间的信息质量和信息共享，例如有关历史财务绩效和支付行为的信息。鉴于与内部控制的关联性，有效的报告和监控也是很有必要的。例如，关于与出资者接触的报告，而且最好是每天都进行报告并详细到项目层次，对风险管理和缓解就非常重要。监控工具需要及时发现问题，并触发补救措施。
- 如果有许多买方或卖方在远程的非通用货币市场上进行运作，那么国际汇兑管理方案可以充分发挥预付保理的价值。其中一个可选方案就是通过银行进行外币清算。

然而，就像我们前面所提到的，有时风险也可能会增加。下面我们以一个供应商为例进行说明，这个供应商的营运资本来自供应链金融反向保理解决方案。假如，由于种种原因，客户的融资成本上升，那么早期支付的成本也会上升——供应商的成本增加，或者被迫使用其他（可能成本更高的）融资来源。在极端情况下，我们也曾看到这样的例子，一个客户取消了早期的支付模式，包括在上一次融资危机中为确保供应而引入的订单支付条款，这促使供应商陷入破产，从而对供应商的其他客户产生重大影响。

因此，风险是决策过程的关键因素，需要分析来确认供应链金融解决方案对企业及其供应链整体风险状况的影响。第九章将会对风险情况进行更详细的分析，但为了定义价值主张，进行上述概括性的风险评估还是很有必要的。

## 6.5 选择标准

表 6-4 给出了每种供应链金融解决方案的收益、成本和风险，并对不同方案进行了对比。当然，我们也可以采用某种形式来进行加权，或者用更规范的量化方法来对每种方案进行分析。但是，该表更全面地总结了不同解决方案的关键属性以及它们所面临机遇和挑战。

表 6-4　关键属性

| SCF 方案 | 主要属性 | | | | | 机遇 | 挑战 |
|---|---|---|---|---|---|---|---|
| | 定义 | 速度 | 成本 | 风险 | 安全性 | | |
| 发票贴现 | 供应商将其大额、中期应收账款按照面值，以一定折扣出售给无追索权的福费廷。 | 能够以最短延迟实现发票的资本化。 | 相比银行账户借款、保理和许多其他种类融资，发票贴现的成本更低。 | 需要跟进债务人的债务状况。 | 未支付销售发票作为借款的抵押品。 | 容易理解。比透支和其他融资方式更灵活，从而确保了可采用性。 | 缺少在中小企业中寻求产品的欲望和动机。与其他模式相比成本较高。存在资产的法律费用，这可能是一个限制性因素。 |
| 保理 | 供应商将其短期应收账款按照账面价值，以一定的折扣出售给保理商（银行或贸易融资公司）以换取现金。 | 能够以最短延迟实现发票的资本化。 | 相比使用信用卡、银行借款和其他许多资金，保理的成本更低。 | 避免了追踪债务的辛苦，节省了时间。 | 无抵押债务。 | 可行的和主流的短期资金管理工具。相对较便宜的融资渠道。立即提供资金，不需要抵押物。 | 产品对中小企业可用性不强。设施初始设立费用高。降低了供应商的保密性。 |
| 反向保理 | 买方资助的贸易应付账款融资。 | 能够以最短延迟实现发票的资本化。 | 比传统发票贴现和保理的费用低。 | 避免了追踪债务的辛苦，节省了时间。 | 无抵押债务。 | 降低供应链参与者的融资成本。降低供应商破产的风险。改善买方与供应商的关系。 | 缺乏产品知识。说服买方利用自己的信用额度，由于需要端到端的可见性，难以实现。 |
| 提前付款或动态贴现 | 买方按照面值以一定的折扣，提前向供应商付款。 | 在供应链里的占用资金立即得到释放。 | 如果核心企业的逆向或负现金回收期较长，这个方案较为适合。如果产生的收益能够带来单位成本的降低或相对机会成本较高的话，这将是一个低成本的选择方案。 | 没有在整个供应链中实施。 | 可能需要降低单位成本。 | 在供应链内释放大量流动资金。提升供应链成员之间的信任、信心和合作。协助下游供应商保持竞争力。 | 确保供应链成员及时付款。很难对收益进行量化。需要改变思维模式。 |

续前表

| SCF 方案 | 主要属性 | | | | | 机遇 | 挑战 |
|---|---|---|---|---|---|---|---|
| | 定义 | 速度 | 成本 | 风险 | 安全性 | | |
| 投资融资 | 提供巨大的资金支持和抵押品支持。 | 需要消耗大量时间。 | 与其他类型的融资相比，是更昂贵的选择。 | 失误可能会导致抵押品被没收。 | 需要资产作为抵押品。 | 促进在较长时间范围内筹得更多资金。很容易获得。能利用杠杆资产。 | 过程烦琐而耗时。成本高昂的融资选择方案。与资产高度关联。 |
| 政府资金和支持计划 | 针对具体目标群体的特定方案。 | 在资金审批方面有重大延迟。 | 无成本或低成本的融资模式。 | 很难预测申请能否成功。 | 没有或最低的安全保证。 | 无成本或低成本的融资方式。不需要抵押品。能够为某些很难从其他途径获得融资的特定情况提供资金。 | 缺乏认识，而且是一个耗时的过程。竞争激烈，成功率相对较低。需要履行某些具有约束力的义务。 |

资料来源：Cosse（2011）

## 6.6 决策时间

为了找到“最佳”的供应链金融模式，我们建立决策树——通过回答一系列问题来不断聚焦，最终找到最可能的解决方案，并测算出整体的收益、成本和风险。图 6－8 是一个决策树的示例，这个决策过程源于满足增加的订单量的需要，以及随之而来的生产能力需求的增加，进而是融资需求的增加。

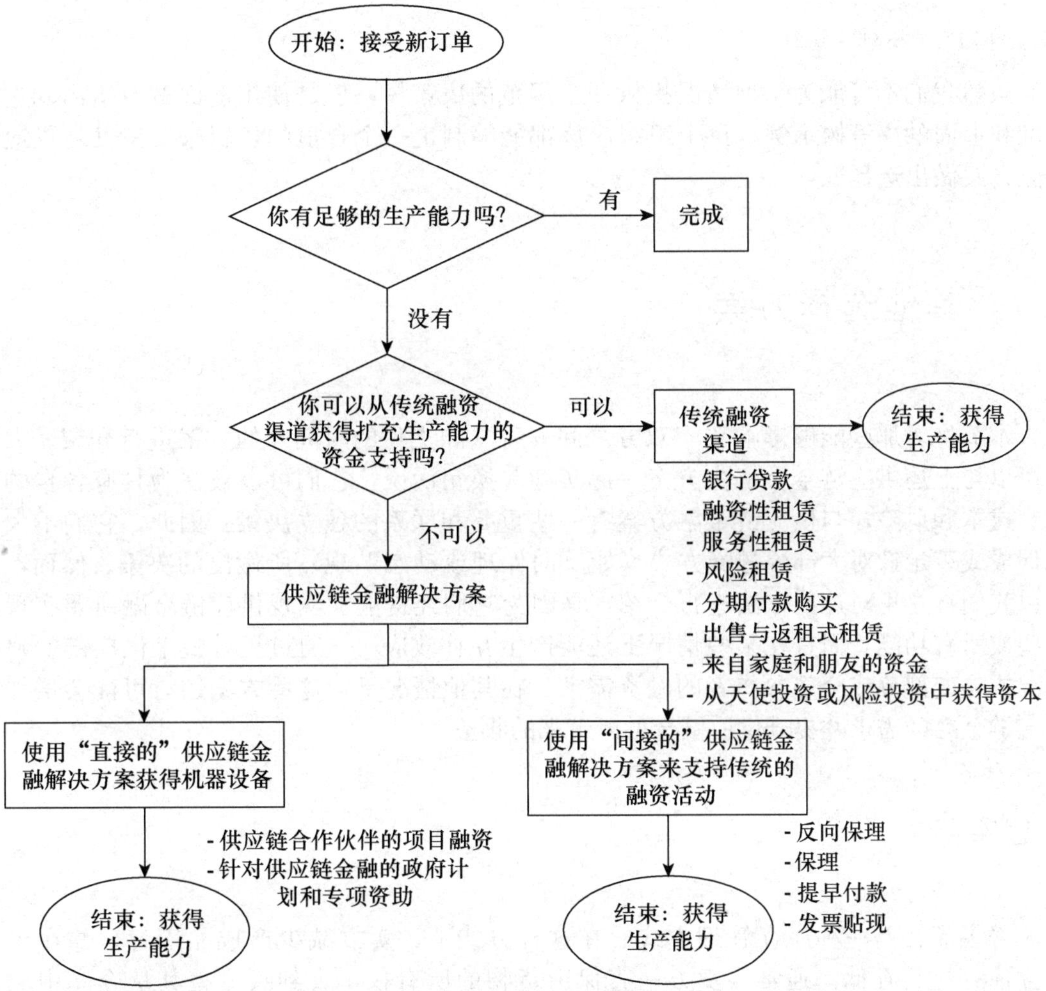


**图 6－8 决策树示例**

资料来源：Yi（2013）

然而，如前所述，供应商必须对解决方案进行确认，在它们的决策树中还应该包括发票的自我融资，所以，就形成了如图 6－9 所示的决策树中的四种不同的解决方案。

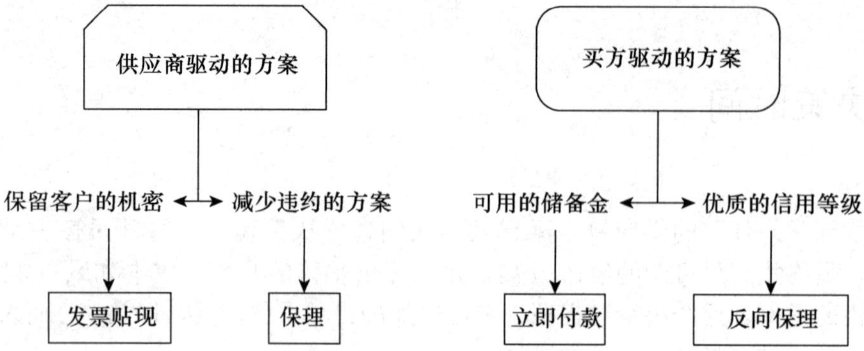


**图 6-9　供应商选择图**

资料来源：Trivedi（2012）

虽然我们不可能为每种情况提供一个规范的决策树，但是使用前面章节给出的选择标准和上面的决策树示例，每个组织应该都能够制定一个合适的逻辑来支持其对供应链金融方案做出选择。

## 6.7　其他选择方案

本节将对那些能够影响买卖双方之间安排（如支付的时间）的方案进行介绍。大多数可以与上述供应链金融解决方案一起实施。换句话说，它们可以被视为具有各自的收益、成本和风险，与供应链金融方案有一些重叠和联系的独立决策。因此，它们不太可能促成或否定针对大部分融资方式（如反向保理或动态贴现）所做出的决策。然而，之所以我们在这里对这些方法进行介绍，是因为它们经常能够实现供应链金融所要实现的一些或所有功能，而且在某些情况下还能产生互补效应——通过提升整个供应链的财务状况或改变部分或全部参与者的融资需求。在其他情况下，这些方法还有可能会增加对供应链金融的需求并提升供应链金融所带来的收益。

### 寄售库存

寄售库存是一种库存管理方式。在这种方式下，卖方减少产成品库存，并在买方设立库存进行存储。通常，卖方一直保留货物的所有权，直到买方将其从仓库中取走使用。这种方法可以大大降低“周转时间”，这是因为在这种模式下的运输发生在货物使用之前，因此运输时间不被计入周转时间内。此外，由于卖方能够很好地观测货物的实际使用情况，而不是仅仅依靠离散的订单进行补货，因此，缺货现象会大大减少。与供应链金融相关的是，买方通常在使用货物时而不是货物运达时进行支付，这样就降低了它们的营运资本需求。但是，对于卖方来讲，除非它们能够通过更好地部署来大幅减少库存，否则它们将面临营运资本增加的困境，潜在地增加了对供应链金融的需求。

## 供应商管理库存（VMI）

这种模式比寄售库存模式更进一步，它允许供应商管理买方的库存，并在需要时进行补货（通常补货到约定的库存水平），而且这种方式也允许预测方法的使用。由于供应商对客户的库存状况和未来需求有了更全面的了解，能够更好地进行有关交货量、运输等方面的决策，因此，供应商管理库存可以大大增加卖方的收益。这种方式对供应链金融的影响类似于寄售库存。

## 直运

这是一个纯粹的以互联网零售商为代表的商业模式，尽管在互联网业务变得无处不在之前也有这样的案例。在直运中，零售商既不存储任何库存，也不向买方发货。然而，供应商却需要一直拥有产品的所有权并持有库存，直到被运到最终买方为止。在某些情况下，特别是当顾客用信用卡或借记卡进行付款时，通常发卡机构会在交易的第 2 天进行结算，将款项支付给零售商，而零售商则只需要按照协议在 30—60—90 天内付款给供应商，因此，零售商可以从中得到极大的现金周转收益。此外，供应商用于弥合生产成本和最终付款之间差额的潜在的额外融资需求是与供应链金融相关的。

## 供应链的可见性

随着组织内部电子追踪活动的整合程度的提升，现在，许多供应链将这些信息联系在一起，以便实现零部件、组件或在途产品的追溯，而且是从原材料到最终产品的全过程可追溯。其主要目的是，通过数据的实时可用来改善和加强与物理供应链的协同同步。这可以降低供应链的总体库存水平，并通过更好地了解需求来降低计划外生产的成本。对于供应链金融来讲，供应链的可见性可以让金融机构更好地了解产品位置、所有权和风险状况，从而帮助供应链获得更多的资金支持。

## 协同规划、预测和补货（CPFR）

这是建立在较好的供应链可见性的基础上、供应链成员联合进行的需求预测，并制定生产计划和采购计划。协同规划、预测和补货可以通过更好地匹配需求和供应来减少库存，提高客户服务水平。随着合作和透明度的提高，融资成本可以成为供应链成员解决问题的切入点。

### 准时制（JIT）

这是一个众所周知的供应管理策略，它意味着需要根据商定的预测、规划和安排，在正确的时间以正确的数量交付货物。JIT有助于减少库存及其相关成本，因此，将会减少买卖双方的资金需求，同时，这也可能使得供应链金融方案只能用于那些不适用准时制的产品种类中。

## 6.8 会计处理

在选择金融解决方案时，一个关键考量标准就是用于支持外部融资的资产（如发票或库存）是否被认定为真正的买卖交易。这会影响到这笔资产在各参与方的资产负债表上的位置：

- 在反向保理中，如果卖方有外部融资服务商的支持，那么卖方的收益是它们能够提前收到发票中的款项。但仍然存在这样的风险，即买方可能后续没有与融资服务商结算发票。在这种情况下，如果融资服务商能够从卖方那里追回之前的付款，那么这在会计术语中就被称为“追索权”。如果有追索权，那么供应商收到的预付款就应该被视为借款而不是发票结算。因此，它将处于卖方资产负债表的不同位置，减少了应收账款数额，但增加了银行借款，这可能会影响其整体的银行借款能力。
- 而对于买方而言，与融资服务商的最终结算，可能与原本的发票一样，可被视为应付账款债权人（AP-creditor），也可以被视为偿还从融资服务商那里取得的贷款。同样，这也会使其在资产负债表中的位置不同，引起外界团体，特别是那些财务比率分析员的关注。

审查资产负债表的审计人员会对保理业务是否进行了正确的认定进行判断。根据《国际财务报告准则》，对保理的认定取决于以下标准：（1）对应收账款的权利的授权；（2）所有权重大风险和收益转移（无追索权）；（3）如果（2）在风险分担的情况下仅部分成立，保理人或银行必须对应收账款具有控制权，即有权转售应收账款（BDO，2010）。对于库存融资的认定主要是取决于第二个标准：重大风险和收益向第三方物流服务提供商转移。如上所述，这是一个复杂的领域，在供应链金融计划运营的每个财务管辖区，都需要有专家提供专门的咨询建议。

## 6.9 总结

研究表明，在实践中已经有许多不同的方法都用于改变买方或供应商的正常付款条件以及在更广阔的范围内实施供应链金融。图 6 - 10 反映了这些方法在不同组织中的应用情况以及企业对供应链金融的理解。用户必须针对各自所面临的情况展开适当的成本-收益-风险分析，从而选出最适合的方式。

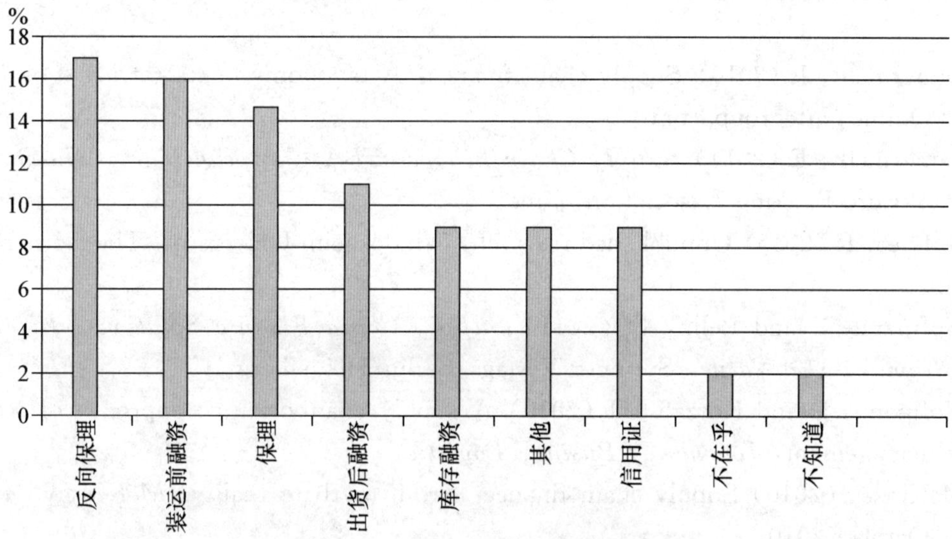


**图 6 - 10　什么是供应链金融?**

资料来源：Camerinelli (2010)

价值主张总结如下：

● 有很多不同供应链金融方案可供选择，但每种方案都各有利弊。

● 核心公司加上它的客户或供应商的整体情况，是确定最佳价值主张方案的决定因素。

## 展望

● 针对客户或供应商的财务状况，特别是它们的财务需求，进行细分分析。

● 使用细分分析的结果对供应链金融的机会进行评估——有关提前或延期付款的新融资模式产生的宏观经济效益。

# 参考文献


BDO (2010) [accessed 31 January 2016] from bdo. ch

BIS (2012) SME Access to External Finance, UK Department for Business, Innovation and Skills, January

Cosse, M (2011) An Investigation into the current supply chain finance practices in business: A case study approach, unpublished MSc Thesis, Cranfield School of Management

Camerinelli, E (2010) Supply chain finance: A taxonomy [data retrieved on 8 June 2011] [Online] aitegroup. com

Camerinelli, E (2014) *Supply Chain Finance EBA European Market Guide*. Version 2. 0. Euro Banking Association, June

de Boer, R (2015) Unpublished research, Windesheim University, The Netherlands, December

Hofmann, E and Belin, O (2011) *Supply Chain Finance Solutions: Relevance-propositions-market Value*, Springer-Verlag, Berlin/Heidelberg

Hofmann, E and Kotzab, H (2010) A supply chain-oriented approach of working capital management, *Journal of Business Logistics*

McKinsey (2010) Supply chain finance: From myth to reality, *McKinsey on Payments*, October 2010

Molon, C (2015) Analysis of supply chain finance solutions from a total cost perspective, unpublished MSc Thesis, Politecnico di Milano, July

PrimeRevenue (2012) [accessed 31 January 2016] from primerevenue. com

Tanrisever, F, Cetinay, H, Reindorp, M and Fransoo, JC (2012) Value of reverse factoring in multistage supply chains, MSOM

Trivedi, H (2012) Identifying supply chain finance approaches for small and medium enterprises in the context of the automotive sector in the UK, unpublished MSc Thesis, Cranfield School of Management

van Laere, M (2012) Modelling international reverse factoring and the future of supply chain finance, University of Eindhoven, February 2012

Yi, Chunxuan (2013) Identify the opportunity of applying supply chain finance to enable the provision of additional product capacity in a manufacturing environment: A structured literature review, unpublished MSc Thesis, Cranfield School of Management

# 第七章

# 实施——将供应链金融付诸实践

## 7.1 概述

本章的目的是探讨一些能够推动和阻碍供应链金融方案实施的因素，并给出能够指导其成功实施的最佳实践指南。如前几章所述，供应链金融形式繁杂，本章还是同其他章节一样，将重点关注反向保理这一最常见的形式。但是，我们也会对适用于所有融资形式的方法做出描述，除非对供应链方案的具体类型做出特别说明。

本章的目标是为读者实施供应链金融项目做准备，描述实施过程中将面临的挑战，并给出从那些或成功或失败的实施经验中总结出来的事项核对清单和指南。

**成果**

本章的预期成果如下：

- 分享实施供应链金融的推动因素和制约因素；
- 在以往经验的基础上，给出一些行动指南；
- 提出一个有效的风险管理方法。

通过本章的学习，你将能够：

- 了解实施供应链金融过程中所面临的常见困难与挑战；
- 围绕一些重要的因素来开展规划工作；
- 对企业进行培训，为能够成功实施供应链金融解决方案提供条件。

**活动**

我们推荐如下活动：

了解目前已经有哪些能够用于规划和管理变更的方法，以便我们以这些方法为基础开发出适合供应链金融的方法，或者对这些方法进行调整使其适用于供应链金融环境。

本章首先是概述，并对供应链金融中的一些陷阱或“可能出错的地方”进行介绍，接着，我们给出了从理论到实践的 10 项供应链金融实施指南，最后是有关风险管理方法的描述。具体结构如下：

1. 概述，引出背景并提出挑战
2. 供应链金融困境
3. 十项实施指南
4. 抑制和降低风险的方法清单
5. 总结

### 背景和挑战

如果供应链中的参与者能够共享信息，如预测信息、订单信息、跟踪数据和货物签收信息等，那么世界级的供应链管理（SCM）是可以实现的，因为这些信息能够使供应链得到优化。供应链金融（SCF）将现金流或资金流加入这种端对端的思考中，其目标是降低供应链融资总成本，减少供应链中的金融风险，或者更进一步，为客户或供应商的新产品开发或需求的增长提供更多的融资渠道。无论实现以上哪个目标，都可以让供应链生产出比竞争性供应链利润率更高的商品和服务。

我们可以用以下的小结或任务列表，总结出供应链金融实施中要关注的关键领域：

- 实施的范围通常涉及组织内部和跨组织的运作，因此，需要在方向、方法、语言和概念上做到组织内部和外部的统一。
- 供应链金融支持着供应链管理，因此，低效的供应链管理就会削弱供应链金融实施的基础。
- 融资模式比链条中每个环节或组织的个体融资更为复杂——因此需要对融资有更全面的理解和经验。
- 要实现供应链中良好的端对端的融资目标，就需要采用更多、更广泛的措施，而且这也有可能与传统的单一组织的现金管理和融资在目标和收益上相悖。

## 7.2 供应链金融困境

我们并不想给那些计划实施供应链金融的人泼冷水，但是，以往的项目经验确实表明，在实施过程中存在着一些共性的问题和挑战。例如，项目可能比预期的持续时间更长、成本更高，也可能无法吸引到目标供应商，或者在外界看来可能过于片面或具有商业侵略性，也可能没有给各参与方带来预期的收益。我们也经常看到，由于有些项目太过成功，以至于必须放慢发展速度或被强迫必须符合某些规定，特别是有关现金和信贷总量的规定。

然而，对于失败或不太成功的项目，我们很难去研究和撰写具体案例，因为不论是组织还是管理人员个人，都会非常害怕因此而造成不良社会影响。但是，想要分享成功经验的组织却很多。而且，方案提供商、金融机构和顾问通常也只会公布那些让它们引以为傲的客户的名单。因此，为了保持平衡，本章的内容综合了许多团队和个体的研究成果，并且为了保密起见，案例已经做了匿名化处理。

主要存在三种类型的失败：采纳、复杂度和声誉。

## 采纳

采纳是指让目标客户或供应商采用组织选定的供应链金融解决方案并利用这些方案的明显优势。通常，采纳会被认为是一种挑战。一般情况下，我们会假设解决方案对于外部各方充满了吸引力，却不能正视它们的接受障碍。例如，一家外部企业可能以前参与过其他供应链金融项目但是没有成功；或者对它们来说，复杂性和付出的努力超过了所获得的收益；或者现有的金融服务提供商坚持唯一的融资模式等。

无论什么原因，结果是一样的——签约的企业少，实际参与的比当初签约的企业更少，因此，想达到目标用户数量而实现财务目标的成本随之上升，收益下降。

## 复杂度

复杂度会扼杀解决方案，特别是在现有的基本流程或系统效果不良（运行不畅）或效率低下（没有充分利用资源）的情况下更是如此。在这种状况下，由于实施供应链金融而增加的附加的步骤会导致混乱。这种混乱通常表现为延迟付款、内外部用户的发票核对过程、投诉的增多和难以管理。有时，实施供应链金融解决方案就是为了替代和改善现有的不良运转系统，实现系统的自动化，并保证能够从供应链金融中获取足够利益的同时，实现现代化的运作。然而，问题是，在大多数情况下，供应链金融的实施需要面对来自过程或系统等多方面的挑战，这也是引发复杂性的关键所在。

## 声誉

如果企业为了改善自己的营运资本状况、提高短期财务绩效而延长向供应商付款的时间，那么企业的声誉可能受损。在某些情况下，向供应商付款条款的改变会引起媒体广泛的负面反应，尤其是当这些改变影响到中小企业的资产流动性甚至威胁到企业生存时。这种不利的媒体反应反过来会使买方的利益相关者（如投资者、客户、合作伙伴和分析师）对买方产生消极评价，影响买方的声誉和品牌价值。更进一步，如果投资者也认为这种声誉的减弱会导致企业无法以更高的价格出售其产品或服务，或者会导致更大的供应风险，那么企业的股东价值也会受到影响。

所以，在看过了企业会在哪些方面出现问题之后，接下来，我们给出一些可以帮助降低风险的实施指南。

## 7.3 实施指南

正如本章开篇所述，我们在这里主要关注买方主导的发票融资（通常被称为反向保理）。但以下这几点适用于所有的供应链金融形式，既可以用于客户也可以用于供应商导向的举措。如图 7-1 所示的实施指南共分为 10 个部分，涵盖了供应链金融项目的启动、交付和运作。

1. 确保供应链金融对于企业来说是一个合适的解决方案。
2. 界定供应链金融战略和目标。
3. 分析供应源，听取供应商和客户的意见。
4. 供应链金融意识和知识培养。
5. 针对目标受众设计适当的供应链金融方法。

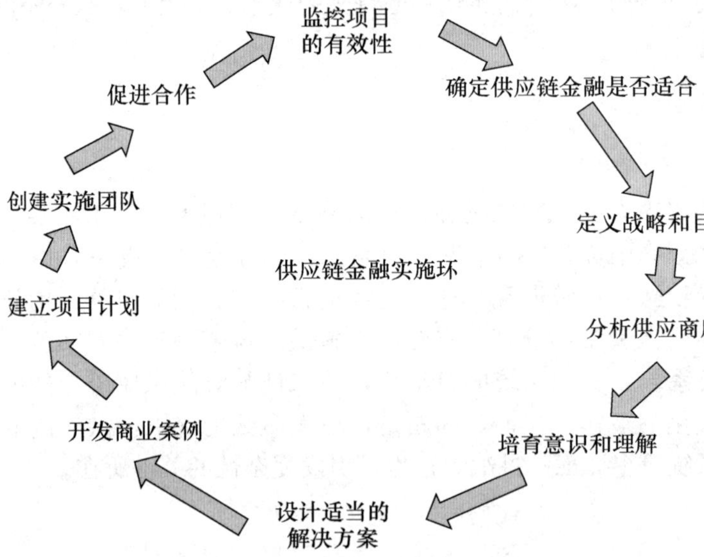


**图 7-1 供应链金融实施环**

资料来源：改编自 Templar，Cosse，Camerinelli，Findlay（2012）

6. 开发供应链金融商业实例。

7. 建立项目管理框架：计划、预算和资源配置。

8. 创建一个由全心投入的领导人负责的跨职能专业团队，并确保获得高层管理者支持。

9. 促进跨职能、用户和不同供应链金融解决方案提供商的团队协作。

10. 监控方案的效果。

## 指南 1——确保供应链金融对于企业来说是一个合适的解决方案

事实上，供应链金融就是从你的供应商或客户那里借钱或借钱给它们。这与通过银行、投资者或其他资金来源的直接融资模式形成鲜明的对比，它改变了典型的或传统的以组织自身为中心的融资模式。但是，它真的能够确保企业从中获益吗?

在大多数情形下，供应链中的各方都能紧密整合在一起，但在有些情形下，供应链成员之间的关系只不过是短期的交易关系，特别是当买卖商品或服务的市场是开放或竞争性的商贸市场时，这就更加明显。判断供应链金融是不是合适的解决方案的一个比较好的方法就是首先审视当前的供应关系。鉴于供应链金融中合作关系的特性和合作伙伴间的长期承诺倾向（这是为了解决因供应链金融的实施而带来的复杂度和成本增加等问题而必需的），供应链成员间可能会在运作上呈现一定程度的依赖性，甚至会扩展到财务上的依赖；然而，另一种模式则只关注供应链金融能够给顾客或供应商的营运资本带来的好处，这时，双方可能只是进行有限的供应链整合，因此，对于双方来讲，在这种情况下，它们只需要在交易中按照一定的融资方式进行简单的权衡即可。

在本节中，我们将探讨企业可以关注的三个标准，从而帮助企业认识供应链金融的潜在价值：行业匹配、规模和内部优先级。

### 标准 1——行业匹配

每个行业中，研究人员对供应链金融吸引力的排序不同，这主要是因为各个行业中的买卖方关系各不相同。有些情况下，买卖双方之间能够分享有关计划、预测、技术或新产品计划方面的信息，也就是说在双方之间存在着一定程度的相互依赖性。但在另一种极端的情况下，商品可以来自众多供应商中的任何一家，采购决策按订单来单独制定。一种观点认为，判断供应链金融是否具有吸引力的方式是根据供应链的整合程度，如表 7－1 所示。

**表 7－1　　供应链金融行业匹配度排名**

| 排名 | 行业 |
| --- | --- |
| 1 | 汽车 |
| 2 | 食物和饮料 |
| 3 | 跨国零售 |
| 4 | 高科技 |
| 5 | 制造业 |
| 6 | 物流 |

续前表

| 排名 | 行业 |
|---|---|
| 7 | 重工业 |
| 8 | 电子 |
| 9 | 药品 |

资料来源：Cosse (2011)

另一种观点认为，可以基于市场竞争力和现金周期来判断（Hofmann and Belin, 2011）。表 7-2 反映了遭受延长向供应商付款条件的压力最多的行业，而这恰恰是供应商对供应链金融产生兴趣的关键。

第三种观点认为的最可能行业（见图 7-2），则是基于用户的反馈。由于得出的行业排序和上述研究相似，证实了第一种观点中的供应链金融适合于特定行业结构的推论，以及第二种观点中受到向供应商付款条件压力的推论。

**表 7-2　不同行业的供应链金融潜力**

| 供应链金融潜力（%） | 产品类别（行业细分） |
|---|---|
| 小于 5 | ● 矿物、燃料、润滑剂及相关材料<br>● 动植物油、脂肪和蜡<br>● 未分类的商品和交易 |
| 6～10 | ● 原材料（燃料除外） |
| 11～60 | ● 食品、饮料和烟草<br>● 化学品及相关产品<br>● 机械运输设备（含电信） |
| 61～90 | ● 制造商品和杂项物品 |

资料来源：Hofmann and Belin (2011)

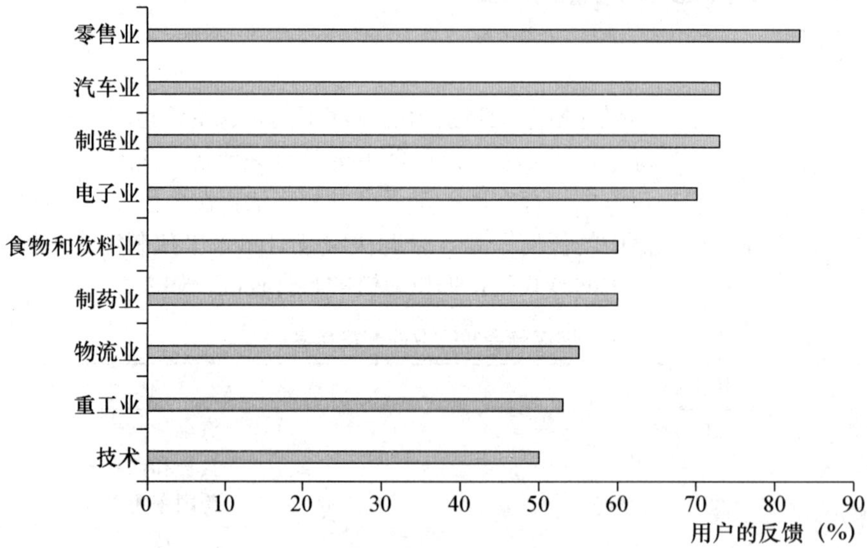


**图 7-2　最可能实施供应链金融的行业**

资料来源：Cosse (2011)

**标准 2——规模**

当我们看到行业之间的差别后，那么从经济效益上来讲，更改对供应商或客户的标准付款条款或信用条件是否真的有意义？大多数组织接下来所要问的问题就是，多大的规模和范围才能支撑供应链金融项目的实施？注意我们这里谈论的是核心企业或发起组织的决策。一旦该项目上马，客户或供应商是否愿意参与到该项目中，就取决于在它们当时的财务状况下项目能够给它们带来的收益是什么，从而变成了各自的单独决策。

一个最重要的观点是，要想实施供应链金融项目，那么交易规模和价值就必须足够大。显然，加入金融财团（可能是由政府主导的）或者与其进行联结，可能会降低进入壁垒，但在大多数情况下，每个解决方案都需要一次性的启动成本，当然，这必须要有后期的收益来保证该成本投入是值得的。Koch（2009）估计供应链金融项目的实施成本为 10 万美元（5 年折旧期），除此之外，每年还要增加 10 000 美元的年度运营成本。Koch 的观点得到了 Hofmann 和 Belin 的认可，并在他们 2011 的著作中引用了该观点。因此，为了能够抵消这 30 000 美元的成本，就必须要保证最低的年度收益，这是加入供应链金融项目的前提：

- 对于向供应商提供供应链金融服务的采购型核心企业来讲，只有当购买量超过 300 万美元时，它才能从供应链金融中受益。
- 对于向客户提供供应链金融的销售型核心企业来讲，只有当营业额超过 190 万美元时，它才能从供应链金融中受益。

**标准 3——内部优先级**

第三个标准是组织的财务状况，特别是现金状况和它的资成本或借款成本。一方面，在资金有限或成本较高的情况下，组织应该可以根据其客户和供应商通过供应链金融补充自己的现金流。另一方面，如果有富余资金或能够以相对较低的成本获得融资，那么组织就可以通过其他形式的供应链金融项目向客户或供应商提供借款，从而提升其竞争地位。

本小节旨在给出一些标准，从而让组织能够从大体上判断是否可以在供应链金融中寻找机会。下一步是制定一个具体的策略和目标——我们应该在何处实施供应链金融？怎样实施？以及为什么要实施？

## 指南 2——界定供应链金融战略和目标

弄清楚前面的“是否有机会”这样的问题后，接下来就要确定组织的具体战略。要认识到最好的解决方案取决于每个组织的具体情况和目标。

例如，许多企业之所以愿意实施供应链金融，就是以改善营运资本为目标，因为它能够改善现金和现金流、降低外部借款水平、提高资本回报率，并允许在其他领域投资。

从这一点出发，延迟向供应商付款能够带来显著的收益。有时为了能够减轻对供应商的影响，也可以采用一些其他的供应链金融方案，如反向保理或动态贴现。然而，从长远来看，供应商为了能够补偿融资成本而不得不提高对客户的定价，因此，从整体利润的角度来看，买方延迟付款可能会产生负面效果。此外，如果供应商鉴于该组织付款表现而降低对它的服务优先级，那么该组织就会面临风险。以上这些观点常常被人提起，我们也经常看到有人就此展开辩论，它显示出组织为自己的供应商或每一细分类别的供应商开发、商定和传递战略的一致性的重要性。

### 供应链金融战略实例

作为研究项目的一部分，我们探讨了四个例子。在案例中，每个组织制定了自己的供应链金融实施战略，我们已经在表 7-3 中进行了总结。案例公司都是跨国公司，注册销售收入超过 200 亿美元，而且所有公司的总部都设在欧洲，出于保密的目的，我们将其命名为电信公司、医药公司、化学公司和汽车公司。

● 电信公司是一家专业化的电信运营商，面向包括零售客户在内的大、小型客户提供服务，其供应链包括来自全球的顾客和提供网络设备及服务的供应商。

● 医药公司是一家全球性研发型制药企业，它的市场和销售都是国际化的。其供应链包括多个国家的研究服务、原材料、制造设备、运输、市场和商业服务支持。

● 化学公司是一家跨国化学品制造商，在许多地区为工业客户提供服务。除制造和分销外，供应链还包括商品材料以及许多化学半成品。

● 汽车公司是一家典型的全球型轿车、货车和卡车制造企业，在发达国家和新兴市场开展业务。

**表 7-3　跨案例的供应链金融战略**

| 案例公司 | 电信公司 | 医药公司 | 化学公司 | 汽车公司 |
| --- | --- | --- | --- | --- |
| 供应链金融战略 | 现金管理 | 供应商关系管理 | 全球营运资本管理（应付账款战略） | 供应链风险管理 |
| 所有者 | 财务（采购组） | 企业财务营运资本团队 | 采购运营 | 采购 |

这些例子表明了两种完全不同的实施动机：

● 现金管理和营运资本。这些战略体现了企业实施供应链金融的财务导向。

● 通过供应商金融支持战略进行的供应商关系管理和供应链风险管理，体现了供应链金融的供应链导向。

有趣的是，从表 7-3 可以看出，战略优先级也可以通过每家公司内部的举措“所有者”来反映。

在访谈中，公司的高管都一致认为，我们正在研究的供应链金融案例与组织的供应、采购和财务战略紧密相关，而且能够在响应能力、竞争力和资本效率的需求之间进行平衡。显然，这种情况会随着支出类别和业务领域的不同而不同，通常情况下，根据不同方案适用的领域不同，组织会采用各种不同的细分模型根据实际情况的变化而不断进行调整。正如本章的概述部分所提到的，供应链金融中不太成功或失败的案例大多不会广泛流传，但我们猜想这些失败的案例大多可以追溯到早期阶段的失调——一些证据显示这些企业在早期阶段的运作方面出了问题，如“供应商进入备选供应商库”，所以说，失败的根本原因可能是这些战略在一开始就不适用于供应商。

下面我们来看其他研究，图 7 - 3 展示了供应链关系能够带来的好处。

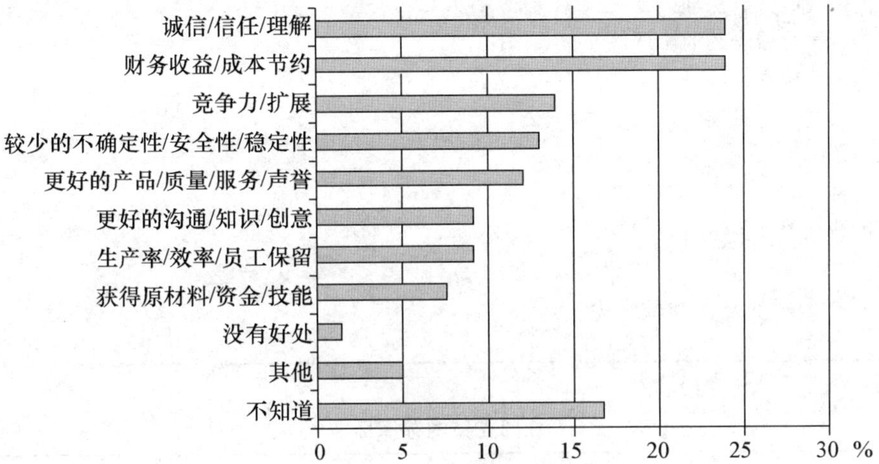


**图 7 - 3　合作的好处**

资料来源：改编自 BIS（2012）

一般来说，有很多标准可以用来衡量最终的战略选择。回到前面对四家公司的比较研究，我们可以看出每个案例都有自己选择适当战略的标准（见表 7 - 4）。

目前，一个逐渐被提上董事会议程的重要问题就是，改变付款条款或付款方式所产生的公共影响是什么？如果大型企业实施的方案会对较小型企业，特别是对中小企业产生影响，那么就可能会被报道或以消极的口吻进行描写。因此，为了帮助预防和管理这种风险，供应链金融的战略和目标就必须在董事会层面上达成一致。

供应链金融目标在高层利益相关者之间达成一致，也为内部团队和领导者、外部合作伙伴和顾问、方法和激励措施的正确选择奠定了基础。此外，最重要的是，还需要识别和任命一个供应链金融的捍卫者，而且这个人要有足够的激情和权力去做出董事会层面的决策或对这些决策产生影响。

在这个阶段我们可以做的一个决策就是选择外部顾问、咨询师和解决方案提供商。早期决策的优点在于它们可以对早期阶段提供支持，但缺点是它们可能会过度地影响决策的进行。表 7 - 5 给出了一个外部解决方案提供商的选择矩阵，它显示了用户为什么需要外部支持。有趣的是，这些原因与用于选择合适的顾问和专业人士的原因相似。

战略阶段的成果往往只是一个整体定位和支持性分析，但它从一个较高层次证明了所选供应链金融方法的合理性，从而形成了组织内部对战略的共识。虽然这可能只是一个短小而简单的声明，但做得比较好的项目通常都会有一个正式的步骤来确认内部对目标、宗旨、方法、时间表和预期收益是否达成共识。这可以纳入利益相关者需要签署的包括高层和职能部门（见下文指南 8）领导者的项目章程。

表 7-4 战略选择标准

| | 电信公司 | 医药公司 | 化学公司 | 汽车公司 | 文献总结 |
|---|---|---|---|---|---|
| 供应商的需求（例如信贷紧缩后的高成本融资） | √ | | | | √ |
| 减少供应商的应收账款保理 | √ | | | | |
| 付款条件的标准化或合约的协调性 | √ | √ | √ | | √ |
| 供应源的财务健康和经济可持续性 | √ | √ | √ | √ | √ |
| 流动资金改善和现金管理 | √ | √ | √ | √ | √ |
| 物有所值的采购工具 | √ | | | | √ |
| 简化交易流程 | | √ | | | √ |
| 为供应商创造竞争优势 | | | | √ | √ |
| 对供应源的风险管理 | | | | √ | √ |
| 将融资关系作为新的合作领域来为供应商提供支持 | | | | √ | |

资料来源：Cosse（2011）

表 7-5 外部支持的选择标准

| | 电信公司 | 医药公司 | 化学公司 | 汽车公司 |
|---|---|---|---|---|
| 不影响其他约定的付款条件 | √ | | | |
| 投资选择 | √ | | | |
| 实施和正在进行的管理应由第三方驱动 | √ | √ | √ | √ |
| 简单和快速的市场响应或对 IT 系统的适应性 | √ | | | |
| 项目的可扩展性或覆盖范围或寿命周期 | √ | √ | | √ |
| 对会计影响的管理 | √ | | √ | |
| 以往与供应链金融服务提供商合作的经验 | | √ | √ | √ |
| 服务提供商的财务实力和稳定性 | | √ | √ | |
| 供应链金融服务提供商的品牌认可度或供应链金融经验 | | √ | √ | |
| 支持意愿 | | √ | √ | |

资料来源：Cosse（2011）

## 指南 3——分析供应源，听取供应商和客户的意见

供应商和客户的财务状况可能各不相同，而且它们所面临的从年度或季节性波动到大额资本承诺的限制也不尽相同。因此，了解它们的资金成本构成有助于设计和销售合适的融资解决方案。在一些情况下，也许融资工具比反向保理更好；而在有些情况下，如果供应商和客户有更便宜、更灵活的融资渠道，那么它们就不会被简单的借款“套利”利益所吸引。因此，应当对供应源进行细分，并制定明确的到底哪些供应商能够被纳入或应该被排除的标准。

这种分析似乎重复了在前面部分章节中提到的想法，但是，在这里，我们更多的是从组织外部展开分析。更具体地讲，就是我们需要试着去了解客户和供应商是如何融资的。通常，核心企业内的采购职能部门会对供应商进行 ABC 分析，以便将重点放在更大或更重要的供应商身上；而对于数额较小或不那么重要的则采用“低接触”的方法。但是，这就可能忽视了供应商的财务状况。无论这些供应商对组织的重要性如何，采购都有可能会来自一家资金充足的跨国大型供应商或是另一家小型的本地供应商。在这种情况下，提供供应商融资解决方案可能会被前者的供应商忽视，而可能成为后者的供应商的拯救者，并带来信誉回报。

因此，明智的企业将设法了解其客户和供应商，并让它们知道什么是适合的融资方案，一旦情况允许便为其提供供应链金融服务。表 7－6 给出了一些可用的融资方案。

现在，在对客户或供应商进行正常了解的基础上，我们又增加了对它们的财务状况的了解，那么接下来，最好的做法就是通过供应链中的一些合作良好的伙伴去检测所设计战略的效果，从而发掘用户可能产生的反响，并制定最佳的销售方案。但是，需要注意的是，任何微小的变化都会导致对解决方案的诉求不同，例如，我们来看看上面四个公司案例中的反向保理：

- 所有方案都提供自动折扣，但一些方案还额外提供替代性或选择性模式。
- 三家公司的发票都直接发送到它们的银行合作伙伴平台，而另一家则选择一个独立的供应链金融技术提供商来传递买方、供应商和银行之间的不同要求。
- 一家公司可以按一定折扣提前支付发票，以便管理自己的现金流。

行业经验表明，客户和供应商对于看似能够实现双赢的融资方案确实会有不同的反应。因此，为了获得最好的效果并得到支持，事前准备好有关该解决方案的完整描述、可能出现的问题的答案以及就参与方式达成一致是非常重要的。方案是否面向大众？是开展业务的必要条件吗？是只适用于一组客户而不适用于其他客户群吗？

这些方案的一类最关键的用户就是那些已经参与不同方案的客户或供应商，但通常它们都各自拥有不同的成本和收益、不同的方法以及不同的流程和系统要求；其他的团体也可能关注所提供的解决方案，但它们会对方案的优点和缺点各执己见。在这种情况下，将第三方作为枢纽或交换中心将这些组织链接起来可能更容易一些，从而避免重复的流程和技术投资。

总之，前面两小节详细地分析了组织内部，本小节建议从组织外部展开分析，以便确定供应链金融方案的目标客户是否会接受以及怎样为它们提供最佳的解决方案。

## 指南 4——供应链金融意识和知识培养

鉴于供应链金融的多参与方属性，有许多的内部和外部利益相关者都成为促进或阻碍供应链金融项目实施的因素。误解和无知可能才是真正的障碍，但这是可以提前进行计划和消除的，例如，可以通过学习有关最佳实践的研究成果，从其他实施中吸取教训，分享顾问、咨询师和方案提供商的经验等。在一些公开发表的案例中，已经总结了一些

表 7-6　　融资方案范围

| 营运资本 | 供应链金融方式 | 释义 |
|---|---|---|
| 减少应收账款天数 | 福费廷或贴现 | 供应商按照一定的面值折扣将大额的中期应收账款以“无追索权”的方式出售给福费廷 |
| | 保理 | 供应商按照一定的面值折扣向保理商（银行或贸易融资公司）出售短期应收账款，从而获得现金 |
| | 经销商融资 | 银行向经销商从其企业客户手中购买的产成品提供融资 |
| | 基于应收账款的融资 | 供应商将应收账款资产转入一个特殊媒介，该媒介通过二次发行票据向投资商出售 |
| | 出货前融资 | 该银行向供应商提供贷款，为已取得买方采购订单的货物处理提供融资 |
| | 出货后融资 | 银行向供应商提供贷款，用于在发货后和买方付款期间为应收款提供融资 |
| | 提前支付折扣计划 | 买方按照发票面值的折扣价提前支付给供应商 |
| | 抵押品管理 | 应收账款后台信用管理服务的外包 |
| 增加应付账款天数 | 反向保理或保兑 | 买方支持的应付账款融资 |
| | 延长付款条件 | 延长采购项目的未偿付款期限 |
| | 采购卡 | 买方与采购卡服务商签订合同，以便为低额度或高频次采购的供应商付款 |
| 减少存货天数 | 库存融资 | 库存融资解决方案，其中银行向制造商和加工商提供贷款，以确保货物由供应商或第三方物流服务提供商托管 |
| | 在途货物融资 | 银行或第三方物流组织向买方提供贷款以便为在途货物提供融资 |
| | 供应商管理库存 | 供应商拥有在买方所在地存储的货物的所有权，直到这些货物被买方使用（准时制配送的一种形式） |
| | 供应商库存融资 | 在保证买方采购订单的前提下，银行向供应商提供贷款以便为它们的库存提供融资 |
| | 商业承兑汇票贴现 | 银行根据买方发行的商业汇票提前向供应商提供资金 |
| 降低运营风险或成本 | 现金管理和电子银行 | 利用新技术加快交易处理速度，提高现金管理的透明度 |
| | 过程服务或平台 | 提供文件准备和配对服务，合规性，贸易网 |
| | 出货前买方信用风险保护 | 货物出货前由买方提供信用担保 |
| | 信用证 | 信用证是一种信用文件，并承诺如果供应商按时向其银行提交信用证，买方银行会及时向供应商的银行支付货款 |
| | 往来账户 | 往来账户是买方与供应商之间无担保的标准交易协议。供应商运送货物，并期望买方按照约定的条件付款 |
| | 外汇和利率对冲 | 一种风险管理工具，通过套期保值来抵消外汇汇率变化 |
| | 信用保险 | 信用保险为供应商规避对方不付款的风险 |
| | 投资融资 | 常规供应链固定资产投资，项目融资或新产品开发融资 |

资料来源：Cosse（2011）

具有普适性的促进因素和制约因素：促进因素降低了风险并加快了处理流程；而制约因素则会增加失败的风险、减缓处理过程和降低净收益。只有充分地了解以上内容并分享发展的机会和所面临的挑战，所有参与者才可能更好地做准备。

在克兰菲尔德大学（Cranfield University）最近的一项研究中，研究团队访谈了很多实践界人士，他们识别了许多供应链金融的促进因素和制约因素。这些因素被总结为五个主题，具体如表 7-7 所示。

很明显，大多数被识别的问题都源于实施组织、客户甚至提供解决方案的供应商对供应链金融的基本要求和所面临的挑战的不充分理解和准备的缺乏。

实际上，有大量的信息源可以帮助我们获得信息和提供培训：

● 供应链金融协会是所有供应链参与方的非营利性协会，成员来自世界各地的 31 个国家，它旨在促进供应链金融的发展和变革。供应链金融协会的宗旨是：

—— 建立现有组织和协会之间的联系，以便整理和整合通用的参考模型、规范、标准和最佳实践；

—— 完善和建立跨职能指标、基准、标杆和相应的观点；

—— 为研究、会议、咨询和出版物的发行做出贡献。

供应链金融协会适用于用户、供应商、顾问、咨询师、分析师、学术界、行业协会和专业团体（www.scfcommunity.org/）。

● 案例研究。许多供应链金融解决方案和工具的供应商都会发表有关其成功实施案例的简报。显然，鉴于某些供应商特殊的目的，这些报道有可能存在偏颇，而且也是“报喜不报忧”，但我们仍然可以从每个报告中总结一些关键的经验点，从而列出一个有价值的经验清单。此外，实施供应链金融并愿意在公开场合将其名称和品牌与供应链金融的实施联系在一起的企业名单，会让你的组织更加相信供应链金融解决方案是一种先进的方法。建立并使用行业网络，还会让你更深入地了解具体情况，获得包括“内部”保密信息在内的全部内容，完整掌握供应链金融的全貌。

● 来自各种会议的经验。现在，已经有越来越多的专门针对供应链金融的会议，但也有其他的会议，比如关于营运资本和贸易融资的会议，也将供应链金融作为主题。我们也看到有些专业型或职业型的会议，例如财务主管或采购部门的会议，也将供应链金融作为部分或特别关注的领域。

我们希望看到的是：高管、职能团队、供应链合作伙伴和项目团队都能够充分地了解供应链金融并为之做足准备。

**表 7-7　从业者透露的最常见的促进因素和制约因素**

| 主题 | 促进因素 | 制约因素 |
| --- | --- | --- |
| 供应链金融解决方案设计 | 核心企业良好的信用评级 | 现有融资协议；供应商与其他银行项目的情况 |
| 业务流程 | | 复杂而低效的发票匹配程序（迟开发票、重复发票） |
| 供应链金融解决方案的组织 | 多技能和跨职能的专业团队；<br>来自高层管理的支持和强力赞助 | 资源配置（内部和供应商培训）或项目团队分散 |

续前表

| 主题 | 促进因素 | 制约因素 |
|---|---|---|
| 供应链金融解决方案的流程 | 为（内部和外部）受众量身定制的及时沟通和营销策略 | |
| 供应链金融解决方案的商业组织和流程 | 透明度，信息管理 | 供应商对供应链金融的了解不足 |

资料来源：改编自 Cosse（2011）

## 指南 5——针对目标受众设计适当的供应链金融方法

虽然本小节的标题只适用于供应链金融的某个流程、资金来源和平台或工具，但是，我们还是需要进行整体的考虑，特别是测试、试验和规模计划、供应商细分、内部流程的变化、政策和系统以及实施（以及提供）运营解决方案的组织。

供应链金融解决方案不但取决于买方和供应商的情况，也取决于供应链中的物流、数据流和资金流。不同的行业和市场需要不同的信息和不同的商业安排，这些都会影响最佳解决方案的制定。例如，如果选择反向保理作为企业的供应链金融方案，那么，对于一些少量的、不太重要的购买就可以由第三方来提供，但是对于战略供应商就需要自己来提供。同样，不同的成本与收益也会导致实施方式的不同。对于一些供应商来说，这将是全面的供应谈判和协议的一部分，而对于其他供应商来说，如果它们有兴趣，这可能只是个简单的自助式签约 。

似乎一个经常被忽视的领域就是内部的状况，尤其是在供应链金融方案适合的流程和组织方面。因此，在实施供应链金融方案之前，请仔细记录和审阅你现有的购买—支付流程，以确保它们被“调整完好”，并识别可能导致中断或延迟的潜在问题。

图 7-4 中的供应链金融实施方法是开发最佳解决方案（包括实施方案）的整体方法。从图中我们可以看到，这里面不但包含了一个对供应链金融解决方案或融资服务提供商的正式选择，也显示了所需要的内部和外部活动的重要性。

此时，我们需要再次来看前面的四个公司的案例以及在供应链金融跨案例实施过程的对比分析中总结出来的促进因素和制约因素。在这里，我们总结了表 7-8（促进因素）和表 7-9（制约因素），不但是为了展示一些共性的问题，也是为了体现随着每个组织的情况不同，它们在供应商的选择上各有倾向——哪些因素会导致解决方案提供商的选择标准不同。

基于这些因素，可以根据每个企业具体情况和目标的不同来确定自己的选择标准。

供应链金融中，一个重要设计内容就是供应商的选择。在第八章有一节的内容是关于“如何高效地让中小企业供应商加入进来”。

总之，本节概述了在选择实施供应链金融解决方案时应考虑的一些过程和因素。我们之所以在这一阶段（第 5 步）谈到这个问题，主要是因为这些决策会影响实施成本、实施范围和进度——所有这些构成了具体的商业实例。然而，通常情况下，一旦商业实例被开发出来，利润流也变得逐渐清晰，我们可能还需要回过头来再次审视这些方法并对某些方面进行相应的调整，如实施的时间进度表。

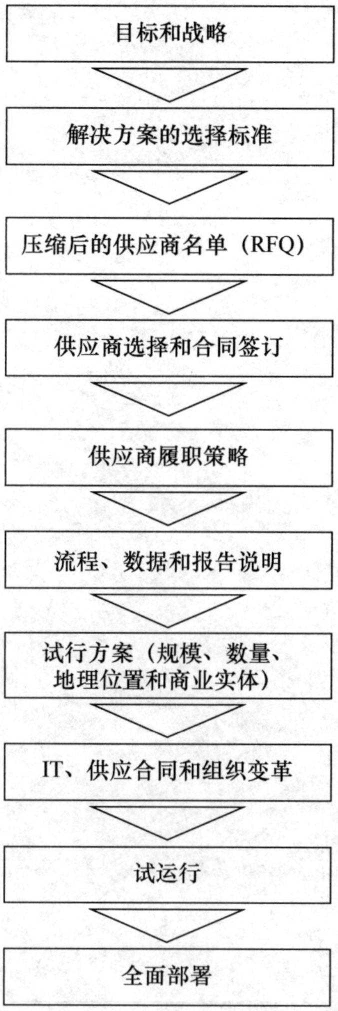


**图 7-4　供应链金融实施方法**

资料来源：改编自 Camerinelli（2014）

**表 7-8　　促进因素**

| | 促进因素 | 电信公司 | 医药公司 | 化学公司 | 汽车公司 | 文献总结 |
|---|---|---|---|---|---|---|
| 1 | 核心企业良好的信用评级 | | √ | √ | √ | √ |
| 2 | 买方和供应商之间足够的信贷息差 | | | √ | | √ |
| 3 | 良好、稳定的供应链金融 IT 解决方案 | √ | | √ | | √ |
| 4 | 供应链金融银行的相关选择 | √ | | | √ | |
| 5 | 管理供应链金融的全球合同 | √ | | | | |

续前表

| | 促进因素 | 电信公司 | 医药公司 | 化学公司 | 汽车公司 | 文献总结 |
|---|---|---|---|---|---|---|
| 6 | 目标改变后解决方案的可靠性和灵活性 | | | | √ | |
| 7 | 多技能和跨职能专业团队 | √ | | √ | √ | √ |
| 8 | 高层管理人员的强力支持与赞助 | | √ | √ | √ | √ |
| 9 | 内部协调 | | √ | | | √ |
| 10 | 与供应链金融提供商的协作 | √ | √ | | | √ |
| 11 | 与银行的良好关系 | | | | √ | |
| 12 | 采购活动的积极参与 | | | | √ | |
| 13 | 采购活动的集中化 | √ | | | | |
| 14 | 应付账款功能的集中化 | √ | | | | |
| 15 | 良好的项目管理 | | | √ | √ | |
| 16 | 透明度，信息管理 | √ | √ | √ | | √ |
| 17 | 为（内部和外部）受众量身定制的及时沟通和营销策略 | √ | √ | √ | √ | √ |
| 18 | 与合适的对象交谈（采购和财务），讲给合适的对象听（销售和财务） | | | √ | | √ |
| 19 | 明确并及时的培训计划 | | | √ | | |
| 20 | 过渡阶段紧密监控 | | | √ | | |
| 21 | 对商业激励与适当的关键绩效指标保持一致 | | | √ | √ | √ |
| 22 | 适当的供应商群体（信贷息差、融资需求、大业务量和长期的合作关系）和供应链金融目标战略 | | √ | √ | | |
| 23 | 标准化的数据交换或全球ERP | √ | | √ | | √ |

资料来源：Cosse（2011）

**表7-9　　制约因素**

| | | 电信公司 | 医药公司 | 化学公司 | 汽车公司 | 文献总结 |
|---|---|---|---|---|---|---|
| 1 | 对供应链金融的会计分类（应付账款或其他债务） | √ | √ | | | √ |
| 2 | 不同法律框架下的法律含义 | √ | √ | | | √ |
| 3 | 缺乏财务风险的知识和指导 | √ | √ | | | √ |
| 4 | 现有融资协议阻止供应商进行保理业务或供应商与其他银行的项目情况 | | √ | √ | √ | |
| 5 | 供应商能够提供比银行更有利的条件直接接触资本市场 | | | √ | | √ |

续前表

| | | 电信公司 | 医药公司 | 化学公司 | 汽车公司 | 文献总结 |
|---|---|---|---|---|---|---|
| 6 | 专有性强而不灵活的计划或缺乏专业化 | | √ | | | |
| 7 | 专门的监管框架（食品和药物） | | √ | | | √ |
| 8 | 实施时间 | | | | √ | √ |
| 9 | 缺乏对供应链金融战略、流程和责任的明确界定 | | √ | | √ | √ |
| 10 | 缺乏内部培训和交流 | | √ | | | √ |
| 11 | 供应商对供应链金融缺乏了解 | √ | √ | | √ | √ |
| 12 | 不能获得采购部门的理解或难以达成共识 | | √ | | | √ |
| 13 | 资源配置（内部和供应商培训）或项目团队分散 | √ | √ | | √ | √ |
| 14 | 复杂而低效的发票匹配过程（迟开发票、重复发票） | √ | √ | √ | | |
| 15 | 抵制变化 | | √ | √ | | |
| 16 | 流程被供应商视为额外的复杂事项 | | | √ | | √ |
| 17 | 采购部门导入方案的能力 | | | √ | | √ |
| 18 | 复杂的 IT 环境 | | | √ | | √ |
| 19 | 供应商的保密性 | | | √ | | |
| 20 | 新兴市场的高额融资成本 | | | | √ | |
| 21 | 供应商对会计处理的理解 | | | | √ | |

资料来源：Cosse（2011）

## 指南 6——开发供应链金融商业实例

这是典型的优秀项目和项目管理实践，非常重要但往往没有被妥善处理。商业实例可以让我们看到预期的收益和成本，包括实施的无形收益和成本，例如对供应关系的影响。账本底线通常是回报计算和净现值分析。商业实例是在供应链金融解决方案采纳方面获得董事会支持的强有力的工具，也是衡量进度和结果的基准。

在第四章和第六章中，我们给出了供应链金融的整体案例，并且从经济层面、组织层面和信誉层面对成本和收益进行了概述。在本小节中，我们将研究如何缩小范围，针对特定情况展开具体分析。但是，在此我们不再重复供应链金融的所有案例，如果有需要，读者可以参考前几章。

作为财务分析中的基本条目，表 7－10 对四家案例公司的成本和收益逐一进行了汇总。在有了前面指南 2 制定的战略之后，我们的目标是制定一个更为详细的情景模型：交易次数、交易价值、实际支付过程中可能发生的变化、各方的融资成本和国家差异，这些因素统统都要考虑进来，从而帮助我们建立一个恰当的供应链金融模型。

**表 7－10　　成本和收益**

| | | 电信公司 | 医药公司 | 化学公司 | 汽车公司 | 文献总结 |
|---|---|---|---|---|---|---|
| 有形的 | 营运资本改善 | √ | √ | √ | √ | √ |
| | 现金流管理 | √ | √ | √ | | √ |
| | 资产负债表附加值 | √ | | | | |
| | 现金潜在的投资机会 | √ | √ | | | √ |
| | 降低销售成本 | √ | √ | | √ | √ |
| | 降低加工成本 | | √ | | | |
| 无形的 | 有限的应收账款外部保理 | √ | | | | |
| | 与供应商建立友好关系 | √ | | | √ | |
| | 加强与关键供应商的关系 | √ | √ | √ | √ | √ |
| | 对战略供应商的财务支持 | √ | √ | √ | √ | √ |
| | 交易的秩序性和可见性 | √ | √ | | √ | √ |
| | 谈判工具（当付款期限很长时） | √ | √ | | √ | |
| | 简洁的结算流程 | | √ | √ | √ | |
| | 供应链中的风险意识 | | | | √ | √ |
| | 买方财务知识的增长 | | | | √ | |
| | 供应源回顾：业务方式的统一 | | | | √ | |

资料来源：Cosse（2011）

对成本和收益表根据具体的情况进行调整之后，财务案例可以归纳为以下几类。表 7－11 概述了商业实例中几种常见的项目。

**表 7－11　　替代成本和收益**

| | | 买方 | 卖方 |
|---|---|---|---|
| 收益 | 释放营运资本（1） | 买方的 WACC（%）×增加的应付账款天数×（应付账款/365） | 卖方的 WACC（%）×减少的应收账款天数×（应收账款/365） |
| | 节约管理成本（2） | 实施供应链金融前的管理成本－实施供应链金融后的管理成本 | 实施供应链金融前的管理成本－实施供应链金融后的管理成本 |
| | 其他收益（3） | | 节约的风险成本（损失率）＋损失降低带来的成本节约 |

续前表

| | | 买方 | 卖方 |
|---|---|---|---|
| 成本 | 融资费用（4） | 基准利率（%）（伦敦银行同业拆借利率（LIBOR）＋资金差价或银行利润）×（－增加的应付账款天数）×（应付账款/365） | 基准利率（%）（伦敦银行同业拆借利率（LIBOR）＋资金差价或银行利润）×（减少的应付账款天数）×（应收账款/365） |
| | 风险费用（5）（买方违约付款的保证金） | | 年度风险费用×对买方的信用期×（应收账款/365） |
| | 服务费（6） | 平台提供商获取的利润 | 平台提供商获取的利润 |
| （1）＋（2）＋（3）－（4）－（5）－（6）＝实施供应链金融解决方案的有形净收益 | | | |

资料来源：Hofmann and Belin（2011）

我们的四家案例公司都已经就各自的供应链金融项目的不同成本达成了协议：

- 有形成本：IT 系统的实施和 ERP 系统的更新。电信公司还把形成法律文件的成本作为重要的一项。
- 无形成本：项目管理成本（资源配置、内外部培训）和监控成本。

有形成本是在供应链金融项目开始实施时的一次性投入，是非常小的一部分成本，当解决方案达到一定规模时，应该能够进行快速回收。

但是，对于无形成本，在许多情况下都是被低估的，而且随着项目的不断进行，这种情况还在持续发生（医药公司、化学公司、汽车公司）。因此，必须锁定准确的供应商集群，以确保利益最大化，从而抵消这些成本。

总体而言，供应链金融商业实例需要遵循组织自己的投资建议标准和范式。

## 指南 7——建立项目管理框架：计划、预算和资源配置

古人云：“凡事预则立，不预则废”。当项目涉及多个内部职能和部门时，执行过程至关重要，但是，当项目涉及外部利益相关者时，复杂程度会大大增加，单靠执行过程可能无法保证项目的顺利完成，因此，这个指南是在供应链金融实施时需要重点关注的 10 个关键领域之一。

现实中，我们已经有很多项目管理方法和支持工具供企业使用，而且在通常情况下，企业基本都已经建立了一套自己的方法，所以本章不会继续在这一领域深入下去，而是侧重于一些供应链金融的具体要点。经验表明，良好的项目和计划管理基础（这对于任何变革举措都是至关重要的）与供应链金融的具体细节同样重要，这是因为供应链金融的实施可以分为一组离散的项目，而且这些项目必须能够构成一个个完整的行动计划。

表 7-12 中描述了四家案例公司在供应链金融实施过程方面的差异。

从表 7-12 中我们可以看出，四家公司所采用的方法有着明显的区别。但是，对于企业到底为何为采用这些方法可能不是那么重要，因为内部和外部利益相关者更关心的是这些方法实施前后企业在范围和变化速度方面是否产生了差异。

表 7-12　实施过程

| | 电信公司 | 医药公司 | 化学公司 | 汽车公司 |
|---|---|---|---|---|
| 试运行的界定和执行方法 | 几个大型关键供应商<br>自动化流程 | 一个大型协作供应商<br>手动流程 | 一个业务部门<br>几个长期稳定的、大交易量的供应商<br>一个国家自动化流程 | 少量的大采购量且付款期短的供应商自动化平台 |
| 实施所需时间 | 6 个月的 IT 实施时间 | 从概念到合同需要 18 个月<br>6 个月的 IT 实施时间 | 从概念到试运行需要 3 个月 | 6 个月的 IT 实施时间 |

资料来源：Cosse (2011)

通常 10%的方案管理预算（可能按照分项目进行分配）都会消耗于管理、报告和行政等直接成本。在上述所有四个案例中，我们也都可以找到这些成本，但它们各自对这些成本有着不同的分类，因此，很难进行比较，也不太可能给出对规划具有指导意义的通用比例或数量。

## 指南 8——创建一个由全心投入的领导人负责的跨职能专业团队，并确保获得高层管理者支持

由于项目的实施涉及各方利益相关者且需要不同领域的专业知识，执行团队必须能够获得良好的资源和支持。跨职能团队需要由来自运营、采购、销售、金融、财务或现金管理、应付账款、IT、法律和审计等部门的代表组成。

表 7-13 列出了前述四家案例公司有哪些职能部门参与了项目的实施。在表中我们可以看到，在公司与公司之间存在一些差异，但这其中有一部分是每家公司组织结构和用于描述这些情况的语言或术语的不同所导致的。尽管如此，该表还是能够给我们提供一个方向，帮助我们识别谁、为什么以及何时需要这些技能和责任。

鉴于每个职能部门的职责会随着项目的实施而发生变化，我们需要为每个不同阶段去定义各个职能部门的职责。我们需要清楚地知道什么时候只是需要知会对方，什么时候需要正式签字，这会影响到到底谁会参与到项目中和以什么身份参与到项目中。一些企业采用职责分配矩阵（RACI 模型）来确定由哪些人负责、跟谁沟通、向谁汇报以及谁需要参与各个不同的决策、活动或过程。

假设供应链金融项目的实施有一个终点，就是它不再需要专门的框架，而是成为日常活动的一部分，那么除了在以前的指南中提到的管理挑战的规模之外，我们还需要考虑的就是时间进度表对资源选择产生的影响。因此，如果项目只是短期实施，那么临时借调或从具有供应链金融项目经验的咨询机构雇用外部资源就是合理的。然而，如果项目是长期多阶段开展，那么就需要通过转移核心团队、聘请专家和购买原本的临时性资源等来建立一个在人员和结构上有一定稳定性的完整团队，这样可能更为合适。

**表 7-13　　所有权矩阵**

| | | 电信公司 | 医药公司 | 化学公司 | 汽车公司 |
|---|---|---|---|---|---|
| 项目发起 | | 财务和金融 | 采购小组 | 财务和金融 | 采购 |
| 所有者 | | 财务（采购小组） | 企业财务运营资本团队 | 采购运营 | 采购 |
| 工作团队 | 财务或现金管理人员 | √ | √ | √ | √ |
| 工作团队 | 采购 | √ | √ | √ | |
| 工作团队 | 会计（应付账款） | √ | √ | √ | |
| 工作团队 | 律师和审计 | √ | √ | √ | √ |
| 工作团队 | IT | √ | √ | √ | √ |
| 工作团队 | 融资 | | | √ | √ |
| 支持者 | | 首席财务官 | 财务管理与融资部门 | 财务管理部门 | 首席财务官 |

资料来源：Cosse（2011）

总而言之，经验表明，在正确的时间拥有合适的资源是最重要的管理决策，但如果不分时间地点，一味地把所有的部门纳入进来，只会让局面更混乱，造成精力浪费。

## 指南 9——促进跨职能、用户和不同供应链金融解决方案提供商的团队协作

这条指南旨在帮助我们在任何问题出现之前，建立正确的合作机制，为项目的顺利运行搭建合适的环境。在多数方面，供应链金融所需要的与其他组织变革计划没有什么不同。然而，随着供应链金融的实施，利益相关者的数量可能会越来越多，而且同时包括内部和外部的利益相关者。

一般情况下，发起公司或组织都会建立由高层管理支持者、方案指导小组、项目执行者和重点工作小组组成的组织结构。

然而，众多供应链金融实践经验也表明，要想形成良好的协作和团队合作，企业还面临着很多具体的挑战：层次结构、时间和职能分割。具体描述如下：

● 通常在能够同意和批准项目的高层管理者和具体的负责实施并处理日常业务的人员之间存在很大的层级差距。之所以产生层级差距，主要是由于供应链金融产生的根本性和战略性的影响，因此需要高层管理者的承诺，例如首席财务官、财务主管和首席采购官等。但实际上，在实际执行过程中，这并不会直接对这些高管产生影响——这只不过需要财务总监在政策和流程上进行调整，财务主管有了额外可以使用的资金来源，这也只不过是首席采购官和供应商谈判的一小部分。但是，对于应付账款或应收账款工作小组来说，这可能会彻底改变它们的审批、流程、时间进度和对于失误的处理方式等。

由于组织层次结构的两个极端性，我们可以看到，企业需要采取正确的方法将各个层次纳入项目之中，并合理地管理彼此之间需求的差距。

- 由于在项目的发起到实际实施之间通常会有一定的时间间隔，所以在各个阶段都保持有形的记录，甚至是正式签字，是一种很好的做法。清楚每个阶段的开端和结束，以及是什么触发了下一个阶段，可以帮助团队以一个良好的工作节奏来进行协作。
- 对于供应链金融来说，还应记录利益相关者之间的一致性，以提高对承诺和职能分割变化的清晰认识。

总而言之，经验表明，合作对于成功至关重要，需要一个包括内外部利益相关者的完整和持续的沟通和培训战略。

## 指南 10——监控方案的效果

对里程碑事件进行及时的报告对于确保计划的实现至关重要。如果关键里程碑事件完成了，那么我们一定要向大家通报并庆祝成功。但是，如果没能完成，及时报告可以让我们及时发现错误并采取措施进行纠正。

如前所述，典型的供应链金融举措会影响到很多利益相关者，既包括组织外部的利益相关者，也包括组织内部的不同职能部门的利益相关者。但是，很多的绩效指标却会把职能部门的行为引导到不支持供应链金融的方向上去，例如，通过延长付款期限来减少营运资本，很可能会影响企业在与供应商进行谈判和签订合同时所做的承诺。因此，个别利益相关者的关键绩效指标必须进行调整，以保证与供应链金融策略的统一和一致性行为的产生。

那么，到底什么是适当的绩效衡量和报告指标呢？在报告了关键的里程碑之后，典型的指标主要侧重于供应链金融服务的接受和使用。在每一类客户和供应商中，有多少已经签署了必要的协议？有多少已经连接了它们的交易系统？又有多少已经开始使用该服务？接下来，用户将开始关注商业实例中的绩效指标、交易价值、结算时间的变化，提前或延迟支付的折扣或费用、融资成本等。在许多情况下，我们发现供应链金融信贷额已经超过了预期值，以至于不得不采取一些遏制性的计划以保持适当的融资和风险水平。此外，对例外事件、错误和返工事件的数量进行追踪也是很有必要的，因为这些反映了可以进行后续改进的领域——业务中做得不太好的领域。在这些绩效指标中，不论是实施前还是实施后，选定一个好的绩效基准是非常重要的——我们对于现实情况的把握需要通过与这些基准进行对比才能知道。

跨职能指标对指导项目，特别是展示项目的成功（和挑战），是非常有用的，这主要是因为对重要影响因素的运作控制横跨采购部门（它们与供应商确定条款和条件）、运营部门（它们负责下订单采购产品和服务并确认收货）、会计部门（它们负责结算并付款）和融资部门（它们负责提供资金）。

一个最可能会被使用的指标就是整体的付款绩效。例如，作为广泛商业运作准则的一部分，英国政府最近已经立法授权商务、创新和技能部（BIS）强制报告对供应商的付款绩效。这一做法已经被英国的许多公共机构采用，它显示了这些机构对供应商的承诺，并能够促进供应商参与投标的积极性，而且，因为这些供应商知道它们会很快收到付款，所以会提升对这些机构的交货服务的优先级。

## 7.4 降低风险的方法

在本节中，我们将探讨在供应链金融实施中会遇到的一些典型挑战。与所有引起变革的重大项目或方案一样，企业应该采取风险管理办法来识别、减弱、追踪、管理和解决各种问题。这些风险管理的方法不单要与整个企业风险方法相一致，还需要与每个可能受到影响的职能领域的风险管理方法相匹配。随着供应链金融项目从实施逐渐转为运营以及“日常业务”，风险方法也应该从一个独立的过程转变为嵌入组织内部合适位置的过程。

表 7－14 是本章前面讨论的四个案例中提出的一些制约因素。该表给我们提供了一个好的参考，可以帮助我们去识别供应链金融项目首先需要面对的一些风险。

这个列表既不是完全包容也不是完全详尽的。换句话说，它并没有涵盖所有问题，而且其中一些内容也是重叠或重复的。然而，这毕竟是根据四个供应链金融实例提出的列表，而且也使用了受访者的语言和评论观点。但是我们也发现，这个列表的一个主要问题就是过度简化。例如，使用一个简要的术语“沟通”，是不足以具体到能够捕获那些看似相同但实际上差别却很大的问题的：

- 在开始阶段，就决定供应链金融是不是一个有价值的方法而进行的内部战略沟通；
- 在部署过程中，为客户或供应商进行分阶段的情况介绍和详细说明。

因此，我们的建议是，使用更长和更具体的清单，或者按照按风险缓解或应对策略的主要领域进行分类。

如前面的指南 2 所述，组织的声誉是一类特殊的风险——供应链金融方案有可能会被认为是一种冒进和滥用。以这种风险为例，我们首先需要做的就是回顾其他企业在该领域的经验，从而了解可能产生的潜在影响。这有助于我们正确判定应该如何对待这种风险以及为了控制这种风险所要付出的努力程度，即避免风险造成严重后果并对其进行管理。我们使用这个例子的主要目的是说明风险管理需要涉及不同的业务领域。在声誉风险的例子中，公共关系受到了影响，所以，在一些较大的组织中，负责公司宣传、公关和品牌的人员都应该参与到解决方案中。

**表 7－14　　风险**

| | 制约因素 |
|---|---|
| 1 | 对供应链金融的会计分类（应付账款或其他债务） |
| 2 | 不同法律框架下的法律含义 |
| 3 | 缺乏财务风险的知识和指导 |

续前表

| | 制约因素 |
|---|---|
| 4 | 现有融资协议阻止供应商进行保理业务，供应商与其他银行的项目情况 |
| 5 | 供应商能够以比银行提供的更有利条件直接接触资本市场 |
| 6 | 专有性强而不灵活的计划或缺乏专业化 |
| 7 | 专门的监管框架（食品和药物） |
| 8 | 实施时间太短 |
| 9 | 缺乏对供应链金融战略、流程和责任的明确界定 |
| 10 | 缺乏内部培训和交流 |
| 11 | 供应商对供应链金融缺乏了解 |
| 12 | 如果由财务部门负责供应链金融项目，那么可能无法获得采购部门的理解，相反，如果由供应链或采购负责，那么可能无法获得财务部门的理解，难以达成共识 |
| 13 | 资源配置（内部和供应商培训）或项目团队分散 |
| 14 | 复杂而低效的发票匹配过程（迟开发票、重复发票） |
| 15 | 抵制变化 |
| 16 | 流程被供应商视为额外的复杂事项 |
| 17 | 采购部门导入方案的能力 |
| 18 | 复杂的 IT 环境 |
| 19 | 供应商的保密性 |
| 20 | 新兴市场的高额融资成本 |
| 21 | 供应商对会计处理的理解 |

资料来源：Cosse（2011）

本节并不试图涵盖所有的风险管理方法，而是更多地描述了企业应该关注的适当领域，并且提供了许多好的风险管理方法和工具的资源。

## 7.5 总结

有些人在阅读完本章之后，可能会认为这只是对项目和变更管理的基本准则，但是也有一些人可能从中看到的是超出预期水平的复杂度。对于前者，书中的内容应作为核对清单，以确保其涵盖所有常见的促进因素和制约因素；对于后者，本书的内容则只是开发结构化的供应链金融方案的一个起点。

由于大多数供应链金融方案的实质在于改变与客户或供应商之间的关系，而且这些关系往往与组织，特别是较大的组织，有很多联系，所以不出意料这种变化会影响到许多业务领域。因此，我们有机会通过良好的规划、沟通或资源配置，使这些变化变得更容易。而且一些大的风险和挑战是可以避免，至少是可以减弱的，因为我们可以通过案例学习、吸取供应商和同行的经验教训来提高管理风险能力并支持供应链金融方案的成功实施。

另外，如前所述，如果供应链金融方案的实施需要连接到外部第三方工具和流程，而且这些工具和流程需要得到具体、准确和及时的信息和响应，那么这种变化就可能会对内部流程和系统造成压力。之所以一些内部利益相关者会反对和阻碍供应链金融项目，可能主要是出于这方面的考虑，它们害怕被发现原来它们才是导致低效运作的原因，或者至少是一部分原因。因此，对企业准备的充分性进行内部评估，不仅是进行合理规划的先决条件，也是更好地理解一些更温和、更情绪化的东西和变革障碍的先决条件。

最后，利用案例研究和真实的收益实例，有助于组织做好准备迎接挑战，并克服对变革的阻碍。

## 总结：10 个成功的指导方针

1. 确保供应链金融对于企业来说是一个适合的解决方案。
2. 界定供应链金融战略和目标。
3. 分析供应源，听取供应商和客户的意见。
4. 供应链金融意识和知识培养。
5. 针对目标受众设计适当的供应链金融方法。
6. 开发供应链金融商业实例。
7. 建立项目管理框架：计划、预算和资源配置。
8. 创建一个由全心投入的领导人负责的跨职能专业团队，并确保获得高层管理者支持。
9. 促进跨职能、用户和不同供应链金融解决方案提供商的团队协作。
10. 监控方案的效果。

## 下一步

- 研究你所在组织中的项目管理方法，并将其与供应链金融所需的方法进行比较。

# 参考文献

BIS (2012) Large Businesses and SMEs: Exploring how SMEs interact with large businesses, UK Department for Business, Innovations and Skills, October 2012

Camerinelli (2014) *Supply Chain Finance EBA European Market Guide*. Version 2.0. Euro Banking Association, June 2014

Cosse, M (2011) An investigation into the current supply chain finance practices in business: A case study approach, unpublished MSc Thesis, Cranfield School of Management

Hofmann, E and Belin, O (2011) *Supply Chain Finance Solutions: Relevance-propositions-market Value*, Springer-Verlag, Berlin/Heidelberg

Templar, S, Cosse, M, Camerinelli, E and Findlay, C (2012) An investigation into the current supply chain finance practices in business: A case study research, Proceeding of the 17th Logistics Research Network Conference, September, Cran field, United Kingdom

第三篇

# 未来篇

# 第八章

# 全球环境——供应链金融的跨境问题

## 8.1 概述

**成果**

本章的预期成果如下：

- 展示在中国金融体系中供应链金融所面临的机遇与挑战；
- 解释西方国家的供应链金融解决方案，以及这些国家为支持中小企业所做的努力。

通过本章的学习，你将能够：

- 认识到对其他国家（特别是中国）进行分析的重要性；
- 分析中国银行体系及其发展情况；
- 了解在中国的市场中供应链金融（SCF）的特点；
- 确定中小企业融资所面临的各种机遇与挑战。

自 21 世纪初以来，在全球化大趋势的推动下，企业越来越多地采用跨国供应链，力求实现信息流、商品流或服务流的优化。世界越来越小，获取信息也变得越来越容易，随之而来就是不断提高的供应链的透明度。此外，市场壁垒的降低导致全球竞争越来越激烈，企业开始关注其核心竞争力，并与合作伙伴开展密切的合作，将越来越多的业务进行外包。这些发展变化所产生的效果是非常明显的。因此，现在的供应链必须在国际环境中运作，一方面要遵循全球标准，另一方面还要考虑国内的具体要求。

面对2008—2009年金融危机的巨大冲击，世界银行重点强调了中小企业的重要性，因为它们在经济发展中发挥着重要的作用。全球共有3.65亿～4.45亿家中小企业，但其中只有不到10%是所谓的“正规企业”。与“非正规企业”不同，这些企业是经过全面登记注册的企业，为全球贡献了约33%的GDP，全球45%的员工都在这些正规的中小企业工作。这些中小企业所创造的就业岗位数远远高于那些所谓的大型企业。因此，为中小企业提供援助可以促进更高水平的创新，提升经济竞争力，支持其增长将对经济繁荣和经济增长产生积极的影响（世界银行，2010）。中小企业的数量，不论是在哪个国家，对于创造就业和共同繁荣来讲都是至关重要的。随着一些企业退出市场，而另外一些企业进入市场，中小企业促进了市场的动态变化。在市场中，我们可以看到一些中小企业由于生产率的提升得以快速增长；但是与此形成对比的是，还有许多其他的中小企业，尤其是初创企业，在创立的前几年就会失败（Tewari et al.，2013），而导致失败的主要原因就是流动资金的问题。供应链金融恰恰非常能够解决这些由于流动资金问题而导致的失败，并能够增强这些企业的财务稳定性。

因此，瞄准当前市场非常重要，但更重要的是要看清未来市场的发展变化趋势，特别是面对不同文化背景或在地理位置较为分散的情况下。偏离主流的发展道路将会导致非常严重的后果，正如那个非常合理的假设：西方的主导体系在不久的将来会变得不那么重要。其他市场和商业文化正蓄势待发，例如，中国等发展中国家正在快速发展，并将在世界商业中发挥着关键作用。

现在我们来看一下中国，它的重要性不言而喻。中国是全球GDP排名第二的经济体，2014年的GDP为10 360.105亿美元，到2030年，这个数字将增长到现在的两倍以上（世界银行，2015）。此外，中国是全球最重要的贸易伙伴，也是最大的出口国。低产品成本、丰富的劳动力和大量的人才资源等众多因素使得中国成为制造业中心——“世界工厂”。此外，中国人口达14亿，并且保持年均0.5%的人口增长速度，而欧盟国家的人口增长率仅为0.22%，这样对比来看，中国确实是一个大国（世界银行，2015）。

我们相信，中国等发展中国家在可预见的未来将发挥主导作用。鉴于这些国家的重要性将日益凸显，因此，我们很有必要对它们的金融体系进行研究。分析这些国家的体系并与它们保持合作，这有助于减少因商业惯例不同和文化差异而导致的差距——这也可以说既是供应链金融的机遇，也是其发展的障碍。尤其是在近些年，对于西方国家来说，如果它们想尽可能长时间地发挥主导作用的话，那么这一点对它们是至关重要的。

**关键问题**

本章涉及以下关键问题：

- 目前中国融资的主要特点是什么？是否与供应链金融相匹配？
- 中小企业面临的财务挑战是什么？供应链金融对中小型供应商的融资有何影响？

这些内容的结构安排是类似的：在概述和背景介绍后，对企业所面临的机遇和挑战进行阐述。最后，从网络融资中的特定视角——更准确地说是网络内部的内部融资、网络内部的外部融资和网络外部的外部融资——展开讨论。

## 8.2 中国融资和供应链金融

### 中国融资概述

在过去几十年中，中国市场经历了从中央计划经济向开放的市场经济的巨大转型。邓小平曾说过："不管黑猫白猫，捉住老鼠就是好猫"。作为转型发展的一部分，为企业提供充足的资金在这个过程中起到了至关重要的作用。

在1979年时，中国的银行体系还只有一家银行，即中国人民银行（缩写为PBC或PBoC），它是中国的中央银行。在20世纪80年代，四家银行（也是国有银行）被批准成立，旨在为促进经济发展的重要领域提供融资（Garrcia-Herrero and Santabarbara，2013）。这四家国有商业银行（简称SOCB）分别是中国银行、中国建设银行、中国农业银行和中国工商银行。正如其名，这些机构的成立是为某些特定的行业提供融资服务。

2008年和2009年金融危机期间，中国的出口下降。与此同时，原材料、劳动力和库存成本却不断上涨。因此，中国政府选择了一些能够对中国经济产生重大影响的行业实施刺激计划，并期望它们能够从这些计划中获利。2009年，中国政府确定了10个促进经济增长和繁荣的重点行业，具体如下：汽车、钢铁、纺织、装备制造、船舶、电子信息、石油化工、轻工业、有色金属和物流（Lui and Margaritis，2009）。

在研究中国经济时，把国有企业与私营企业进行区分是至关重要的，因为国有企业能获得更多的政府支持。

最大的几家金融机构也属于国有，这使得它们能以廉价的资本为自己进行再融资。此外，这些金融机构倾向于向国有企业贷款，甚至那些风险较高的国有企业还可能比低风险的国有企业和非国有企业获得更多的银行贷款。出现这样的情况，原因有二。第一，政府会对银行的直接贷款进行事前干预，这对高风险国有企业有利。此时，这些国有银行就必须遵从这些命令。第二，只有当政府能够为国有企业的贷款进行隐含的政府担保时，银行才能放贷。此时，国有企业的信用评级就变得不再那么重要。中国的银行都相信政府将会为非营利性贷款提供援助（Lu et al.，2007）。但是，这些贷款也会带来一些后果，即造成不良贷款，如果不断累积，将会导致系统性风险出现。对银行来讲，虽然政府接管这些不良贷款是好事，因为银行可以将这些不良资产从资产负债表中清除。但是这还远远不够，它们还必须认识到：为了避免肆意投资，不能再继续放纵这种寻求救助的思想（Lu et al.，2007）。

更重要的是，破产法规的缺乏，使得收取延迟付款变得更具有挑战性。在中国，利率由政府监管。而且，如果贷款是出于政治原因，那么银行是没有动机去获取客户信息的。而这在无意间可能就导致了过度的银行贷款。过去，由于使用风险管理工具，风险评估和风险定价并不是首要任务。即使在今天，这些银行仍然在为了能够进行商业化运营而努力（Lui and Margaritis，2009）。

除国内银行贷款外，中国企业最重要的融资来源是自筹资金、国家预算和外商直接投资。1994—2002 年，自筹资金保持了 14%的年均增长率，其中私营企业的自筹资金达到其融资总额的 90%；即使对于国有企业来说，这个数字也可以达到 60%（Allen et al.，2005）。

中国向来有从亲戚朋友那里借款的传统（Wei，2013）。这主要是因为中国是世界上储蓄率最高的国家之一，近 70%的积蓄都存在银行。政府对银行存款利率进行调控，因此，它们有足够的资金和低息贷款来推动经济增长和保持银行体系的稳定（Lui and Margaritis，2009）。鉴于偏低的利率和利率上限的限制，人们希望能够找到其他方案来代替银行储蓄。因此，利用低利率存款和市场上高利率贷款之间利差的“影子银行”出现了。

过去，中国的中小企业从传统的银行渠道获得融资是很困难的。如今，新技术为其提供了额外的资金来源。其中一种新的形式就是 P2P 贷款（peer-to-peer lending），这种融资模式自 2007 年出现以来，一直呈现快速增长态势（Wei，2013），是中小企业的重要资金来源。目前，中国的 P2P 借贷市场已经成为世界上最大的借贷市场。虽然目前尚未有确切的相关数据，但预计到 2015 年底，这个市场总额可能高达 200 亿～400 亿美元（Wangdaizhixi，2016）。据报道，2014 年，中国市场上有 1 500 多家 P2P 借贷服务提供商。

中国的 P2P 借贷分类如下（ACCA，2011）：

- 直接借贷和间接借贷：直接 P2P 借贷需要借款人个体和贷款人个体之间直接签署财务合同。在间接 P2P 借贷模式下，财务合同不直接在贷款人和借款人之间签署，而是由服务提供商将信贷从投资者资金总量中分配给借款人，这些资金还可能会进一步经历某种形式的资产转换。相对于直接借贷模式，这种模式所带来的风险就是融资的不透明性。

- 技术型供应商和财富管理公司：此分类是根据供应商是不是金融技术驱动型的，或者它们的“金融技术”仍是基于传统的放贷流程而只是开设了一个在线“商店”而已。拍拍贷、积木盒子和点融都是这种金融技术型 P2P 提供商的例子。

- 在线流程和离线流程：发达市场中，P2P 借贷的贷款人更倾向于选择基于新型金融技术和详细的外部信用评级数据的纯在线财务合同模式。相比之下，中国的 P2P 贷款人往往更依赖于离线流程（如 www.CreditEase.cn）。从借款人方面来看，这种差异是由缺乏完整的信贷信息所导致的，而这些信息的缺乏就意味着贷款人必须在线下的信用调查中发挥重要的作用，而且，中国的贷款人也更愿意采用离线的模式来与个人投资者进行探讨和协商。

中国的 P2P 借贷不受银行规定的制约，它可以在不受证券法的约束下募得资金和原始贷款，即使中国政府已经进行了大量的工作来加强对该行业的监管（Xusheng，2014）。但是，我们应该时刻记得，中国政府肯定会不断加强对漏洞的监管，而这有可能使这些公司倒闭。

尽管“影子银行”对中国经济产生了一定的积极影响，但也存在一些隐患，它可能是一个滴答作响的定时炸弹。对于其市场容量，我们尚未有精确的数字，只能做出大致的估计，但是可以肯定的是，如果一旦出现违约浪潮，那么就可能出现多米诺骨牌效应。如果借款人未能如期偿还借款，那么潘多拉盒子可能就会被打开。值得庆幸的是，中国家庭和公司有大量的储蓄，而这恰恰可以作为一个缓冲区（Doug，2014）。表 8－1 展示了西方传统银行业和中国的银行的差异。

**表 8－1　　西方传统银行与中国的银行的比较**

| 西方传统银行 | 中国的银行 |
|---|---|
| 大量的私营和国有银行，金融机构数量不受限制 | 少数国有银行，对金融机构数量有限制 |
| 利率由银行监管 | 利率由政府监管 |
| 银行存款及其他金融工具都以风险为依据 | 银行存款受利率控制 |
| 如果中央银行真的能够产生影响的话，那也只是间接的政治影响 | 对国有银行的政治影响导致对国有企业放贷的倾向 |
| 绩效好的公司更有可能获得银行贷款 | 表现较差的公司更有可能获得银行贷款 |
| 中央银行的目标是抵抗通货膨胀 | 中央银行的目标是维持国内货币人民币的稳定，为经济发展提供资金，支持某些重点行业，促进经济增长 |
| 投票政治合法化 | 硬性经济事实合法化 |
| 国有企业的信用评级是非常重要的 | 国有企业的信用评级并不重要 |
| 资本市场的专业化，具有很多获得财务资源的机会（如“众筹”） | 巨大的影子市场和地下贷款 |

## 企业的机遇与挑战

### 消费品行业的买方融资——一个中国的案例

渣打银行在 GT News 上发表了一篇关于中国的跨国公司如何管理其应收账款风险的文章。这篇由渣打银行贸易融资解决方案部门负责人 David Leong 撰写的文章专注于如何减轻和控制跨国公司的应收账款风险。但是这与供应链金融又有什么关系呢？Leong 指出，许多目前正在开拓中国市场的跨国公司都会给予其中国客户大约为期 180 天的付款期限。这是它们获取市场份额的一种方式，因为它们的客户通常是分销商，需要额外的营运资本来维持运营，而这部分资金恰恰是它们的客户难以获得或者只能通过高成本才能获得的。如果不向这些分销商提供延长付款期限的优惠政策，那么将会导致分销商的流动资金瓶颈产生，进而可能会引起跨国公司销售额的下降。

正如中国的跨国公司所言，在特定情况下，延期付款期限可能是为客户（作为买方）

提供营运资本的最有效的途径。那些正在开拓新市场并且能够获得比新买方更低的加权平均资本成本（WACC）或税率的跨国公司（作为供应商），可以以更低的成本为它们的客户提供流动资金。使用智能化的付款方式可以有助于提高业务量并改善与买方的合作关系。在这种情况下，跨国公司因延长应收账款期限而产生的费用能够通过高周转率的形式得到补偿。这种供应链金融方法相当于在销售市场的"现金注入"。

不仅是因为上述这些做法，还有大的经济环境，都导致中国市场对资金的需求量巨大，大到中国的银行或P2P借贷都无法满足全部的需求。为弥补这一空白，影子银行系统，尤其是P2P平台，开始进入市场。当然，它们提供贷款的利率相对来讲是比较高的。如果供应链金融能够以较低的利率为企业提供流动资金，那么其市场潜力将无可限量。

在成熟的金融市场中，信用信息中介机构通过提高透明度和提供信息来创造价值。对于中国的银行来说，在过去，具有国家隐形保证的国有企业是其主要客户，因此没有信用信息方面的需求。那时候，信用评级也不重要，因此，当时的信用评级机构也就没有市场。

而供应链金融解决方案的优势在于，它可以充分利用各家企业在财务能力方面的差异，从而将资本负担转移给资本成本较低的企业，这可以使那些有需要的企业能够以更低的价格进行融资，并且在大多数情况下这种做法还能够有效地降低信息不对称（例如在整体财务健康状况方面的信息不对称）。举个例子，现在有一个中国的供应商和一个瑞士的买方，后者因为其较高的账户标准等降低了信息的不对称性，所以能够更容易以低成本获得资金。在这种模式下，通过供应链金融所获得的利润可以根据各自所承担的风险来进行分成。

供应链金融的另一个优势是它建立在跨境供应链之上，特别是在中国，这一点更加明显。中国的贸易顺差很大，许多中国的企业与国际合作伙伴进行交易。供应链金融解决方案可以用于从国外收取流动资金，或者从不同国家的利息差异中赚取收益。但是，中国政府对于跨境供应链金融系统的影响是有限的。如果中国政府命令银行减少对某一行业的贷款，也不会对供应链金融产生影响。然而，法律制度是一个难以逾越的障碍。例如，如果一旦出现公司违约，那么合同是否可以在中国执行，这就是一个问题（Xingjian and Shimming，2014）。

一方面，政府是否会支持类似供应链融资这样的替代融资方式，尚且是一个有待讨论的问题。不过，政府的支持是必要的。破产法规和抵押登记等有效实施才能使供应链金融的应用得以改进。另一方面，P2P借贷现在被政府接受，并成为中国金融体系的重要组成部分，对经济体制的稳定具有重要的作用。显然，政府对P2P的认可，也是在它们认为能够对P2P服务提供商进行有效监管的前提下进行的。

P2P平台现在被认为是一种新型的融资工具，但这并不一定意味着它们就可以直接应用于供应链金融解决方案中。完全可以想象得到的是，国有银行将会在与政府保持很好的关系的同时，对其进行抵抗，而不是去利用这些新的财务机会。另外一点是，对供应链金融理念和方法的应用需要转变传统的组织思维方式，将原来各自为政的观念转变为一种跨组织协作的观念。只有这样，才可以充分利用供应链中的股权或资本成本的差异来获利。然而，这样做的前提是，企业必须了解供应链管理的有关知识，不单要了解它，而且必须有实现它的意愿和可能性。例如，中国的物流服务提供商往往没有足够的知识来帮助其实施供应链金融解决方案。此外，法律必须作为供应链金融的推动者，但是到目前为止，中国似乎尚未做到这一点（Xingjian and Shimming，2014）。

正如前文所指出的，除了其他的驱动因素以外，供应链金融计划的主要驱动力就是中小企业贷款难的问题。由于资产和信用评级的不足，中小企业难以通过抵押贷款或信贷融资的方式进行借款。特别是在中国，固定资产短缺、信用评级能力有限而且中小企业信用担保制度欠发达，因此，中小企业融资难问题更为凸显。实施供应链金融解决方案有助于解除中小企业的资本限制，减轻它们的营运资本压力。中国提供的供应链金融解决方案与典型的西方解决方案存在着很大的差别。中国的传统方法是一个由多个组织组成的协作实体（见图 8-1）。这个实体主要包括三个参与方：借款公司、商业银行和物流服务提供商。借款公司通常是一些需要资金运作和拓展业务的中小企业。这些中小企业可以通过将原材料和消费品等流动资产作为抵押来获得银行贷款，但是在传统贷款制度下这些中小企业是无法从以上银行获得借款的。虽然在供应链金融情景下也需要抵押物，但是，这里的抵押品——作为中国供应链金融解决方案的主要因素——与传统商业贷款依靠固定资产作为抵押是不同的。鉴于中小企业固定资产较少，银行会同意它们利用流动资产进行抵押，这对于银行来讲也算是最后一搏了。对于融资的模式、期限和成本通常都是由金融机构来确定。由于监管限制，银行不得从事非金融业务，因为中国禁止金融业开展混合业务。因此，银行无权介入非金融业务，反之亦然，这就是所谓的“分业运作模式”。那么银行只能委托物流服务提供商，负责对资产进行监管并提供其他相关服务。例如，在银行控制下的抵押品将由指定的物流服务提供商来管理。因此，物流服务提供商可以从两方面获利：一方面，通过为中小企业提供库存管理等增值服务而获得服务补偿；另一方面，通过为银行提供价值评估和监管等服务来获得收益（Liu et al.，2015）。

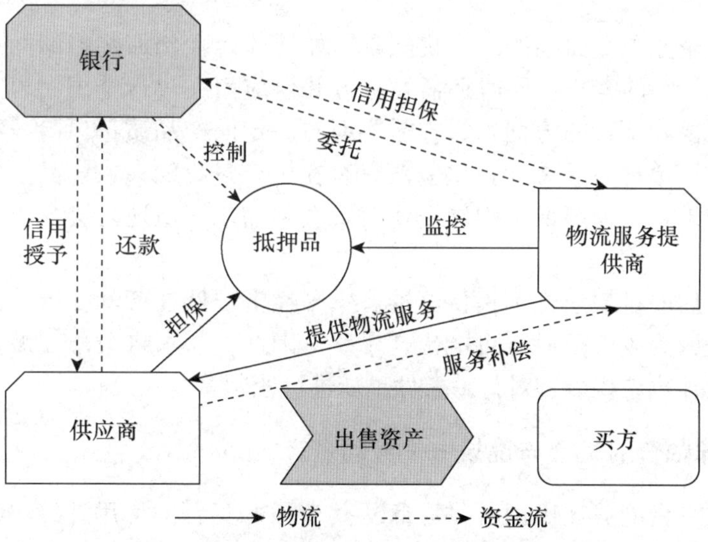


**图 8-1　一个典型的有抵押品的中国供应链金融情景**

**抵押品的定义**

中国的抵押品包括任何可用于补偿投资者损失的资产。抵押品的范围从个人担保到企业拥有的房地产和设备，还可以包括知识产权（IP）等无形资产，甚至连“土地和财产”也可以被用作贷款担保（例如在农业业务中）。

资料来源：ACCA（2011）

总而言之，物流服务提供商从供应链金融解决方案中获得了很大的收益。不过，它们并不是唯一的受益者。在供应链金融环境下，中小企业融资需求的增加使得银行可以从存款和中间业务中获得巨大收益，这也成为一个新的利润增长点。因此，通过实施供应链金融，中国的各个供应链金融解决方案的参与方，即中小企业、银行和物流服务提供商都可以从中获益，形成多赢局面。此外，这也可以帮助降低风险，因为通过整合金融服务和物流服务，供应链金融能够以流动资产为基础展开资本管理。供应链金融也需要多家各具特色的参与机构之间展开有效的合作与协作。因此，与传统融资模式下的风险不同，供应链金融模式下的风险已从传统的单一组织转移到了供应链的成员手中。

### 网络内部的内部融资的机遇与挑战

一般来说，调整应付账款或应收账款的付款条款很容易实现，它不需要额外的信息技术的支持，却可以快速地获得流动资金。在中国，大量的企业，特别是中小企业，资金都是有限的，这也就意味着它们有持续的资金需求。

这也就是为什么通常在中国订购的货物要求必须提前付款。也就是说，实际上，已经有很多中国的企业在使用这种简单的供应链金融方法进行融资，即使它们的运作方式可能稍有差别。

但是，中国企业需要面临的一个挑战是，如何才能找到那些能够同意这种付款条款而且又“现金充足”的客户，同时还需要买方和供应商在进行全国销售方面存在潜在的劣势。在预付款模式下，一方面，买方需要面对一定的产品质量风险，特别是对于未知供应商的第一批订单；另一方面，供应商只有在生产过程结束，产品出售和出货后才会收到账款。其结果是，它降低了中国企业对资金的需求，但还是会需要一些其他途径的融资来源。

此外，调整后的付款条件不提供标准。中国经济虽然在蓬勃发展，但也不可能免受危机的影响——因为股市随时有可能出现暴跌。因此，需求将会出现波动，而且由于经济衰退，贸易伙伴也希望能够对付款条件重新进行谈判。

### 网络内部的外部融资的机遇与挑战——流动资产

供应链金融平台能够让中国的供应商从其产品购买者的信用评级中获利，能够获得比竞争对手更便宜的融资，缓解它们的资金限制。供应链金融解决方案提供商为中国的企业提供了一个能够接触外国金融服务提供商的机会。外国金融服务提供商（与中国的银行相比）最有可能提供更多更便宜的资本，这将通过降低加权平均资本成本的形式来为中国企业提供巨大的竞争优势。

除此之外，供应链金融平台还承诺一个标准化的流程，这个流程是一个能够影响长期业务关系的长期解决方案。这将有助于增强中国的供应链合作伙伴的规划可靠性。由于买方更喜欢与那些已经加入其提供的供应链金融计划的客户打交道，因此，来自这个买方的产品需求波动不会太大，特别是考虑到潜在的经济衰退的可能性时，这一点非常重要。此外，加入供应链金融平台的供应链合作伙伴也更有动力去分享信息和专有技术。鉴于许多中国的企业仍然需要不断研发新产品以适应高质量标准的国际市场需求，供应链金融平台可以帮助它们（1）实现更高的质量水平，并且（2）能够在其他细分市场上销售其产品。

然而，供应链金融平台只能为中国企业提供一部分资金需求解决方案。我们还必须考虑到，随着中国企业的快速增长，资金需求将不断增加，因此，中国企业必须要找到能够从其他渠道获得额外资本的方法。

对于买方和供应商来讲，加入供应链金融平台是需要付出成本的。考虑到所付出的成本以及战略合作伙伴关系可能带来的潜在发展机会，供应商可能会要求业务关系的排他性。对于快速成长的中国供应商来说，这种做法会产生某种程度上的锁定效应。但其结果是，买方的增长速度放缓，进而会对供应商产生负面影响。此外，要想加入供应链金融平台，供应商还必须能够满足 IT 方面的基本要求，对员工进行相应的培训，并在企业内实施供应链管理。由于中国的企业必须具备一定数量的产品和服务的生产能力才能够抵消供应链金融平台的运营成本和折旧，所以在加入供应链金融平台之前，还需要对生产能力进行一定的投资。

### 网络外部的外部融资的机遇与挑战

应收账款证券化（trade receivable securitization，TRS）可以为中国企业提供获得多样化资金的途径。如果你有一笔超过 5 000 万美元的应收账款，那么就可以启用这样一个工具。因此，在这种模式下，投资者的风险就只与这笔应收账款有关。这就使得中国企业能够利用供应链成员的信用评级。此外，应收账款证券化的工具还非常具有灵活性：发起人能够增加其他的担保，如保险或超额担保等，从而提高可信度和可销售性。此外，如果一家企业的应收账款达不到要求的数额，还可通过几家企业联合的形式来达到要求的 5 000 万美元。因此，通过证券化，可以将这些应收账款出售给具有不同风险投资回报的客户。

除应收账款证券化外，在中国，货运应收账款证券化是另外一种非常有用的供应链金融工具。

#### 中国的货运应收账款证券化

证券化使得企业能够合法地将这笔资产与签发该票据的企业的破产财产进行分离，从而实现应收账款的货币化。该企业将其应收账款抵押给一家独立的、不会破产的“特殊用途工具”（SPV），该工具随后将其应收账款中的所有权权益抵押给贷方。

特别是在货运应收账款证券化（freight receivable securitization，FRS）中，还涉及对所谓的“未来流动结构”的使用，也就是说，所出售的应收账款不仅包括订立销售合同时存在的应收账款，还包括所有未来的应收账款。在一段时间内，交易在不断循环，这意味着证券没有本金，所有剩余现金都将还给发起人用于购买更多的应收账款。如果产生的应收账款数量达到事先约定的水平，并且其他条件得到满足，则可以进一步发行证券。在未来的某个时候，无论是在约定的日期，还是在发生触发事件（例如，违约超过指定的水平）的情况下，从应收账款中收集的所有资金都将被困在结构中。

在特殊用途工具支付了所有其他的负债后，剩余的部分并非归还给发起人，而是将用于偿还资产担保证券，这种做法通常被称为快速摊销（Hastings，2016）。

对于中国的证券化，企业仍面临着一些障碍。证券化需要开展一系列的活动，也涉及众多的参与方，如发行方和筹备方等。因此，中国企业需要熟练的财务知识，但是对于中国中西部地区的中小企业来说，情况可能有所不同。除此之外，抵押品至关重要。特别是外国投资者可能只会考虑那些能够提供财务数据、遵循国际会计准则并被国际评级机构评级的应收账款，这就将它们的考虑范围限制在了那些财务报表具有较高透明度的公司。不得不说，目前，中国中小企业的应收账款大多数情况下还未能符合这些要求。

因此，证券化将成为上市的大型中国企业的工具。不过，我们还必须注意到，中国的这些公司往往是国有企业，而它们通常与政府有着良好的关系，因此，一般也会与那些能够提供便宜和充足资金的银行保持着良好的关系。

## 8.3 西方中小企业融资和供应链金融

### 西方中小企业融资概述

欧盟对中小企业的界定取决于三个事实：员工数量、营业额和总资产。员工数量必须少于 250 人且企业每年的营业额在 5 000 万欧元以下，才能被认定为是中小企业。此外，资产负债表总额还应不超过 4 000 万欧元。欧盟还对微型公司进行了界定，它们需要具有以下特征：员工数量少于 10 人，营业额不超过 200 万欧元以及总资产在 200 万欧元以下。因此，任何符合以上这两种定义的企业都可以被认为是中小企业（SME）。

中小企业之间具有异构性，它们在企业生产率和增长率方面有很大的差异。一般来说，它们可以分为三组：

• 第一组是小型企业，通常它们成立的目的是为业主提供劳动力，而且一般这些企业的员工实力都很弱，销售收入都很低。

- 第二组是中速增长型企业，通常它们是使用现有产品进入现有市场的企业。
- 第三类是高速增长型企业，这些企业会在头几年进行快速的扩张，通常会发展成为大中型企业。

所有以上这些类型的中小企业都有一些共同的特点。它们往往都没有良好的财务记录——能够用作抵押品的资产不足，所需要的贷款数额小，所以所签订的合同是劳动力密集型的。此外，中小企业通常缺乏专业化的管理，主要是家族企业（Munro，2013）。所以，对于金融服务提供商来说，向为中小企业提供贷款就更为困难，对它们进行信用风险评估比对大公司还要难得多，而且通常情况下，成本-收益比也会更高。除此之外，大多数大型公司都已经掌握了与资本市场或金融服务提供商打交道的知识，但是中小企业却不能：43%的小型企业和38%的中型企业报告显示，它们面临的一个主要障碍就是无法获得融资（World Bank，2010）。小型企业面临的财务障碍比大型企业更严重，因此，我们说规模很重要。与大型企业相比，中小企业受到抵押要求、银行官僚主义以及与法律和税务部门之间的联系等因素的影响更大。财务障碍将会对中小企业的经营和增长产生影响（Beck et al.，2005），而且越小的企业受到的影响越大。与企业规模不同，企业的年龄并不是很重要，企业年龄与其所受到的财务约束无关（Kuntchev et al.，2013）。

除了相似点之外，我们还要区分中小企业的运作环境：它们是在正规的还是非正规的经济中运作？但是，对于后者（也称为黑市），我们很难界定。通常情况下，非正规经济组织会非法生产政府禁止的商品和服务，以避免缴纳税收和社会保险费用，或承担法律义务和市场标准（Schneider et al.，2010）。在新兴市场经济国家，40%～50%的国内生产总值来自非正规企业（Martinez Peria and Singh，2014）。与非正规企业不同，正规企业是那些设立和所经营的业务都经过正规登记的企业，例如被列入企业登记册的企业。在所有的非正规企业中，大约53%都有银行账户，而相比之下，大约有86%的正规企业都拥有银行账户。但从银行贷款方面来看，就只有12%的非正规企业有银行贷款，相比之下，47%的正规企业都有银行贷款。假如我们再回过头来看营运资本融资，情况还会更加严峻。所有非正规企业中，只有7%获得了外部资金来支持其营运资本；但正规企业中有47%能够获得银行融资来补充其营运资本。之所以会出现以上情况，就是因为非正规企业往往没有良好的信用记录（Tewari et al.，2013）。非正规企业不愿意申请银行贷款的主要原因在于复杂的申请手续、高利率和高额担保或抵押要求。因此，这些企业必须更多地依靠内部资金、家庭或同行业来获得资金（Martinez Peria and Singh，2014）。

2009年10月爆发的债务危机使得脆弱的银行业更不愿意去承担风险，因而也阻碍了银行贷款业务的发展（OECD，2013）。这给中小企业带来了更为严重的后果。在这次债务危机中，许多企业的营业额和利润下降，进而对信誉造成了负面影响。因此，大多数银行减少了对中小企业的融资额，并加强了信贷条件（World Bank，2010）。以上这些所造成的影响是深远的。众所周知，相比于大型企业，中小企业更依赖债务融资，这是因为大型企业可以转向其他类型的融资，如公开发行债务和股权融资。因此，更多的中小企业出现了严重的资金流动性问题，一些脆弱的企业甚至出现了破产。更糟糕的是，2014年《巴塞尔协议Ⅲ》的实施也对中小企业的借贷和信用状况产生了重大的影响。一个可能的情况是，银行将相应减少资产负债表总额而不是去筹集资本。贷款数量的减少将再次打击中小企业（OECD，2013）。

但是，与同行业的其他企业相比，也有一些中小企业是银行比较青睐的贷款候选企业：它们具有较强的竞争力且增长速度快，因此经济绩效表现优异。不幸的是，信用评级仍然会对它们产生影响（Tewari et al.，2013）。

尽管中小企业很重要，但在过去它们往往被决策者忽视。幸运的是，现在已经有越来越多的国家意识到中小企业的价值，其中荷兰、美国和英国已经启动了中小企业扶持计划，鼓励供应商融资解决方案（见表 8-2）。所有这些计划旨在改善小规模企业的融资状况，使它们能够获得企业成长所需的营运资本。

**表 8-2　通过发展供应商融资解决方案来扶持中小企业的国家举措**

| 国家和举措 | 理念 | 计划 | 参与 |
|---|---|---|---|
| 英国<br>供应链金融计划 | 帮助企业获得融资并提前获得付款，以保证英国最大型企业的供应链和数以千计的工作岗位 | 这个计划的想法是基于客户的信誉，以优惠的条款向英国供应商提供早期付款 | 自 2012 年以来，许多企业已经通过积极评估供应链融资实施可能性的方式来支持该计划，如：Atos、BAE 系统公司、翠丰集团、Sainsbury's 超市、劳斯莱斯和乐购等 |
| 美国<br>供应商支付计划 | 供应商支付计划（SupplierPay）的主要目标是为小型企业提供一种可能性，使它们能够更容易为其企业筹集资金。更快的支付减少了小型企业对外部借款的需求，促进企业发展和创造就业机会 | 该计划以早期付款的形式支持位于美国的供应商，并为它们提供有吸引力的融资解决方案，来改善其营运资本状况 | 截至 2014 年 10 月，包括 IBM、AT&T、洛克希德·马丁、可口可乐和强生公司在内的 50 多家美国企业已经签署了供应商支付计划，并承诺为供应商提供获得早期付款的权力 |
| 荷兰<br>“立即付款”计划 Betaalme.nu | 该计划的目的是为当地的小型企业提供解决方案，使它们能够及早收到付款并且获得较低的融资费用。这减轻了供应商对外部融资的需求，让它们能够快速、轻松地获取资金——无论是什么行业、规模或财务状况 | 该计划使得企业能够在以早期付款形式为供应商提供支持的同时，改善营运资本或盈利能力 | 该计划于 2015 年 11 月正式启动。包括喜力、任仕达、Jumbo 超市和菲仕兰坎皮纳公司在内的很多荷兰的领导型企业都已经签署协议统一参加 |

资料来源：www.supplierfinancing.org

中小企业是西方经济的重要组成部分。发展良好的中小企业投资不断扩大，这不但创造了越来越多的就业机会，也刺激了经济的增长。作为大型企业所需商品和服务的供应商，中小企业也是许多供应链的重要环节。因此，为了保证供应链的稳定和实现高效的营运资本管理，保持中小企业的蓬勃发展至关重要。如果要保持中小企业的发展，就需要为它们提供充足的流动资金，然而仍然有很多企业在为此而奋斗，其主要是因为它们的大部分资金都被用在了商品和服务的生产上，而这部分商品和服务虽然已经出售，但是仍未得到付款。流动资金的不足使得这些企业变得更加脆弱，而且也阻碍了它们的成长。因此，这也是这些国家的举措，如像荷兰的“立即付款”计划，能够推行的主要原因。

### 荷兰的“立即付款”计划（Betaalme. nu）

Betaalme. nu（“立即付款”）是一个非营利性的举措，旨在让中小企业供应商能够以一个合理的价格获得流动资金，这不但可以帮助它们实现增长愿望，还能提高它们创造就业机会的能力，并加强供应链的稳定，最终使整个荷兰经济受益。该计划需要有大型企业的“承诺”才能发挥作用，确保荷兰的中小企业能够以优惠的融资利率及早地收取付款（见图 8-2），这是因为是否要更快地向供应商进行支付或者为供应方的合作伙伴提供供应链金融解决方案取决于这些企业自己的决定。供应链金融是为供应商提供流动资金的合理解决方案。但实施的关键是，企业要能够快速地批核供应商的发票，只有这样，供应商才能够从金融服务提供商那里获得对发票的付款。在这个计划中，融资取决于其业务伙伴的信用评级，这带来了利率的降低。如果供应商们能够快速轻松地获得资金，那么就降低了它们对外部融资的需求——无论它们所属的行业、规模或财务实力如何。

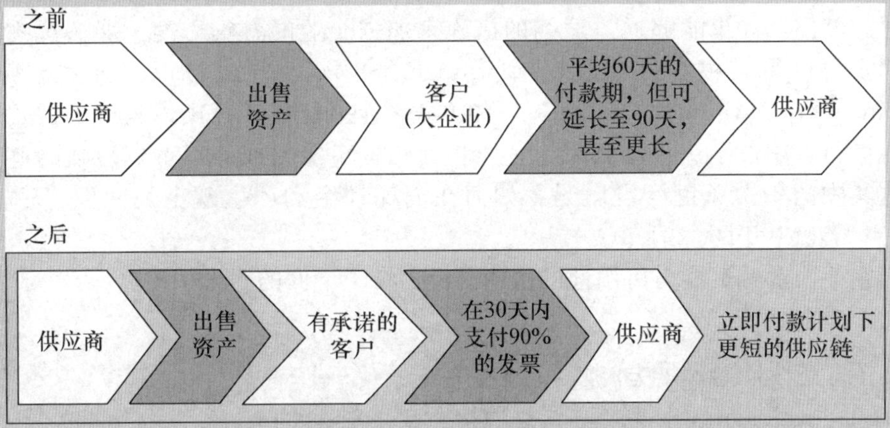


**图 8-2 “立即付款”计划下的更快付款（Betaalme. nu，2016）**

荷兰的“立即付款”计划具有以下具体优势：

- 更好地了解现金流；
- 提供了协调中小企业供应商与其客户之间的付款条款的可能性；
- 更容易激励中小企业供应商的增长；
- 增强了供应链的稳定性；
- 通过提高所有供应链成员的效率来降低成本；
- 电子发票减少了出现错误的概率。

“立即付款”计划希望在未来 5 年内能为荷兰的中小企业解锁 25 亿欧元的流动资金。这一目标的实现，需要动员 50%的前 1 000 家企业加入为供应商提供更快的付款或快速融资服务的队伍中来。如果这些雄心勃勃的目标真的能够变成现实，将有效改善中小企业的财务状况，并给予它们更多的投资机会（Betaalme. nu，2016）。

## 企业的机遇与挑战

企业能够得到的好处是：供应链金融解决方案提高了它们资金来源的多样性，从而降低了对银行贷款的依赖。在早期阶段，企业往往依靠非正式的资金来发展，但是随着企业的发展，正式的资金来源变得越来越重要，而且能否获得这些正式的资金也将决定企业的增长率。在西方世界，银行是营运资本融资的主要提供者。中小企业所需要的服务通常只有银行才能提供，但传统银行模式下的服务却只针对大型企业。为此，小额信贷公司提升了为这些非正规企业提供融资的具体知识技能并开发了相应的商业模式，但随着客户企业的成长，它们的能力是非常有限的。通常情况下，中小企业只是在开始阶段使用短期借贷，但当它们有足够的信贷记录时，就会寻求更高级的服务（World Bank，2010）。

如前所述，相比大型企业，中小企业更有可能受到资金的限制，这将影响它们的增长率。导致企业达到增长极限的因素有很多，其中包括一些外部因素，如销售市场饱和、缺乏技术娴熟和经验丰富的劳动力等，还有内部因素，如能力限制、低于平均水平的生产率、低效率的组织运作，还有最重要的就是缺乏资本，以上这些都是目前企业增长的主要障碍。然而，如果能够通过适当的措施来加强企业的融资力度，那么这些抑制企业增长的因素可以得到根本性的改变（Hofmann et al.，2011）。以“自主融资增长率”（self-financing growth rate，SFG-rate）的方式，企业能够计算出以自己的方式进行业务扩张是否可行。超过了这个增长率，企业将面临资金短缺或外部融资短缺的危险。也就是说，这其中的一个关键问题就是：如何在消耗现金和产生现金之间取得适当的平衡（Churchill and Mullns，2011）。

对于企业内部融资能力可用性的解释已经列在了下面的附记中。

**附记：企业的内部融资能力的解释**

在确定自主融资增长率时，三个因素是至关重要的：

- 企业的经营性现金周期（operating cash cycle，OCC），即在企业在获得付款之前，资金被库存和其他流动资产占用的时间（见图 8-3）。

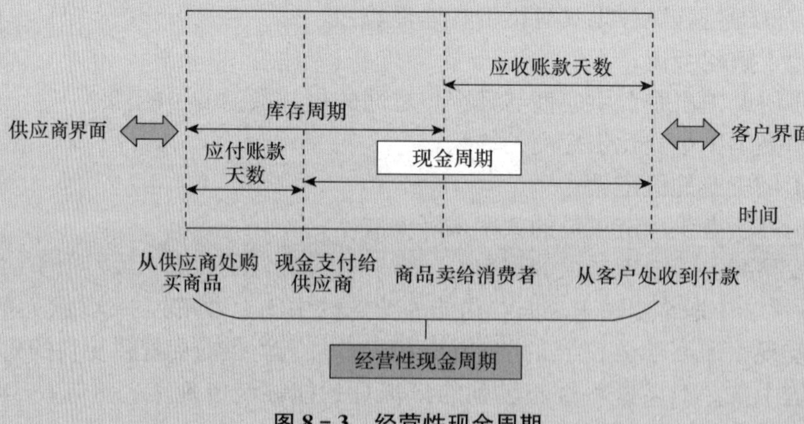


**图 8-3 经营性现金周期**

- 每一美元销售额所需的资金数量，包括流动资金和营业费用。
- 每一美元销售所产生的利润。

企业的经营性现金周期的长度取决于很多不同的因素。例如，一家库存少且客户能以现金形式快速付款的服务型企业，往往比那些资金占用多、库存量大或付款期长的企业的经营性现金周期要短。

在计算自主融资增长率之前，以上三个因素中的每个因素都必须得到确认（见图8-4）。

| 资金被占用时间 | |
|---|---|
| 应收账款天数 | 70 |
| 库存天数 | 80 |
| 经营性现金周期（OCC） | 150 |
| 应付账款天数 | 30 |
| 销售成本天数（现金周期） | 120 |
| 营业费用结算天数 | =(75) |

- 30天的信用期将资金占用时间缩短到了只有120天。
- 营业费用在这个周期内会不时地被支付，所以它们的结算天数是周期时间的一半或者75天。

| 利润表（欧元） | |
|---|---|
| 销售额 | 1.000 |
| 销售成本 | 0.600 |
| 毛利 | 0.400 |
| 营业费用 | 0.350 |
| 利润 | 0.05 |

- 标准化的1欧元相当于100%。
- 为了简化起见，我们将所得税纳入营业费用中，并忽略折旧。

| 每一欧元销售额扣除现金金额 | |
|---|---|
| 销售成本 | 0.60×(120/150)=0.480 |
| 营业费用 | 0.350×(75/150)=0.175 |
| 每个经营性现金周期所需的资金 | 0.655 |

- 资产负债表显示，为了产生1欧元的销售收入，必须要花费0.6欧元的销售成本。这部分成本被占用120天。
- 从资产负债表还可以看出，对于每一欧元的销售收入，还必须投入0.35欧元的营业费用。这部分资金被占用75天。

| 每一欧元的销售额所产生的利润 | |
|---|---|
| 每一欧元的销售额所产生的利润 | 0.05欧元 |

| 自主融资增长率计算 | |
|---|---|
| 经营性现金周期自主融资增长率 | 0.05/0.655=7.63% |
| 每年的经营性现金周期 | 365/150=2.433 |
| 每年自主融资增长率 | 7.63%×2.433=18.58% |

- 将0.05欧元加到已经投资的0.655欧元上，每个周期的投资额将增加7.63%。
- 这可以直接转化为下一个周期7.63%的销售量增长。

**图8-4　年度自主融资增长率的计算示例**

在上面的例子中，每年自主融资增长率为18.58%。如果企业的增长速度比这个慢，那么它创造的更多利润将高于业务扩张所需的数量，但是，如果企业每年的增长速度超过18.58%，那就必须从其业务中释放更多的资金或从外部寻找额外的资金。否则，它必然会发现自己陷入了资金短缺的困境。

通过改变三个影响自主融资增长率的因素中的任何一个都可以实现自主融资增长率的提高：

- 缩短企业的经营性现金周期，例如降低库存周期、缩短应收账款天数或延长应付账款天数。
- 降低销售成本和其他费用，例如提供折扣。
- 增加净销售额，例如通过降低销售价格来提高销量，这是因为采购价格的降低带来了销售价格的降低。

有利于中小企业供应链金融解决方案发展的另一方面是，一些解决方案可以实现长期业务关系的承诺，也就是说，双方达成了战略伙伴关系。因此，两个合作伙伴之间将会有更多的业务往来和更多的信息流动，这两方面都将促进客户所需的商品和服务的改善。对于供应商来讲，供应链金融解决方案也可以提供更高的规划可靠性；可以对销量进行更好的预测并提前做出准备，这将减少生产时间和材料的浪费。所有这些都将使得双方的转换成本增加。

此外，挑战也是存在的：规模往往与能够从银行获得贷款的数量紧密相关，但通常情况下，受限制越多的企业越能够从供应链金融解决方案中获得更多的收益。这里面有一些特征与申请银行贷款类似。这些小型企业必须找到一个贸易伙伴：在大多数情况下，需要的是一个具有更低的加权平均资本成本并愿意与这些小型企业形成战略合作伙伴关系的大型企业。由于实施供应链金融解决方案通常会产生一些IT、员工培训和流程重组方面的成本，因此，只有当大型企业能够清楚地看到这样做的优势后，它们才会愿意加入其中。而且大多数中小企业会因为信贷记录不足而出现问题，所以，在实际执行的过程中，大型企业一般都会在实施供应链金融解决方案之前进行记录检查和尽职调查以选择“最佳的”供应商。

此外，与小额银行贷款类似，小交易量的商品和服务通常提不起各参与方的兴趣。因此，为了实现供应链金融项目的盈亏平衡，特别是包含金融服务提供商的项目的盈亏平衡，我们需要确定一个合理的交易量和交易价值。但即使中小型供应商愿意参与供应链金融计划并提供所需数量，也有可能会由于过度的依赖性而导致该企业出现系统性风险。

### 网络内部的内部融资的机遇与挑战

西方中小企业可以轻易地对供应链中的应收账款天数（DSO）或应付账款天数（DPO）进行变更。只要供应链中的合作伙伴具有较低的加权平均资本成本，货物流或资金流就可以进行调整，并且由此而获得利润可以根据各自承担的风险来共享。由于这种融资方式不需要额外的IT成本，通过协作方式管理提前或延迟付款可以让企业快速获得回报（例如，参见荷兰的“立即支付”计划）。

但是，付款条款变化的实施也会带来一些挑战。例如，加权平均资本成本较低的贸易伙伴必须能够提供充足的流动资金。除此之外，供应链中的贸易合作伙伴还必须足够信任对方，达到能够与其共享机密信息的程度。而且，付款期限调整应在预先设定、自我约束和沟通良好的环境中进行。实际上，供应链中的合作伙伴还是会有动力去尝试对付款条款进行重新谈判和调整的，特别是在经济危机期间，这些调整对于弱势的中小企业而言可能生死攸关。

**网络内部的外部融资的机遇与挑战——流动资产**

供应链金融平台给西方中小企业带来的最大好处就是帮助它们克服了资金的限制，为它们提供了适当和额外的资金来源。关于信贷风险，金融服务提供商只需要考虑商品和服务的买方。一般情况下，只要买方信用良好，供应商都能够以较低的成本获得资金。

在金融危机期间和之后，金融服务提供商通常不太愿意批准贷款。由于大型企业可以进入资本市场或采用其他解决方案，但中小企业却严重依赖银行贷款，所以，在金融危机期间，西方中小企业面临的形势更加严峻。供应链金融平台使用的推广可以帮助降低这种依赖性。特别是在经济复苏阶段，当金融服务提供商还不能看到良好的财务报表但经济却在恢复时，供应链金融平台便能激发其强大的能量。

供应链金融平台项目有助于在供应链合作伙伴之间建立牢固的联系。这给中小企业带来的好处尤其明显。虽然供应链金融平台的折旧和运营成本很高，但基本是由发起企业来承担，而且买方也有动力跟选定的供应商保持长期合作关系。所以，中小企业能够实现较高的计划可靠性并获得比竞争对手更好的竞争优势（积极的锁定效应）。同时，供应商还可以针对所需的产品在更长时间范围内运作该项目。

然而，这种方式也存在一些挑战。中小企业供应商只有具备一定的生产能力来达到特定的营业额和交易频率，才能够抵消因加入供应链金融平台而带来的成本。与此同时，与买方的强联系还可能产生一定的负面锁定效应，因为买方需要确保供应商不能中断与它们的交易，而这可能会妨碍其他商业机会的发展。同时，买方的不良发展也将直接影响供应商，从而造成依赖风险。另外一个挑战是，买方会仔细考虑选择哪个供应商加入供应链金融平台，如果中小企业的规模不够就会处于劣势地位。例如，小型企业的生产能力较低且对关键人员的依赖度更高。同时，由于产量低，商品或服务的成本可能会很高，因为前期的生产成本比较高。

因此，在使用供应链金融平台的过程中，其中一个主要问题就是如何快速有效地让供应商加入这一系统，而不论其规模和相应的交易量如何。这种形式的网络内部的外部融资能否成功与供应商是否愿意使用系统直接相关，所以，从应付账款自动化获得投资回报的唯一途径就是让供应商也使用它。然而，这个过程特别是对于小型企业来说，可能存在很大的不便，因为它需要进行变革。那么，企业到底应如何与中小企业供应商建立成功的应付账款解决方案？其实答案很简单，那就是，对供应商来说，加入供应链金融项目要比不加入更有利可图（获胜的前景）。

实施新的解决方案或改变流程，对很多企业来说都可能是一个艰巨的挑战，其中包括对改变的抵制和不确定性等，但通过采取一些简单的步骤使供应商的加入流程尽可能简单，可以提高供应商——甚至是中小企业供应商——的参与度。

**如何高效地让中小企业供应商加入进来？**

在反向保理平台上，支持中小企业供应商加入的七项原则为：

1. 积极主动：企业应积极主动地向供应商提供服务，而不是消极地对它们的需求进行简单的回应。应该从一开始就使过程无缝链接，这样供应商就没有任何理由推脱了。

2. 对供应商加入的优先次序进行排序：根据帕累托原则，20%的供应商通常占总支出的80%。通过关注这20%的供应商，企业也可以获取更多的收益，即使只是将少数的供应商加入供应链金融系统中。接下来，当最重要的供应商都加入系统之后，就可以把工作重点扩展到其他供应商。

3. 对供应商的连接方式做出规划：企业必须确定供应商是否已经使用定义的EDI格式，因为中小企业可以轻松地购买到它们自己已经使用的系统。在这些供应商之间，重要的是，要优先让那些已经使用系统支持的浏览器的供应商加入——改变浏览器比开发对新浏览器的支持更容易，而且更具成本-收益。

4. 使供应商和用户的注册流程尽可能地简单：对80%供应商的加入流程实施自动化，可以使企业能够更专注于那20%更重要的供应商。这可以通过向供应商发送包含链接、用户名和密码的电子邀请邮件，并允许供应商在线提交各种文件和证书以便有效地跟踪的方式来实现。

5. 对未来的成长做出规划：兼并或收购可以增加参与供应链融资计划的供应商的数量。如果企业目前正处于扩张阶段，那么就应该考虑到更多的协作平台连接和管理方式，以便保持较好的可扩展性。

6. 执行流程的优先顺序：如果企业花大部分时间用于手动处理发票，那么启动应付账款自动化就可以获得成功。如果对此有重大需求，那么供应商就更有可能进行尝试。一旦供应商加入其中，那么就可以根据需要推出其他的流程，如联合采购订单协作等。

7. 计划为供应商提供培训：培训和在线教育（例如以互联网教程或网络研讨会的形式）有助于形成对供应链金融平台的初步了解，并确保参与者，特别是中小企业供应商，能够获得成功的实施经验。

资料来源：Take Supply Chain（2016）

虽然中小企业供应商起初可能会不愿意尝试这种新方法，但通过这几个简单的步骤，可以帮助它们更容易地克服阻力。通过无缝链接和免费向中小企业供应商提供技术指导，以及早日获得付款的机会，这些原因都促使供应商能够真正地愿意加入供应链金融项目之中。

### 网络外部的外部融资的机遇与挑战

应收账款通常是资产负债表的重要组成部分。应收账款证券化帮助中小企业将应收账款快速转为现金。只要应收账款与具有较高信用评级的客户相关，即该客户的资金成本低于中小企业，那么就存在优化的机会。

应收账款证券化的灵活性也可能带来其他机会。如果中小企业没有足够的应收账款来达到5 000万美元的必要限额，那么发起人可以就与其他企业一起组建应收账款集合来达到限额要求。例如，可以将买方的多个供应商的应收账款进行组合，或将来自同一区域或同一行业的企业的应收账款进行组合。此外，为了提高可销售性，还可以将超额抵押或保险也纳入进来。但是，当考虑到代理金融中介，即投资银行时，由于规模的限制，希望进行应收账款证券化交易的西方中小企业的选择是非常有限的。很明显，一个较小的卖方从金融市场中获得融资的可能性更小，而且潜在的投资者也会对其持怀疑态度。

另一个挑战是，西方中小企业的应收账款要来自具有良好信用评级的公司。只有当客户的信用评级较高时，信用套利才有可能变成现实。此外，中小企业还必须有合格的员工来支持发起人启动交易过程。

## 8.4 总结

从本章的讨论中，我们可以总结出一些与中国等国家的企业进行合作的有用经验。此外，我们也探讨了一些中小企业面临的重要问题。总而言之，社会文化将在不久的将来变得越来越重要，企业需要考虑到在不同“区域”特色（特别是立法）、价值观和行为模式的背景下的供应链金融特征。

### 中国融资和供应链金融回顾

从长远来看，中国市场（包括货币）将在世界上发挥主导作用，并可能会逐渐取代那些已经成熟的业务（如果不是整个市场）。但是，要实现这样一个至高无上的地位，中国的银行体系必须进行改革。因此，就需要替代性资本供应来保持经济体系的顺利运转。供应链金融解决方案是最有希望向经济提供流动资金的方式，但问题是中国政府是否会允许供应链金融解决方案的大范围使用。目前，中国的资本市场或多或少是相对孤立的，这不但能减少金融危机造成的影响，而且由于较低的复杂度，这样的市场也更容易进行监控和调节。在中国，政府对贷款行为存在较大的影响，因此，可以实现对某些行业的支持和补贴，造成了企业对银行和政府的过度依赖。而由国际和非中国企业提供的供应链金融解决方案就可以帮助企业降低这种对于中国的银行和政府的依赖性。

但是，与银行贷款相比，供应链金融解决方案更加复杂而且经验不足。为了将供应链金融解决方案推向中国市场，需要建立一个专门的游说团体去推广这些概念。此外，金融基础设施的改善将有助于供应链金融解决方案的成功实施。例如，保持与国际既定标准（如会计和审计标准、信用报告制度、抵押品和破产制度以及支付和结算系统）的一致或协调将是非常有益的做法（World Bank，2010）。

此外，中国的“影子银行”市场已经大到不能倒闭的程度，其中一个最引人注意的例子就是P2P借贷的流行和快速增长。中国政府最近已经开始对这些P2P借贷系统进行规范化管理，从而避免持续的数量增长以及违约事件形成经济发展的陷阱。即便是这样，为经济发展开发可替代的资金来源也是很有道理的，而且供应链金融在促进中国商业增长方面也发挥着至关重要的作用。其关键是要得到政府（特别是法律、税务、监管以及区域管辖部门）对供应链金融的支持。当然，也已经有迹象表明，在中国，政府的这些支持是存在的。

## 西方中小企业融资和供应链金融回顾

如果政府支持供应链金融，那它就会对一个国家的发展产生稳定效应。首先，供应链金融为受限制的中小企业提供了额外的资金来源，从而降低了资金成本并提高了运营效率。特别是对于中小企业来说，这将有助于促进企业成长、创造就业机会和减少营业费用。其次，企业资金来源的多样化还有可能对金融或经济危机产生积极的影响。再次，供应链金融计划的实施使得合作伙伴之间形成战略合作伙伴关系，这样，中小企业不仅可以得到更便宜的信贷，而且通常也会得到技术支持。最后，企业可以做出更长远的发展规划，保证中小企业能够在供应链中得到长期的发展。

政府已经启用部分信贷担保（partial credit guarantees，PCG）计划，例如美国长期使用的SBA第7a节计划、意大利的小额贷款担保计划或英国的小企业贷款担保计划（Honohan，2010），它们的建立以反周期为目的（World Bank，2010）。如果国家推行这种部分信贷担保计划，政府还必须要决定哪些企业能够使用这些计划并从中获利。相反，不同于以上计划，供应链金融解决方案将适用于所有的行业和企业，而且市场机制会自动规范对供应链金融计划的使用。因此，政府应该为供应链金融领域的所有参与者推广这一概念并提供适当的基础设施（如一致的标准）。

毫无疑问，这也是一个很具挑战性的任务。正如我们所看到的，决策者应该支持中小企业或行业的发展，特别是要支持那些有很大发展潜力的企业或者行业的发展。但不幸的是，政府往往没有做出正确的选择（Tewari et al.，2013）。不单是供应链金融，这对于大多数私募股权基金来讲也是一样的。首先，并不是所有的信息都容易获取或者可用；其次，未来并非安全的。但是一旦政治家支持的企业或者行业成功了，那么他们就可以因此而获得信誉。相比之下，如果启用供应链金融，虽然也可以帮助快速增长的企业获得资本，但它是在自由市场上进行的。如果一家企业成功，并且其所需的部分资金来自供应链金融，那么政治家就很难因此而获得信誉。

此外，我们还必须要考虑到供应链金融毕竟刚刚起步。因此，政治家首先必须意识到供应链金融存在的意义，之后才能理解它并在制定新的规定时将供应链金融的要求考虑进来。此外，决策者在制定决策时通常会有顾问或游说者来影响他们的决策。因此，供应链金融解决方案能否被这些游说者所推动，就是问题的关键所在。银行历来与政客有很好的联系。但是，只要对于银行来说供应链金融解决方案是一个利基市场，它们就不会得到足够的政治关注。另外，为了阻止来自金融科技行业的新创竞争对手进入该领域，银行业的游说者就可能会采取建立新规定的策略，从而构建行业进入壁垒。所以说，影响供应链金融发展的另一个关键问题就是：在不久的将来，银行业将如何打压供应链金融解决方案的发展？

## 参考文献


ACCA (2011) [accessed 25 January 2016] [Online] www. accaglobal. com/gb/en. html

Akram Khan, M (2013) *What Is Wrong with Islamic Economics?* Edward Elgar Publishing, Cheltenham

Al-Bashir Muhammad Al-Amine, M (2013) Managing liquidity risk in Islamic finance, in *Contemporary Islamic Finance*, ed K Hunt-Ahmed, pp 121 - 47, Wiley, Hoboken, NJ

Allen, F, Qian, J and Qian, M (2005) Law, finance and economic growth in China, *Journal of Financial Economics*, 77 (1), pp 57-116

Alljifri, K and Khandelwal, SK (2013) Financial contracts in conventional and islamic financial institution: An agent theory perspective, *Review of Business and Finance Studies*, 4 (2), pp 79-88

Ariss, RT (2010) Competitive conditions in Islamic and conventional banking: A global perspective, *Review of Financial Economics*, 19 (3), pp 101-08

Beck, T, Demirgüc-Kunt, A and Maksimovic, V (2005) Financial and legal constraints to growth: Does firm size matter? *The Journal of Finance*, pp 137-77

Betaalme. nu (2016) [accessed 16 December 2015] www. betaalme. nu

Black, A (2008) *The West and Islam*, Oxford University Press, New York

Churchill, NC and Mullins, JW (2011) How fast can your company afford to grow? *Harvard Business Review*, pp 135-4, 166

Conway, K and Feese, S (2007) The tax dilemma in Islamic finance, *International Tax Review*, 18, pp 20-22

Doug, T (2014) China shadow credit still a major worry, *Investors Business Daily*, p A01

El Hawary, D, Grais, W and Iqbal, Z (2004) Regulating Islamic financial institutions: The nature of the regulated, *World Bank Policy Research Working Paper*

Financial Islam (2015) [accessed 15 December 2015] from www. financialislam. com/salam. html

Garrcia-Herrero, A and Santabarbara, D (2013) *An Assessment of China's Banking, in Who Will Provide the Next Financial Model?* ed S Kaji and E Ogawa, pp 147-82, Springer, Tokyo

Hasan, M and Dridi, J (2011) The effects of the global crisis on Islamic and conventional banks: A comparative study, *Journal of International Commerce, Economics and Policy*, 2 (2), pp 163-200

Hofmann, E, Maucher, D, Piesker, S and Richter, P (2011) *Ways Out of the Working Capital Trap*, Springer, Heidelberg

Honohan, P (2010) Partial credit guarantees: Principles and practice, *Journal of Financial Stability*, pp 1-9

Hunt-Ahmed, K (2013) *Contemporary Islamic Finance*, Wiley, Hoboken, NJ

Imam, P and Kpodar, K (2013) Islamic banking: How has it expanded? *Emerging Markets Finance & Trade*, 49 (6), pp 112-37

Khan, F (2010) How Islamic is Islamic banking? *Journal of Economic Behavior & Organization*, 76 (3), pp 805-20

Kuntchev, V, Ramalho, R, Rodriguez-Meza, J, and Yang, JS (2013) [accessed 24 October 2014] from https://openknowledge. worldbank. org/bitstream/handle/10986/16885/WPS56670. pdf? sequence=1

Liu, X, Zhou, L and Wu, YCJ (2015) Supply chain finance in China: Business innovation and theory development. *Sustainability*, 7 (11), 14689-709

Lu, D, Thangavelu, SM and Hu, Q (2007) Biased lending and non-performing loans in China's banking sector, *The Journal of Development Studies*, pp 1071-91

Lui, M-H and Margaritis, D (2009) Monetary policy and interest rate rigidity in China, *Applied Financial Economics*, 19 (8), pp 647-57

Martinez Peria, M and Singly S (2014) [accessed 27 October 2014] from https://openknowledge. worldbank. org/bitstream/handle/10986/20348/WPS7013. pdf? sequence=1

Mirror (2015) [accessed 25 January 2016] from www. mirror. co. uk/news/world-news/Islam-predicted-overtake-Christianity-worlds-5450794

Munro, D (2013) *A Guide to SME Financing*, Palgrave Macmillan, New York

OECD (2013) [accessed 19 October 2014] from www. oecd. org/cfe/smes/Scoreboard_2013_ extract_ chapter2. pdf

Paul Hastings (2016) [accessed 25 January 2016] from www. paulhastings. com/

PewResearchCenter (2011) [accessed 25 January 2016] from www. pewforum. org/2011/01/27/table-muslim-population-by-country/

PewResearchCenter (2012) [accessed 25 January 2016] from www. pewforum. org/2012/12/18/global-religious-landscape-exec/

Schneider, F, Buehn, A and Montenegro, CE (2010) [accessed 10 December 2014] from http://elibrary. worldbank. org/doi/pdf/10. 1596/1813－9450－5356

Simader, E (2013) *Die westliche Finanzkrise*, Peter Lang GmbH, Frankfurt am Main

United Nations Conference on Trade and Development (2006) *Islamic Finance and Structured Commodity Finance*

Visser, H (2013) *Islamic Finance*, Edward Elgar Publishing, Cheltenham

Volk, S (2010) Challenges and opportunities for Islamic retail banking in the European context: Lessons to be learnt from a British-German comparison, *Journal of Financial Services Marketing*, pp 191－202

Wangdaizhijia (2016) [accessed 25 January 2016] from www. wdzj. com/

Wei, S (2013) Shadow banking system in China, *Journal of International Banking Law and Regulation*, p 20 [accessed 25 January 2016] [Online] from http://papers. ssrn. com/sol3/papers. cfm? abstract_ id＝2320407

Williams, R (2010) Faith in finance, *Accountancy*, pp 72－73

World Bank (2010) [accessed 24 October 2014] from https://openknowledge. worldbank. org/handle/10986/12515

World Bank (2015) [accessed 25 January 2016] from http://databank. worldbank. org/data/download/GDP. pdf

Xingjian, C and Shimming, D (2014) The development of supply chain finance in China, *International Journal of Management Excellence*, 3 (3), pp 475－79

Xusheng, Y (2014) Inside China: Reining in P2P lending, *International Financial Law Review*, 33 (5), p 224

## 练习

阅读下面的案例并回答后面的问题。

---

**中国的跨境现金池**

美银美林全球交易服务（Bank of America Merrill Lynch Global Transaction Service）已经为在上海自贸区经营的企业开启了自动化的跨境美元现金池服务。该集团表示，德国采埃孚（ZF Friedrichshafen）公司生产汽车安全系统的部门 ZF TRW 已经实施了营运资本解决方案，并成为该创新服务的试点客户。

美银美林全球交易服务补充道：该项新服务使企业能够充分利用中国国家外汇管理局颁布的放宽跨境现金池管理限制的政策，该政策允许更广泛地跨境使用境内和境外资金，并增加配额净流入。

美元跨境现金池服务可以通过利用境内和境外过剩的资金为企业提供营运资本的形式来支持在中国运营的企业。该银行集团的新服务允许美元支付和收款的集中化，也允许净额结算安排，这也使得中国的企业实体能够通过降低跨境支付费用、简化跨境结算流程和标准化处理流程的方式，保持与其全球企业现金管理做法的一致。

“中国不断放松其财政管理框架，”美国银行美林亚太区全球交易服务负责人 lvo Distelbrink 说，“该解决方案为那些在中国运营的企业提供了采用更加有效和高效的财务管理实践的机会。”

ZF TW 的亚太区财务总监 Jane Hua 表示：“美元跨境现金池是 ZF TRW 将中国现金管理功能整合到全球结构中的关键里程碑，它极大地促进了我们对营运资本管理的优化、对外汇风险的控制以及资金效率的提高。”

资料来源：Buck，G（2016）[7 January 2016] Bof A Merrill launches USD cross-border cash pooling in China [Online] www. gtnews. com

## 思考题

1. “境内和境外过剩的资金”是指什么？对于 ZF TRW 来讲，它利用这些资金在中国市场上进行运作能够获得哪些好处？是不是还存在一些负面效应？

2. 跨境现金池在除了上海自贸区之外的更广阔的中国市场上是否有发展机会？中国的企业能够从这种放宽管制的方法中获利吗？

3. 中小企业要想使用这种跨境现金池服务还存在哪些挑战？

# 第九章

# 新篇章——供应链金融的新前沿

## 9.1 概述

**成果**

本章的预期成果如下：

- 确定供应链金融环境中的风险；
- 考虑融资中的组织行为，以及何时可以避税；
- 展示企业社会责任与供应链金融进行连接的可能性；
- 引入“区块链”作为供应链金融的一种新的行业干扰技术。

通过本章的学习，你将能够：

- 了解供应链金融背景下风险评估的过程；
- 识别采用避税手段进行融资的利弊；
- 认识到与供应链金融有关的企业社会责任目标；
- 评估技术变革——特别是区块链，对供应链金融产生的颠覆性影响。

本书最后一章将从可持续的角度重点阐述影响供应链金融发展的因素和最新进展。这些因素包括风险管理、避税、企业社会责任以及新技术。它们不仅能够影响供应链金融，而且其影响的重要程度也在日益增加。形象一点来讲，风险管理可以被看做是供应链金融的“不确定性的一面”，避税为“黑暗面”，企业社会责任是“光明面”，而新技术则是关乎供应链金融未来发展的“技术面”。

但是，我们为什么要关注这四个因素呢？供应链日益全球化和复杂化，因此，对于参与供应链的所有成员来讲，透明度和风险管理的重要性日益突出。此外，供应链复杂性的增加也会影响企业的经营。随着跨境交易越来越多，法律和税收问题层出不穷，但是具体的税收规定各不相同，商品与服务的规定不同，免税区、贸易限制区和自由贸易区的规定不同，每个司法管辖区的规定也不同。甚至，在法律执行时，不同地区的惯常做法与法律本身的书面文字也可能存在细微的差别，但是，不可否认，这些差异是一种很好的实践。虽然有关当地的知识可能需要不断地去挖掘，但是，认识到这件事情的必要性是非常重要的，这就相当于抓住了问题的本质。税收最小化对跨国企业来讲非常有吸引力。关于避税，是同一枚硬币的两面。在运营方面，企业总是希望能够尽可能地降低关税或寻求增值税退税；在财务方面，则尽可能地采用各种方法去降低企业所得税。此外，全球化也会影响到企业社会责任。通过全球化，企业的供应链网络不断扩大，并跨越了多个国家。在与发展中国家的供应链合作伙伴打交道时，企业不仅要考虑自己的经济利益，还应该关心其业务伙伴以及社会和环境的可持续性。最后，技术进步和创新改变了世界，也改变了开展业务的模式，特别是金融科技被视为金融体系发生巨大变化的根源。以上这些主题都将在供应链金融的背景下进行说明。

**关键问题**

本章涉及以下关键问题：

- 在供应链金融环境中如何衡量风险？
- 税收有效型供应链管理带来了哪些机遇？
- 供应链管理中是否存在金融公平竞争？
- 从技术层面来说，谁或什么可以将供应链金融提升到更高水平？

## 9.2 不确定性：风险管理建议——建立供应链金融整体风险评估工具

贸易融资的一个重要目的是帮助克服货物发货和付款之间的时间差。在国际上，从货物成功运送到付款完成可能需要一定的时间，但是有现象表明，在此期间可能会突发各种各样的情况，而且所出现事件的范围越来越广，形式也越来越多样化。尽管进口商和出口商各自有不同的利益倾向，但在货物和货币跨境转移时它们都面临着一定的风险。进口商面临着需要为不能按时、按质、按量收到的货物进行支付的风险，而且，出于资产流动性和利率的考虑，进口商也希望尽可能地延长付款期限。相反，出口商则会要求提早付款，此外，它们还希望进口商能够接受它们提供的质量完好的货物并及时进行付款。因此，进口商希望使用往来账户条款进行结算，而出口商则希望最好是提前结算（或者使用信用证进行证券化）。最终双方到底会通过何种形式来确保自己的利益取决于它们各自的市场地位。Stocker（1997）指出，风险可归纳如下：业务风险（不付款风险）、运输风险和政治风险（国家风险）。这些是出口金融和国际贸易中考虑的最核心的问题。

- **业务风险**：业务风险的特点是合同伙伴拒绝或无力支付。例如，此类风险可能发生在如下情况中：如果贸易伙伴改变对一项交易的看法、宣称交易存在错误、对方实际上只是个骗子或者破产了。在这种情况下，贸易伙伴就可能会不接受货物，同时，如果回程的成本太高，那么这批货物将会在目的地进行拍卖。
- **运输风险**：在国际贸易中，货物的运输距离远远高于国内交易，因此，在从卖方到买方的运输过程中更容易发生破损和造成损失。
- **政治风险**：政治风险起因于政府的主权。其中一个共同点就是政府行为的不确定性，这通常被称为“国家风险”。此外，各国政府还可以通过设立关税、进口配额、货币限制和禁止非法或有害物品进口等限制措施来控制进口。

其他风险，例如汇率风险、定价风险和利率风险，在某些情况下也是与之相关的，如果这些风险出现，可能会造成部分或全部预期财务收益的损失，并增加出口成本。但是，在此我们不会详细考虑这些问题。

为了做好应对所有类型风险的准备，企业需要对可能出现的风险进行评估并制定相应的风险管理措施。这种评估被认为是出口融资（具体来讲）和供应链金融（一般来讲）中最困难的挑战之一。因此，本章的目标就是阐述这种评估工具的基本框架。

## 供应链金融风险来源的分类

风险可以简单地定义为：

业务风险=(负面事件发生的)概率×(负面事件造成的)损失

因此，可以使用分类法更准确地划分风险。我们将供应链金融的重要风险分类如下：

- 生态系统的信用风险——风险源包括原产国、法律法规、行业、竞争趋势、市场定位、定量和定性分析等。这类风险对应于评级机构所采用的风险标准，但不同之处在于，它不仅将信贷风险及其最抽象的负面事件（违约和降级）纳入进来，而且把每个风险来源及其负面事件都看成是相对独立的。
- 生态系统的供应链风险——风险源包括运营、供需风险。此类风险对应于供应链风险来源，但不同之处在于，它的运作风险来源处于业务层面——这不仅包括在需求与供给匹配方面产生的负面影响，还包括供应链金融解决方案出现的中断，如信息系统故障。
- 生态系统的市场风险——风险源包括利率、汇率和流动性等。此类风险对应于市场风险来源。资产流动性作为一种风险来源及其负面事件并不会影响到供应链金融解决方案中的交易产品，但会影响库存和固定资产融资。

图 9-1 描述的是在风险来源、风险类别和部分负面事件动态关联的背景下的供应链金融系统。从图中可以看出，风险类别、风险来源以及负面事件都不是自主的。在识别

负面事件和评估其风险的时候，“评估员”不仅应该考虑即时的后果，还应该考虑到整个生态系统，这或许会改变他们的最终结论。

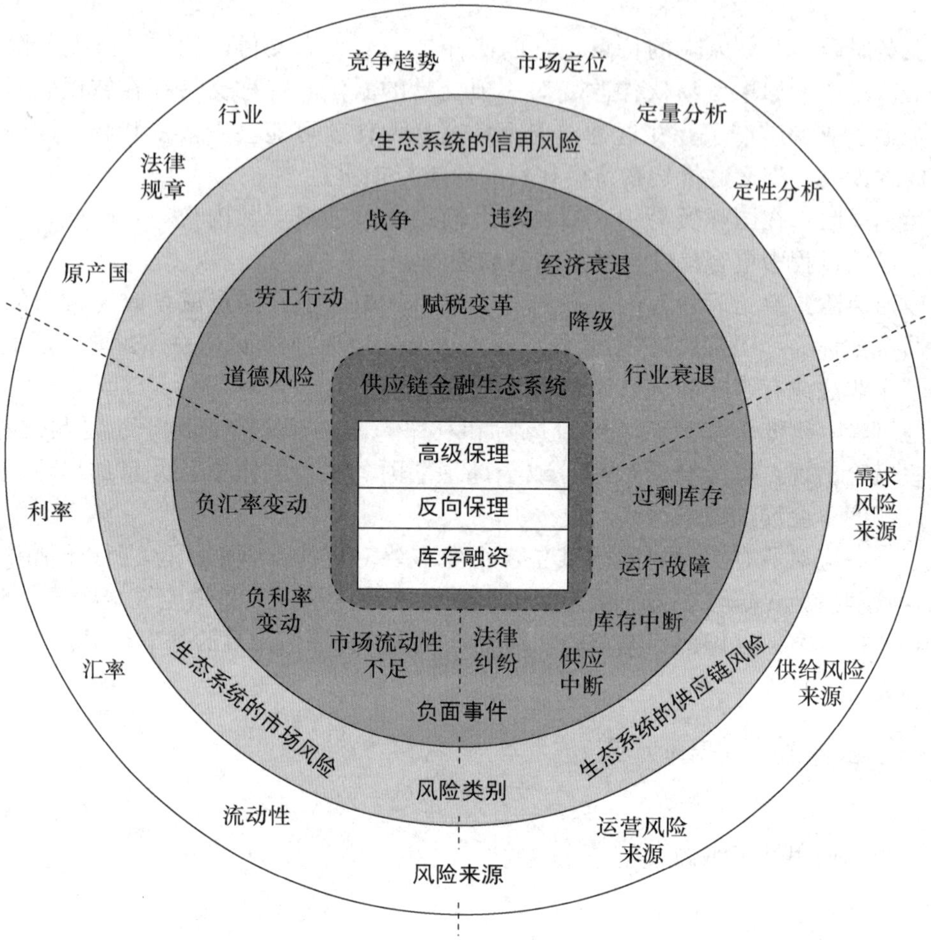


**图 9-1 供应链金融风险来源的分类**

现在，我们来介绍一下供应链金融风险评估工具的相关要求和原则。在一个跨越五个阶段的过程中，我们将按照所谓的“PIARA”的指示来阐述作为一个风险“评估员”应该如何确定初始状态、近似损失和负面事件发生的概率，将单一风险的评估汇总得出综合的风险评级，最后做出结论以便支持决策。

**PIARA 的定义**

PIARA 是识别（identifying，I）、评估（assessing，A）和风险评级（rating risks，RA）过程（process，P）的首字母缩写。

在进一步阐述此过程之前，我们给出了供应链金融风险评估工具必须满足的具体要求。

## 供应链金融风险评估工具的要求

全面评估供应链金融风险的工具必须具备一定的特征。主要要求有：

- 遵循以前的研究结果：除了符合风险的基本概念外，风险评估工具还必须能够促进以供应链金融为目标的风险评估和评级。风险评估必须提供可靠的基础，基于这些才能展开综合评级工作。
- 一般适用性：风险评估工具应适用于一系列情境。它可以从任何角度，例如核心企业、买方、供应商、金融服务提供商（FSP）、物流服务提供商（LSP）或保险公司等，对供应链金融生态系统的风险进行公正的识别和评估。
- 模块兼容性：风险评估工具必须允许对多个解决方案和利益相关者进行风险评估。此外，还应适用于应收账款（高级保理）、应付账款（反向保理）以及库存融资等解决方案。
- 情境可调节性和可扩展性：当出现实践效果不佳的情况时，情境可调节性是指供应链金融风险评估工具的灵活性。“评估员”可以将其经济附加值（EVA）或资产回报率（ROA）替换为其首选绩效指标的参考点（见第一章）。在实现可调节性的基础上，情境可扩展性即未来能够对那些重要的利益相关者和解决方案进行整合的可能性。
- 可操作性和决策支持性：面对现代化的、资源约束的运行条件，风险评估工具必须能够让我们深入地了解供应链金融系统的风险状况，而且是不掺杂任何“评估员”意愿的。此外，在运行风险评估工具后，必须能产生信息，根据该信息可以得出支持决策的结论。

## 供应链金融风险评估工具的形成

图 9-2 所示的一般风险评估和评级矩阵是一种最重要的风险评估工具。作为评估员用于评估供应链金融系统风险的一个工具，风险评估和评级矩阵在 PIARA 的所有阶段都能够为评估员提供有效的帮助。在使用前，它要求提前规定框架条件，并考虑到了以上所介绍的所有类型的风险。我们的矩阵将每个风险分类归因于三个负面事件（负面事件作为“变量”），而且所有这些负面事件都需要根据 PIARA 的阶段来进行评估和评级。在我们完成风险评估和评级矩阵的同时，也就意味着完成了单一种类风险的评级和综合的风险评级。这些评级结果将为决策的制定提供帮助。

我们的概念化矩阵符合一般适用性和模块兼容性的要求。在一般适用性方面，框架条件不受任何限制：任何供应链金融的利益相关者都可以在该矩阵的帮助下剖析其感兴趣的解决方案。除此之外，框架条件很明显地考虑了多个利益相关者和解决方案，这个特点体现了模块兼容性。该兼容性是指可以为多个利益相关者和/或多个解决方案执行 PIARA，这也将供应链金融的复杂性和利益相关者的不同关注点和视角考虑进来。

<table>
<tr><td></td><td></td><td>框架条件</td></tr>
<tr><td>阶段 1A</td><td>股东（们）<br>解决方案<br>备选方案</td><td></td></tr>
</table>

<table>
<tr><td rowspan="2">阶段<br>1B</td><td>风险分类</td><td colspan="6">(a) 生态系统的信用风险</td><td colspan="6">(b) 生态系统的供应链风险</td><td colspan="6">(c) 生态系统的市场风险</td></tr>
<tr><td>负面事件</td><td colspan="2">负面事件1</td><td colspan="2">负面事件2</td><td colspan="2">负面事件3</td><td colspan="2">负面事件1</td><td colspan="2">负面事件2</td><td colspan="2">负面事件3</td><td colspan="2">负面事件1</td><td colspan="2">负面事件2</td><td colspan="2">负面事件3</td></tr>
<tr><td></td><td>风险评估</td><td colspan="2"></td><td colspan="2"></td><td colspan="2"></td><td colspan="2"></td><td colspan="2"></td><td colspan="2"></td><td colspan="2"></td><td colspan="2"></td><td colspan="2"></td></tr>
<tr><td rowspan="3">阶段<br>2</td><td rowspan="3">半定量（SQ）概率和损失评估（描述并且按1～5打分）</td><td>P</td><td>D</td><td>P</td><td>D</td><td>P</td><td>D</td><td>P</td><td>D</td><td>P</td><td>D</td><td>P</td><td>D</td><td>P</td><td>D</td><td>P</td><td>D</td><td>P</td><td>D</td></tr>
<tr><td></td><td></td><td></td><td></td><td></td><td></td><td></td><td></td><td></td><td></td><td></td><td></td><td></td><td></td><td></td><td></td><td></td><td></td></tr>
<tr><td colspan="18"></td></tr>
<tr><td rowspan="2">阶段<br>3</td><td rowspan="2">定量（Q）1个月中在5%最差情况里的最好情况（+/−）</td><td colspan="2">EVaR</td><td colspan="2">EVaR</td><td colspan="2">EVaR</td><td colspan="2">EVaR</td><td colspan="2">EVaR</td><td colspan="2">EVaR</td><td colspan="2">EVaR</td><td colspan="2">EVaR</td><td colspan="2">EVaR</td></tr>
<tr><td colspan="2"></td><td colspan="2"></td><td colspan="2"></td><td colspan="2"></td><td colspan="2"></td><td colspan="2"></td><td colspan="2"></td><td colspan="2"></td><td colspan="2"></td></tr>
<tr><td>阶段<br>4A</td><td>半定量＋定量</td><td colspan="2"></td><td colspan="2"></td><td colspan="2"></td><td colspan="2"></td><td colspan="2"></td><td colspan="2"></td><td colspan="2"></td><td colspan="2"></td><td colspan="2"></td></tr>
<tr><td rowspan="3">阶段<br>4B</td><td>风险等级</td><td colspan="6"></td><td colspan="6"></td><td colspan="6"></td></tr>
<tr><td>单一种类风险评级A，B或C</td><td colspan="6"></td><td colspan="6"></td><td colspan="6"></td></tr>
<tr><td>综合风险评级<br>α | β | γ</td><td colspan="18"></td></tr>
</table>

**图 9-2　供应链金融风险评估和评级矩阵概览**

## 供应链金融风险评估工具的 PIARA 过程

如图 9-3 所示，供应链金融的风险评估工具的第二个外在形式就是 PIARA。PIARA 是风险评估工具的核心，因为它为风险评估和评级矩阵赋予了生命，提出了识别、评估和评级风险的基本逻辑。考虑到供应链金融相关的框架条件，PIARA 将利益相关者和解决方案加入决策方案中。同样，风险评级还是被细分为单一种类风险评级和综合风险评级。风险评估细分为半定量、定量的损失和概率估计，这与风险评级和风险评估的概念保持了一致。供应链金融风险评估分为如下几个阶段：

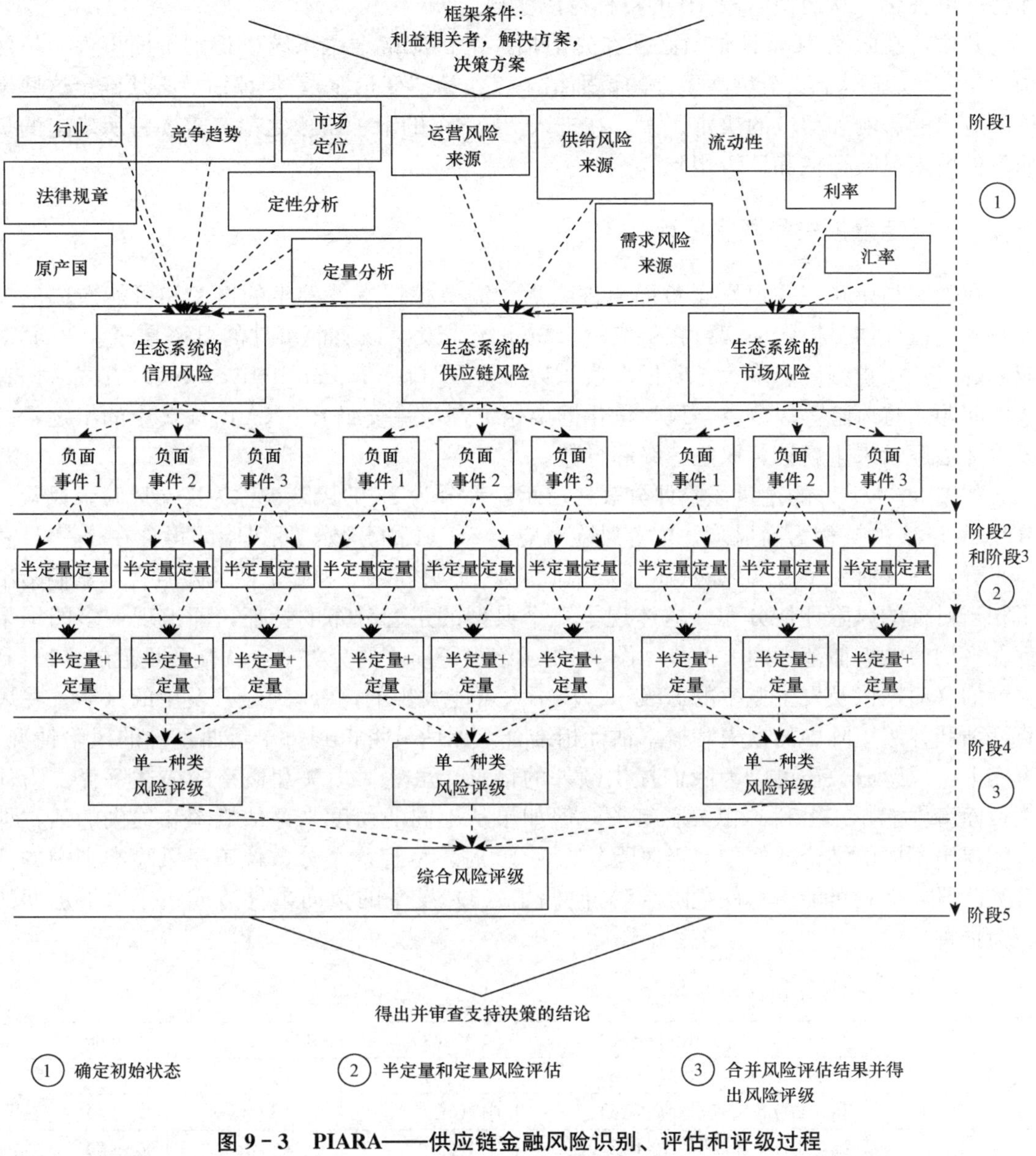


**图9-3　PIARA——供应链金融风险识别、评估和评级过程**

## 阶段1：确定初始状态

该阶段分为1A和1B两个子阶段。第一阶段鼓励“评估员”确定初始状态。首先，在阶段1A，评估员需要提供利益相关者、解决方案和备选决策方案的相关信息。在图9-2的顶部所强调的框架条件可以加深评估员对PIARA和供应链金融生态系统的了解。另外，在事先决定决策方案时，评估员应该同时将更大的供应链金融生态系统和特定解决方案的供应链金融生态系统纳入考虑范畴，即使不能从更高层次进行考虑，至少也应把二者同等对待。换句话说，阶段 1A 的目标是将供应链金融生态系统的动态复杂性、过程和特征可视化，从而使阶段 1B 的目标得以实现。

其次，在阶段 1B，评估员必须在先前描述的供应链金融系统中识别负面事件。虽然图 9-2 仅仅显示了三个负面事件的识别结果（作为“变量”），但评估员必须确定这些事件所造成的影响和相应的决定因素。在进入 PIARA 的下一阶段之前，需要将所确定的负面事件填入风险评估和评级矩阵。

### 阶段 2：半定量损失和概率估计

在确定初始状态并识别了负面事件之后，需要根据事件发生的概率和可能造成的损失对其进行评估。换句话说，在供应链金融系统内发生该负面事件的概率是多少？其对业务的影响严重程度有多大？阶段 2 尝试以半定量（semi-quantitative，SQ）方式来回答这些问题。将风险等级分类与风险量化框架相结合，并按照 PIARA 阶段 2 中的半定量的风险评估逻辑来重新计算风险等级和分数。

如图 9-4 下部的定量风险评分表格所示，评分为 25 的风险被称为极端风险，风险评分在 15～24 的被称为高风险，中等风险对应于 5～14 的分数，低风险的得分在 1～4。总体来看，一共有 1 个极端风险、5 个高风险、11 个中等风险和 8 个低风险组合，它们给出了相当对称的风险评估分布。这体现了一个典型的正态分布的特征，即出现最多的结果都在平均值的近似范围内。此外，图 9-4 还给出了损失的分类——从微不足道的（1）到关键的（5），以及发生概率的等级——从不太可能发生的（1）到经常发生的（5）。将风险评估和评级矩阵中的损失和概率估计相结合，评估员将得到每个负面事件的风险情况。事实上，风险分数还可以为我们提供额外的信息。虽然对损失和概率的描述解释了为什么负面事件能与一个利益相关者有关，但如果从不同的角度来评估概率和损失的话，那可能得出不同的结论。例如，当风险分数为 15 时，尽管这个分数位于高风险类别中的低分数阶段，但它可能由一件危险（5）但偶尔（3）发生的负面事件造成，导致不定期的致命损害。

| | 可能性 | | | | |
|---|---|---|---|---|---|
| 损失 | 经常（5） | 可能（4） | 偶尔（3） | 很少（2） | 不可能（1） |
| 危险（5） | 极高（25） | 高（20） | 高（15） | 中（10） | 中（5） |
| 严重（4） | 高（20） | 高（16） | 中（12） | 中（8） | 低（4） |
| 一般（3） | 高（15） | 中（12） | 中（9） | 中（6） | 低（3） |
| 很少（2） | 中（10） | 中（8） | 中（6） | 低（4） | 低（2） |
| 无足轻重（2） | 中（5） | 低（4） | 低 | 低（2） | 低（1） |

定量风险评分表

| 极端风险 | 高风险 | 中等风险 | 低风险 |
|---|---|---|---|
| 25 | 15～24 | 5～14 | 1～4 |

**图 9-4 半定量风险评估逻辑**

### 阶段 3：定量损失和概率估计

定量损失和概率估计也是对任何类型的整体风险评估都至关重要的元素。定量风险评估（Q）通常利用风险价值（value at risk，VaR）来进行判断。风险价值表示在特定时间范围内具有一定置信水平的最大损失。作为一项财务风险衡量工具，风险价值与风险缺陷的概念可以进行最佳的匹配。例如，可以使用风险价值来计算每日股票收益。然而，在供应链金融领域，尚未有一个工具能够用来反映特定时间内具有一定置信水平区间的最大损失。尽管在公司价值（例如经济附加值（EVA））评估方面风险评估得到了一定的改善，但也不能毫无节制地使用风险价值这一绩效评价指标。更准确地说，使用风险价值的条件是需要一个统计意义上充分的数据，并能够通过中心极限定理来证明符合正态分布。

只要没有充足的数据证明，那么有关供应链金融中定量风险评估的问题和疑虑就不能阻止对风险价值的使用。这里，我们建议将风险价值转换为风险经济价值（economic value at risk，EVaR），一种用于估计损失的定量方法。但必须牢记的是，损失是不可测量的：需要用 95%的置信水平，因此，风险价值代表了最糟糕的 5%的情况中最好的情况。必须对以下问题做出回答：

在供应链金融生态系统中，在 95%的置信水平下，利益相关者的经济附加值在 1 个月的时间内延迟或不延迟造成的负面事件带来的最大损害是多少，即最糟糕的 5%的情况中最好的情况如何？对于所涉的利益相关者来说，负面事件的风险经济价值在 95%的置信水平下（$EVaR_{0.95}$）是可以接受（+）还是不可接受（−）？

$EVaR_{0.95}$ 促进了对供应链金融及其系统中的负面事件的风险展开基于时间的情景分析，并有效预测概率水平。一旦风险评估和评级矩阵以负面事件（以+或−的形式）的形式进行评估，则对负面事件的损失和发生概率进行的定量估计将对此阶段进行补充。

### 阶段 4：合并风险评估结果并得出风险评级

在利用半定量（SQ）和定量（Q）的方式确定了负面事件的风险后，评估员需要根据单一种类风险的评级和综合风险评级来合并风险评估结果并得出风险评级。合并风险评估不仅仅是将半定量和定量的损失和概率评估的结果进行合并，进而来完成风险评估和评级矩阵，而是需要将有效 $EVaR_{0.95}$ 值添加到负面事件中，例如评估风险评分为 15 的高风险事件中。合并风险评估表示为 H15+，其中 H 表示高风险，15 表示风险评分，+来自有效的 $EVaR_{0.95}$ 值。在完成负面事件的合并风险评估后，每类风险就各自被分配到了特定的风险评级。

与信用评级类似，每类风险的风险等级用一个大写字母 A、B 或 C 来表示，具体的评级结果取决于它们对下面这两个问题的回答，即“在供应链金融生态系统中，通常一类风险的负面事件发生的概率是多少？以及这些负面事件对经济附加值造成损害的严重程度如何？”按照评级机构的逻辑，C 级表示对经济附加值造成的损害最严重，其次是 B 级，A 级的损害程度最低。表 9 - 1 说明了单一种类风险评级表及评级条件。

例如，风险评级为 A 的，是那些风险低（风险评分 1～4）和 $EVaR_{0.95}$ 的值适当的风险。依此类推，评级 B 和 C 是那些更容易发生的风险。综合风险评级是根据三个单一种类风险评级的结果计算出来的，是完成单一种类风险评级后紧接着要做的工作。

**表 9-1　　　　单一种类风险评级等级和评级条件**

| 级别 | 描述 | 条件 |
| --- | --- | --- |
| A | 在供应链金融生态系统中，单一种类风险评级为 A 的风险通常与风险级别最低的负面事件相关。 | 如果负面事件的半定量和定量评估得到的合并风险评估结果只有 L1～4＋，这类风险的单一种类风险等级就会被确定为 A 级。 |
| B | 在供应链金融生态系统中，单一种类风险评级为 B 的风险通常与中等级别风险的负面事件相关。 | 如果负面事件的半定量和定量评估得到合并风险评估结果为 L1～4－，M5～14 ＋/－和 H15～19＋，这类风险的单一种类风险等级就会被确定为 B 级。 |
| C | 在供应链金融生态系统中，单一种类风险评级为 C 的风险通常与最高风险级别的负面事件相关。 | 如果负面事件的半定量和定量评估得到合并风险评估结果为 H15～19－，H20～24＋/－，E25＋/－，这类风险的单一种类风险等级就会被确定为 C 级。 |

利用 A、B 和 C 这三级单一种类风险等级，一共有会得到 $3^3=27$ 个综合风险评级组合。事实上，在风险评估和评级矩阵中，$\alpha$ 表示生态系统的信用风险的评级，$\beta$ 表示生态系统的供应链风险的评级，$\gamma$ 表示生态系统的市场风险的评级。图 9-5 列出了所有可能

**综合风险评级组合及简化过程**

| 组合 | 简化 |
| --- | --- |
| AAA | 3A |
| AAB　ABA　BAA | 2A1B |
| AAC　ACA　CAA | 2A1C |
| BBB | 3B |
| BBA　BAB　ABB | 2B1A |
| BBC　BCB　CBB | 2B1C |
| CCC | 3C |
| CCA　CAC　ACC | 2C1A |
| CCB　CBC　BCC | 2C1B |
| ABC　CBA　BAC　CAB　BCA　ACB | 1A1B1C |

| 等级 | 评级说明 |
| --- | --- |
| 3A | 在供应链金融生态系统中和对于调查的利益相关者来讲，负面事件的风险非常低。 |
| 2A1B | 在供应链金融生态系统中和对于调查的利益相关者来讲，负面事件的风险较低。 |
| 2A1C | 在供应链金融生态系统中和对于调查的利益相关者来讲，负面事件的风险较低但有一定的下行风险。 |
| 2B1A | 在供应链金融生态系统中和对于调查的利益相关者来讲，负面事件的风险中等但有下行保护。 |
| 3B | 在供应链金融生态系统中和对于调查的利益相关者来讲，负面事件的风险中等。 |
| 1A1B1C | 在供应链金融生态系统中和对于调查的利益相关者来讲，负面事件的风险中等且有均衡的下行风险和下行保护。 |
| 2B1C | 在供应链金融生态系统中和对于调查的利益相关者来讲，负面事件的风险中等且有下行风险。 |
| 2C1A | 在供应链金融生态系统中和对于调查的利益相关者来讲，负面事件的风险较高且有一定的下行保护。 |
| 2C1B | 在供应链金融生态系统中和对于调查的利益相关者来讲，负面事件的风险非常高。 |
| 3C | 在供应链金融生态系统中和对于调查的利益相关者来讲，负面事件的风险极高。 |

**图 9-5　综合风险评级等级和评级条件**

的综合风险评估组合。为了简化起见，我们将各种组合中的同等级风险进行了合并，而且在合并后的 10 个综合风险评估组合中并不存在一个所谓的最优组合。例如，我们没有办法对 2A1C、2B1A、1A1B1C 和 3B 进行区分和排序，因为没有明确的证据表明到底 2B1A 或 2A1C 哪个的风险级别更高。

但必须指出的是，只有长期的实证研究，例如穆迪累积违约率的估计，才能证实或证伪前面的结论以及是否被评为 3A 的供应链金融生态系统（即三类风险的每一类风险都被评为 A 级）真的对利益相关者的风险最低。

### 阶段 5：得出并审查支持决策的结论

随着 PIARA 的五个阶段中的前四个阶段的完成，评估员以半定量和定量方式对风险进行了评估，并将风险评估结果合并成为单一种类风险评级和综合风险评级。因此，评估员已经在供应链金融系统中收集了关于风险的多个维度的信息，根据这些信息可以做出备选方案的选择决策。值得注意的是，通过 PIARA 的步骤所提供的决策依据并非一成不变的。恰恰相反，正是由于供应链金融系统受到众多的外生和内生力量的影响，我们非常有必要对结论的正确性进行定期的审查和调整。

最后，我们将以一个供应链金融风险评估工具的应用实例来结束本小节，该实例将我们前面所讲的内容应用到了巴西国家石油公司（Petrobras）的 Progredir 融资计划中。

**供应链金融风险评估工具的实例**

巴西国家石油公司（Petrobras）是一家上市的巴西能源公司，多数股权隶属于巴西联邦政府，是反向保理业务的核心公司。巴西国家石油公司通过金融服务提供商与国家石油和天然气工业动员计划（该计划旨在通过设计和资助各种项目来促进巴西工业的发展）的帮助来为其供应商支付应收账款。这里主要考虑的利益相关者是巴西国家石油公司的非巴西供应商。“评估员”将从那些已经与巴西国家石油公司建立合作关系且现在正被邀请加入反向保理计划之中的供应商的角度进行评估。我们假设这个供应商叫阿尔法天然气（Alpha Gas），它正面临着到底应该接受还是拒绝巴西国家石油公司提供的看似非常有吸引力融资计划的决定。显然，巴西国家石油公司比阿尔法天然气更具财务实力，规模也更大。因此，阿尔法天然气任命了一位评估员来了解具体供应链金融解决方案的风险。

为了能够为决策提出建议，评估员完成了如图 9－6 所示的 PIARA 的阶段 1。以一个负面事件为例，评估员认为由于巴西经济放缓，巴西国家石油公司的国内市场需求将会下降。如果供应商决定进入反向保理计划的话，可能会对阿尔法天然气的经济附加值产生负面影响。考虑到反向保理和较大的供应链金融系统，并参考风险来源的综合分类法，评估员意识到能源需求短缺将影响巴西国家石油公司的销售和现金流量，就像经济衰退会影响大多数贸易伙伴的稳定性一样，例如税收收入的下降就是其中的一种情况。

尽管不太可能，但需求的减少将危及启动和维持反向保理所需的投资。此外，由于减少了可用于融资的应收账款，巴西国家石油公司可能会被降级，从而使反向保理业务变得不再那么有吸引力。关于投资方面，用于协调阿尔法天然气与巴西国家石油公司之间的物流和资金流的资金投入以及将供应商的信息系统与 Progredir 门户进行连接的资金投入都表明，供应商与巴西国家石油公司具有建立长期战略合作伙伴关系的意愿，否则的话，阿尔法天然气的经济附加值可能会受到严重损害。当得到阶段 2 的半定量风险评估结果为 L4 后，评估员完成了阶段 3，并认为负面事件的风险经济价值是可以接受的，之后将两个风险评估结果在阶段 4 进行合并，并得到 L4＋的结果。这是一个并不完整的实例，因为这里只考虑了一个负面事件。对需求短缺所带来风险的合并风险评估结果显示：单一种类风险评级和综合风险评级分别为 A 和 3A。这两个评级暗示了阿尔法天然气在供应链金融生态系统中的风险是非常低的。根据评级，评估员可能会推荐阿尔法天然气和巴西国家石油公司展开合作。

框架条件

| | | |
|---|---|---|
| 阶段 1A | 股东（们） | 阿尔法天然气 |
| | 解决方案 | 反向保理 |
| | 备选方案 | 接受或拒绝 |

| | | | | | | | | | | |
|---|---|---|---|---|---|---|---|---|---|---|
| 阶段 1B | 风险分类 | (a) 生态系统的信用风险 | | | (b) 生态系统的供应链风险 | | | (c) 生态系统的市场风险 | | |
| | 负面事件 | 负面事件 1 | 负面事件 2 | 负面事件 3 | 负面事件 1 | 负面事件 2 | 负面事件 3 | 负面事件 1 | 负面事件 2 | 负面事件 3 |
| | 风险评估 | | | | | | | | | |
| 阶段 2 | 半定量 (SQ) 概率和损失评估（描述并且按 1~5 打分） | P D | P D | P D | P D | P D | P D | P D | P D | P D |
| | | | | | U1 S4 | | | | | |
| | | | | | L4 | | | | | |
| 阶段 3 | 定量 (Q) 1 个月中在 5%最差情况里的最好情况（＋/－） | EVaR | EVaR | EVaR | EVaR | EVaR | EVaR | EVaR | EVaR | EVaR |
| | | | | | ＋ | | | | | |
| 阶段 4A | 半定量＋定量 | | | | L4＋ | | | | | |
| 阶段 4B | 风险等级 | | | | | | | | | |
| | 单一种类风险评级 A，B 或 C | | | | A | | | | | |
| | 综合风险评级 $\alpha \mid \beta \mid \gamma$ | 3A | | | | | | | | |

**图 9－6　阿尔法天然气的风险评估和评级矩阵**

## 9.3 黑暗面：避税——供应链金融是否在财政系统中打开了新的漏洞?

多样化的税收制度和有目的的税收最小化是如何与供应链对应的？传统上，税收优化只是单纯从股东价值的角度来看待。而有效的、精心制定的供应链管理是构建和利用税收优惠的有效操作方法。在供应链试图应对各种挑战的环境中，税收似乎并不是首先要解决的问题，也不是最明显或相关的行动。然而，它却可以与大多数的物流供应链的变革形成互补，并且如果管理有效的话还可以带来显著的收益，但是如果管理无效，则会大量增加成本。税收有效型的供应链管理采用的是一种能够整合供应链规划和包括关税在内的税收规划的商业模式，而且，它还为许多公司创造了重新调整商业模式和税收结构的机会。供应链设计，通常对于每个行业或者每个特定的公司来讲都是独一无二的。对于供应链绩效可以利用许多不同的指标来衡量，其中管理成本和提供高水平的客户满意度（服务水平）是最常见的措施，但是很少有企业关注税收。因此，企业仍未充分利用将供应链管理与税收和关税相结合这一重要的发展机会。

在实践中，已经有一些案例表明了将税收规划和采购策略相结合的可行性。通过“税收有效型采购”，企业既可以提高运营效益，如供应商定价，也可以管理税收负债，从而实现更高的绩效目标。我们也可以看到很多从传统供应链设计向税收有效型供应链设计转变的实例，如图 9-7 所示。

然而，不仅供应链设计发生了变化，采购模式也在不断变化。例如，可以通过将采购节约的成本分配到税收有效型供应链节点来实现额外的收益。常见的分散型治理结构，即一个企业在其每个开展业务的国家都运行着几乎所有的职能部门，是企业惯常采用的做法。这种分散模式的特点是责任程度、管理集中化和组织变革能力弱，而且权力下放也意味着所有采购职能、风险和资产都只是根据当地的规模而设计，只具有局部效益。

另一个概念是 2012 年普华永道提出来的所谓的“中心主导型采购模式”，如图 9-8 所示。此外，图中还对这种模式的利弊进行了分析。这种方式可以整合采购从而实现更具优势的价格，也具有强大的区域重点，对基础设施和系统需求的要求较低，并且具有较低的库存和供应风险。然而，它不允许跨区域的改善，并缺乏管理供应链的能力，而且只能带来为数不多的税收收益。

第三种形式即所谓的“采购（买卖）主体模式”，这种模式旨在通过集中化和新的职责分工来充分发挥资源和专业知识的跨境杠杆作用。它不但能够提高执行速度，提供执行全球合同的能力以及定价和风险管理策略，还能够带来最大化的税收收益。虽然这种采购模式的实施需要进行大量的组织变革，并不一定适应当地的需求而且实施成本可能非常高，但是鉴于实施后能够带来的收益，这也是一种很值得考虑的做法。该模式及其优缺点如图 9-9 所示。由于采购（买卖）的主要模式将主要的关注点放在税收上，因而，这种模式对跨国企业非常有吸引力，那么因此也可能会面临各地税收制度不同的问题。

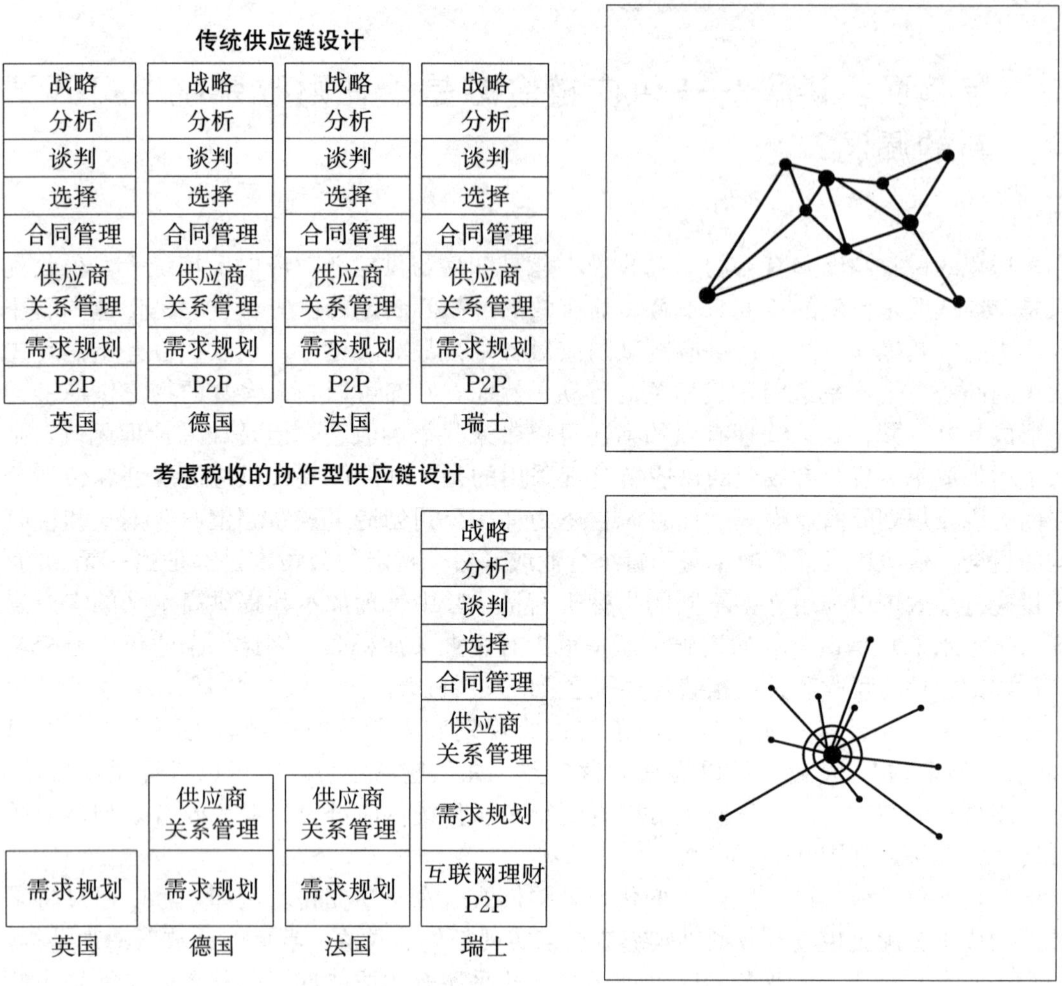


**图 9-7　考虑税收问题的采购主张改进的示例**

资料来源：普华永道（2012：3）

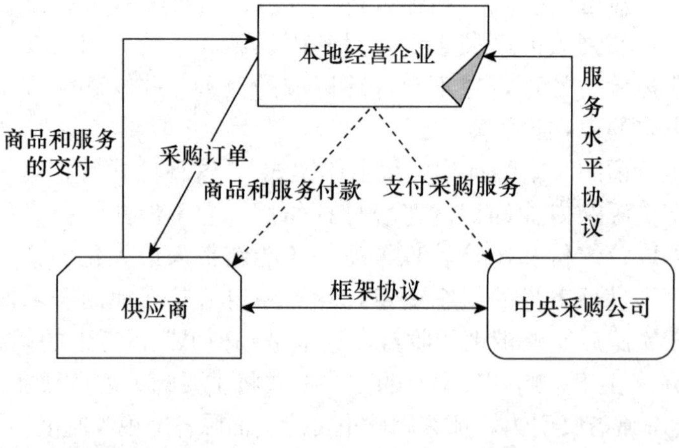

| 优点 | 缺点 |
| --- | --- |
| ● 更强大的区域化使得能够采用统一的方式与区域/全球供应商进行沟通<br>● 区域层面的问责制仍然允许与分散的利益相关者进行良好的互动<br>● 人们应该位于操作敏感的地方——可能与今天相似<br>● 小型中央战略小组安排在全球或区域内税率较低的国家<br>● 只要有较少的基础设施和较低系统需求就可以轻松实施<br>● 可以比买卖模式有更低的库存和供应风险 | ● 不允许跨区域优化<br>● 不允许全球的合同执行和承诺总体采购量<br>● 不能向全球供应商提供统一的口径<br>● 无法达到最优的人才资源管理<br>● 无力管理供应链<br>● 实施全球风险管理战略的能力有限<br>● 难以监控和管理战略合规性<br>● 比采购主体模式获得的税收收益低 |

**图 9-8　中心主导型采购模式**

资料来源：普华永道（2012：4）

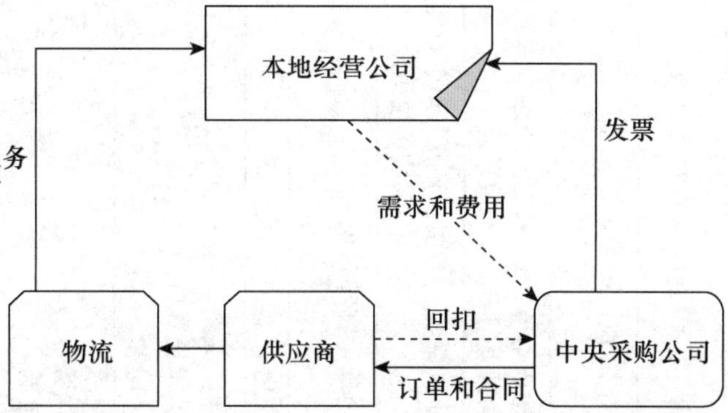


| 优点 | 缺点 |
| --- | --- |
| ● 通过集中化和新的职责分工来充分发挥资源和专业知识的跨境杠杆作用<br>● 通过简化决策过程，提高方法执行速度、方法的一致性和成本-收益<br>● 提供全球合同执行和在供应商谈判中承诺总体采购量的能力<br>● 口径统一和与全球供应商的良好互动<br>● 提供在全球层面实施平均价格和风险管理策略的能力<br>● 实现全球供需平衡和库存管理<br>● 提供最佳的税收收益和有限的税收风险 | ● 采购名义上进一步从市场和企业中移除<br>● 需要重大组织变革<br>● 不能有效地满足区域多样性和适应当地的需求<br>● 有效管理区域/本地供应商发展的能力有限<br>● 潜在的基础设施和系统设置成本 |

**图 9-9　采购（买卖）主体模式**

资料来源：普华永道（2012：4）

在瑞士，盛行的做法是采购组织在地理上的集中化。如表 9-2 所示，已经有相当数量的企业设立了采购公司，所以说，看起来，业务集中化是它们最关心的问题，其次才是税收。

以上所描述的三种采购模式都会在不同程度上对盈利能力造成影响。图 9-10 给出了利润表（P&L）部分内容的示意图，并显示了不同采购模式会如何影响关键数据。从图中可以看出，其中受到影响最大的指标是销售商品成本（CoGS）、销量、一般管理费用

**表 9－2　在瑞士拥有采购公司的企业**

| 名称 | 位置 | 2011 年收入（采购量）（百万欧元） | 原因 | 之前的采购组织 | 备注 |
|---|---|---|---|---|---|
| 南非米勒酿酒公司 | 楚格 | 14 686（>3 500） | 与英国相比有利的税收 | 总部在英国 | 2010 年：瑞士的 Trinity Procurement 公司成立 |
| 嘉士伯集团 | 阿尔高州 | 8 545 | 生活标准、税收、安全、基础设施 | 分散采购 | 2008 年：在莱茵费尔登成立中央采购公司 |
| 联合利华 | 沙夫豪森 | 46 467（19 253） | 采购和运输成本节约、税收、联合购买力 | 在多个国家进行的分散采购 | 为欧洲进行集中采购和生产 |
| 伍尔特物流 | 库尔 | 9 691 | 集中化、协同效应、节省成本 | 每个伍尔特子公司的采购单独协调 | 为欧洲、美洲和亚洲进行集中采购 |
| 斯特劳斯咖啡 | 楚格 | 796（仅咖啡） | 瑞士作为全球生咖啡知识中心 | 并购各国咖啡公司 | 全公司的生咖啡采购中心；也是楚格的生咖啡推广 |
| 欧洲卡夫食品 | 奥普菲孔 | 10 109 | 税收和集中化 | — | 为欧洲进行集中采购，总部在苏黎世 |
| 星巴克咖啡贸易公司 | 沃州 | 8 856 | 与瑞士的业务关系，通过欧盟市场扩张提升协同效应，中心位置 | 分散采购和相关成本较高 | 2002 年：在洛桑成立，全球采购生咖啡（绿咖啡） |
| 北溪天然气管道（总部） | 楚格 | 0，由于尚未到期 | 银行保密优势，因为项目的透明度较低 | — | 俄罗斯天然气工业公司的子公司，为了建设从俄罗斯到德国的水下天然气管道而成立 |
| 跨海有限公司（总部） | 楚格 | 6 957 | 税收减免 | 总部设在开曼群岛 | 在《重新归类交易》的指引下公司转移到楚格 |
| 摩科瑞公司（总部） | 日内瓦 | 35 714 | 日内瓦是第二大原油交易中心，融资机会 | — | 在日内瓦的摩科瑞能源公司 |
| 托克 | 日内瓦 | 60 233 | 日内瓦是第二大原油交易中心，融资机会 | 总部设在卢塞恩 | 在卢塞恩也有，但将商业活动转移到日内瓦 |

（SG&A）以及税前利润和所得税。第一，分散模式不会带来任何税收的降低。第二，在中心主导型采购模式的帮助下，企业可以减少其销售商品成本及一般管理费用，综合起来，可以成功地降低所得税。相对于分散模式完全应用于本地层面，中心主导型采购模式和采购（买卖）主体模式能够产生集中化效应。第三，与中心主导型采购模式相比，当企业采用采购（买卖）主体模式时，销售商品成本和一般管理费用下降得更多。在所示的三种模式中，采购（买卖）主体模式最大限度地实现了企业所得税的降低。因此，通过这种治理结构，企业可以从较低的税收负担中受益。

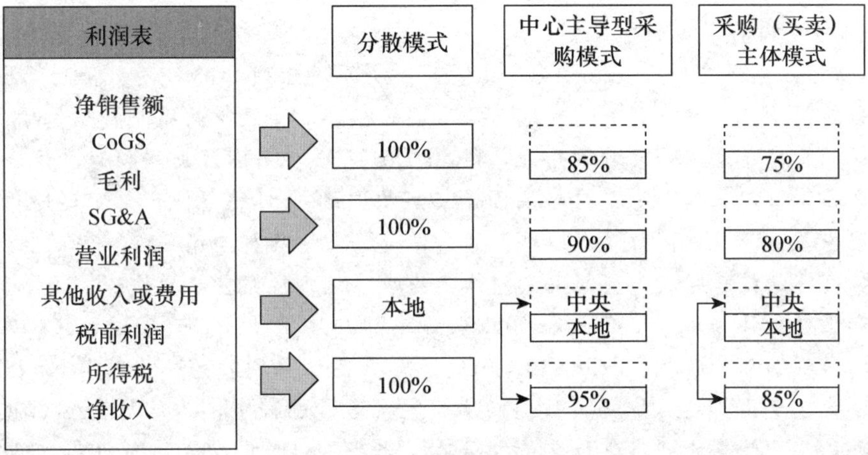


**图 9-10　不同采购模式对盈利能力的影响**

资料来源：普华永道（2012：4）

税收导向的供应链活动也关系到实施过程，这是因为实施过程与运营效率有关，例如加快流程、避免错误、优化增值税以及减少资本承诺等。企业有这些目标没什么不对，恰恰相反，它们对于企业来讲是大有裨益的。同样，为了能够通过减少关税的方式来控制增值税或降低运输成本而进行特别的供应链设计，这也是无可厚非的，特别是在欧盟一些地区实施了政府主导的鼓励企业发展的措施的情况下。

然而，至关重要的一点是，企业必须对能够影响供应链决策的不同类型的税收有足够的了解：

● 直接税（企业所得税）：在税务部门眼中，利润是由那些增值部门决定的，如品牌管理、战略政策制定和风险管理。因此，我们可以简单地说："直接税与利润挂钩"。将风险管理活动与增值活动结合起来和开发新的供应链配置，可以改变风险发生的地点或发生这些活动的实际位置。因此，它们会影响税收的多少。

● 间接税：间接税包括增值税和销售税。欧盟地区实施增值税指令。销售税是政府对销售商品和服务征收的消费税。常规销售税是在销售点征收，由零售商收取并转交给政府（Henkow and Norrman，2011）。请注意，美国是使用常规销售税的富裕国家之一。下面 HighCorp 的例子说明了如何实施供应链税收改善计划。

## HighCorp 的供应链税收改善

虚构的公司 HighCorp（卖家）是一家总部设在瑞典的高科技企业，其大部分成本用于研究和产品开发。由于 HighCorp 希望能从成本投入最多的部分获取最大的收益，公司的所得税政策是与瑞典总部协调大部分合同的签订。其物流人员的最初想法是，从 HighCorp 当地工厂或供应商处直接装运将货物运送给当地客户。在与 HighCorp 的财务专家讨论后，物流人员认为，直接装运是不可能的，而且成本太高，因此，物流路线需要重新规划。

**欧洲路线调整**

HighCorp 与法国客户（CustCo）签署了在法国供应商品的合同。合同规定 CustCo 可以从当地的子工厂拿货，并将其销售给法国的客户，而且货物将直接从位于法国的工厂发送给同样位于法国的客户。为此，HighCorp 必须在法国注册增值税。该公司认为，它有两个方案可以选择，一是接受法国子工厂收取的 19%的增值税（不退还）；二是在法国注册增值税而且增值税是可以减免的。但是，由于各种与增值税无关的原因（如与法国税务部门的接触以及瑞典总部的整体企业所得税战略希望尽量减少瑞典境外的税收登记）和增值税注册成本的问题，HighCorp 不想在法国注册。为了避免增值税登记和 19%的增值税的额外费用，HighCorp 首先将货物运往比利时的一个存货区，此时，装运单据发生了变化，之后货物再被运回法国。在这个过程中，工厂与 HighCorp 之间签订合同并规定货物在比利时进行交付。同时，HighCorp 和 CustCo 之间也签订了合同，其内容是将货物从比利时运送到客户在法国的营业点。这样，就没有必要在法国注册增值税了（Henkow and Norrman，2011）。图 9－11 中的欧洲路线重整图说明了这一点。

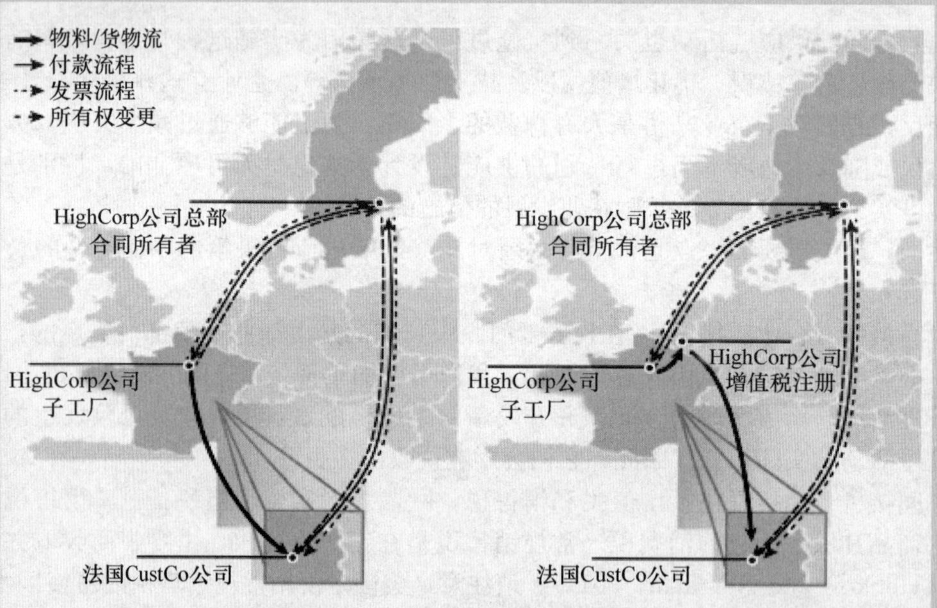


**图 9－11　欧洲路线重整**

HighCorp 的例子说明，为了能够减轻税收负担，在不同国家经营的企业应该如何设计供应链。但在全球市场上，活跃于高税率国家的企业，相对于在低税率国家的竞争对手，往往具有结构性的竞争劣势。然而，有些公司同时在高税率和低税率的国家运营，那么对于这些跨国公司来讲，税收就会变成一个大问题。当这些跨国公司可以在运营的低税率国家减少税收的时候，它们就希望采取一些措施尽可能地避免支付相对较高的税收。旨在优化资金流、库存和资本成本的供应链金融会对利润率产生积极的影响。税收优化可以减轻税收负担，且两个方面互为补充（Locker and Grossen-Ruyken，2015）。此外，企业制定转移价格战略、签订成本分摊协议、使内部负债结构化并将收入转移到税收负担较低的国家，其目的都是最大限度地减少企业所得税（Dyreng et al.，2015）。

能够很好地反映这一趋势的例子就是，越来越多的企业在卢森堡设立子公司，这是因为卢森堡为了能够吸引企业入驻，实施了低税收政策。只要母公司所在国家和受影响的子公司所在国家的税收水平存在差异，那么就可以进行税收优化。注意：卢森堡的税收优惠政策是一种目的性很强的、以政府主导的鼓励和吸引企业的机制。

这里也有许多需求方面的示例。位于卢森堡的亚马逊（Amazon.com）收到了很多有关它们总部位置的不良报道。2012 年，星巴克在英国产生了 4 亿英镑的营业额，却不需要缴纳任何所得税。星巴克是如何做到这一点的？它通过从瑞士购买咖啡豆并将特许权使用费转让给荷兰姊妹公司进行管理，同时向其他子公司支付高利率。在英国产生 33.5 亿英镑营业额的亚马逊，需要交纳的税费为 180 万英镑。谷歌的营业额达 3.95 亿英镑，税收负担为 600 万英镑。这种形式的税收优化是可能的，因为这些企业追求法律避税策略（Barford and Holt，2013）。然而，利用避税天堂也可能给公司造成不利影响。因此，被称为“飞反效应”（boomerang effect）：企业通过转移到税低收国家而节省的税收数量将会超过由于企业的形象和声誉受到损害而带来的金钱损失和客户信任的降低，也就是说，负面影响将会超过避税收益。

为了抵制这些趋势的发展，经济合作与发展组织正在落实一项税基侵蚀和利润转移行动计划，即所谓的“BEPS”。该计划为国际税收规则现代化提供了解决方案，其目的是创建一个标准化和可共享的模板，以便能够将一家跨国运营企业的所有国家的税务报告进行整合。因此，在这个行动计划中，每个企业都必须提供一个完整且一致的税务报告，而且在报告中应该包括有关财务状况、销售情况和人员情况的信息，以便税务部门可以确定每个国家境内的经营价值。而这个价值进而也可以影响企业所需缴纳的税额。这个想法源自谷歌的税收优化案例，在这个案例中，企业需要根据英国客户消费的商品和服务所产生的收入在英国境内缴税（Harpaz，2014）。

供应链金融可以为大型企业提供更多的机会来优化税收。对于一个国家的税务部门来说，要跟踪所有跨境流动的流动资金几乎是不可能的。鉴于各国还不能在短期内禁止国家之间的税收竞争，所以漏洞仍然存在。但是，那些不考虑跨国公司的供应链问题的税制是难以弥补所有漏洞的，而且只要存在税收漏洞并可以被企业识别出来，那么它们就会利用这些漏洞。

## 9.4 光明面：企业社会责任——供应链管理中有财务公平竞争吗?

**道德供应链金融计划——李维斯在发展中国家的案例**

2014 年，服装制造商李维斯（Levi Strauss&Co，Levi's）宣布与世界银行集团成员国际金融公司（International Finance Corporations，IFC）合作，联合推出新的供应链融资计划，以奖励那些在环保、健康、安全和劳工条例方面评分较高的发展中国家的供应商。李维斯使用了国际金融公司的全球贸易供应商融资（GTSF）计划来进行服装供应商的短期融资阶梯定价，并为那些在李维斯的环境和社会监测系统中业绩评级较高的客户提供较低的借款成本。这项新计划是与供应链金融服务提供商 GT Nexus（一个全球贸易和供应链管理的云端商业网络平台）合作实施的。

在该案例中，李维斯所实施的计划奖励了在合作守则（terms of engagement，TOE）评估中得分较高的供应商，该守则旨在评估供应商在劳工、健康和安全以及环保方面的绩效。通过全球贸易供应商融资计划，供应商获得了较低的营运资本融资成本；而且供应商的合作守则评估得分越高，它们能够节省的成本就越多。"李维斯认为，在我们的严格标准要求中能够获得高分的供应商应该得到认可和奖励，使它们能够在业务扩展和提高可持续发展绩效方面进行更多的投资。这一创新计划能够为那些在可持续发展方面表现良好的供应商提供财务激励，"李维斯首席供应链官 David Love 说，"我们为国际金融公司能够制订这样的计划而喝彩，并期待着与之合作，以便能够在计划的实施方面取得成功。"

国际金融公司的制造业、农业和服务业主管 Alzbeta Klein 表示："我们的经验表明，良好的环境和社会管理与财务绩效息息相关。李维斯是与金融机构合作的第一家大型国际买家，通过这样的合作来为其供应商提供直接的财务激励，从而提高供应商的合规性。"(Procurement Leaders，nd)

李维斯的例子表明，如何通过供应链融资将硬性货币方法与软性的可持续发展和道德标准联系起来。通过这样的方式，经济的发展与生态和社会的发展不再是竞争关系，而是相互交织在一起。基本上，遵守企业社会责任准则是当前首要的事情。

**企业社会责任的定义**

企业社会责任（corporate social responsibility，CSR）是指企业在进行决策时既会考虑到社会利益（社会维度），也会考虑环境问题（生态维度），其中前者是指企业要为它们的活动对客户、供应商、员工、股东、社区和其他利益相关者所造成的影响而承担责任，后者指企业的运营会对环境产生影响。显然，这个责任已经超出了企业的法定义务，而是需要企业自愿地采取进一步措施来提高员工及其家属的生活质量、改善当地社区和社会以及保护生态（Sharma，2011）。

连接企业社会责任和供应链金融需要四个步骤，如图 9－12 所示。需要注意的是，越往上取得进步的程度就越大，并且两种方法接近的程度越大，所能带来的进步就越明显。在金字塔的顶端，企业可以利用集成的供应链金融和企业社会责任方法。

- 步骤 1：第一步，供应链金融和企业社会责任完全分开。例如，只有符合某些可持续发展标准，供应商才可能成为常规供应商。供应链金融不受任何企业社会责任举措的影响。

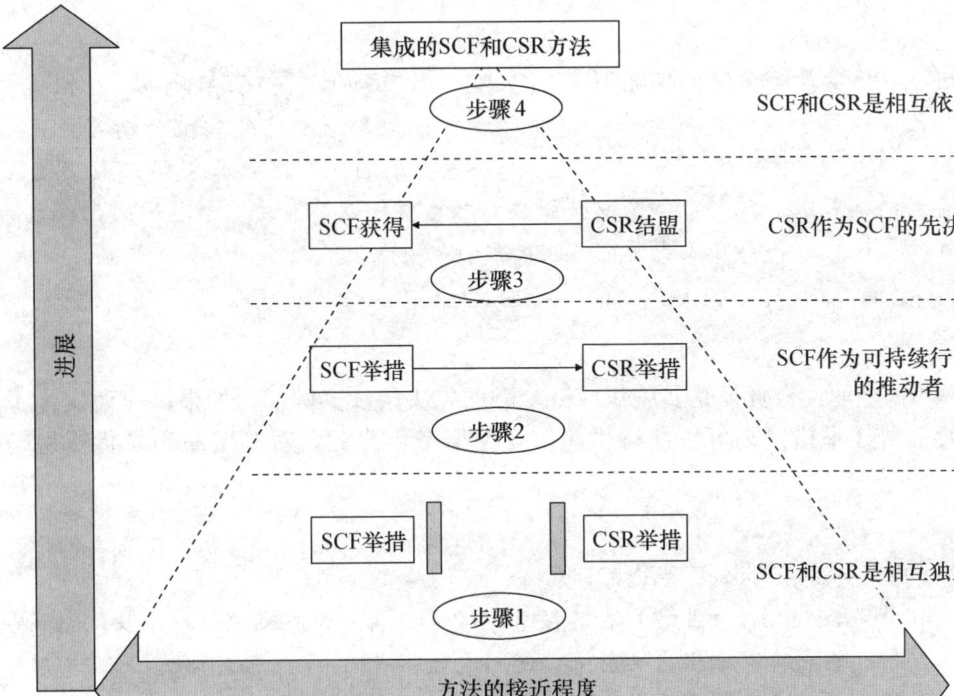


**图 9－12　集成企业社会责任和供应链金融的四步模型**

- 步骤 2：第二步包括那些能够作为实施企业社会责任的动机的供应链金融举措，供应链金融作为遵守可持续行为守则的推动者。以社会责任投资（socially responsible investment，SRI）为例，社会责任投资是一个用于描述金融财务部门投资决策的概念，它是指投资者（无论是个人还是机构）的社会、环境、治理和道德原则会影响它们把资金投资于哪个组织或企业的决策，而且包括投资者如何利用其股东权力来鼓励它们所投资的企业去从事有利于环境和社会的行为。供应链金融应该提出建立和实施社会责任投资指导原则的要求并且要求企业按照该指导原则行事。然而，企业社会责任和社会责任投资活动经常与“慈善”混为一谈，所以，我们需要克服的挑战之一就是如何去克服大众的这种片面理解。企业社会责任和社会责任报告也旨在将经济、生态和社会目标联系起来，这可以通过各种方式来完成，而且核心企业和供应商都可以从共同的企业社会责任计划中受益。例如，当供应商能够节省电力和减少废物时，其成本节约的红利就可以通过某些形式传递给核心企业。虽然双方在这种情况下都受益，但这种激励措施却是金钱性质的，所以，这可能只是第一步。然而，在其他的例子中可能就更强调社会方面的因素，例如在不考虑任何经济因素的情况下，促进较弱供应商和区域的发展。这可能是第二步，因为它是真正建立在企业社会责任的基本思想的基础上。此外，还有一些超国家的举措。在不久的将来，将可持续发展做法纳入经营和投资活动中的压力将会不断增加，因此，任何供应链金融活动，至少在新兴国家和发展中国家，都必须符合新的企业社会责任准则。此外，未来的供应链金融计划还必须遵守超国家举措，如联合国责任投资原则（principles for responsible investment，PRI）或“赤道原则”（equator principles，EP）。

**超国家举措——联合国责任投资原则（PRI）或“赤道原则”（EP）的例子**

联合国责任投资原则鼓励投资行业将环境、社会和治理风险和机会纳入投资决策。自 2006 年该原则推出以来，已被 381 个签署国采纳，管理资产达 14 万亿美元。

赤道原则确保银行只向符合环境和社会标准的项目提供贷款。赤道原则已经成为项目融资的全球标准，而且改变了全球主要项目的资金。

资料来源：www. unpri. org；www. equator-principles. com

- 步骤 3：企业社会责任是实施供应链金融的先决条件。例如，如果供应商实施了足够的企业社会责任举措，则可以获得供应链金融服务。为此，对等贸易和易货贸易是关键要素。

**农化业务融资——先正达公司易货案例**

Ligi and Kolesnikova（2009）在其报告中描述了农民如何通过作物换取化肥来获得资金流动性。它表明了先正达等企业如何通过缓解农民最迫切的问题——春季现金短缺——来增加销售。为了降低未来农民无法付款的风险，公司接受农民种植的部分农作物作为补偿，以换取下一季所需的农化用品。通过在未来市场上销售这些作物，它们几乎消除了自己的一切风险。从组织间的角度来看，整个供应链都可以从这种做法中受益，因为一个成员（强大的公司）可以帮助缺乏营运资本的其他合作伙伴（弱势的农民）。在这个例子中，一方面，通过易货贸易，我们可以说，农民实现了向农化公司的立即“付款”。因此，对于农化公司来说，付款期限为零，因为农民已经立即“付款”给它；另一方面，它有实际的现金流。即使农民立即付款，但因为农民是用实物进行支付，所以也没有实际的现金流。但是，农化公司可以通过选择农作物的出售时间来选择其现金流入的时间。此外，公司可以决定为哪个农民提供供应链金融解决方案，而且可以将这项服务与农民是否遵守可持续农业原则关联起来。因此，可以说，易货贸易是将供应链金融与企业社会责任相结合的创新形式（即便易货是一种古老的贸易形式），通过这种形式可以实现贸易伙伴的现金流入和流出的分离。这样就可以在缩短卖方（农化公司）应收账款天数的同时，延长买方（农民）的应付账款天数。在这种情况下，资本的提供者最终是作物未来的买方，未来的溢价最有可能从农化公司转移给农民。

- 步骤 4：第四步代表供应链金融驱动下的供应商发展。其含义是以最可能和最可持续的方式来展现供应商的可持续发展潜力，特别是在发展中国家更是如此。在这一步中，长期发展、伙伴关系的可持续性和资金支持至关重要，其中也可能包括一些供应商开发计划。例如，通过使用集成的供应链金融和企业社会责任方法，企业可以将其供应链的部分活动外包给那些满足企业社会责任要求的国家和供应商。而且通过使用这种方法，核心企业和供应商双方都可以通过创造价值和工作岗位以及纳税来为经济发展贡献力量。因此，我们可以说，集成的供应链金融和企业社会责任方法可以实现双赢。

将企业社会责任和供应链金融进行联结的主要目的之一是在供应链中形成“财务公平竞争”。鉴于体育运动和足球世界与我们要讨论的内容存在很多的相似点，为了证明以上观点，我们引用了足球俱乐部的例子，因为它们所面对的情况与我们所要讨论的类似。俱乐部支付了大量资金来确保世界上最好的球员为其服务，但是没有考虑自己俱乐部的经济基础。毫无疑问，为了获得最好的球员，俱乐部不得不增加球员的薪水，那么它们就需要在越来越多的债务或赛场上的失利间做出选择；最后，俱乐部选择了增加债务，因此债务总额大大提高。为了抵制这一发展，欧洲足球联合会（Union of European Football Associations，UEFA）设计了一项减轻债务和实现公平竞争的规定，在这个规定中给出了一个具有明确财务指标的标准目录（UEFA，2012）。当《财务公平竞争法》首次出台时，并没有足球俱乐部去执行。然而，近年来，这项法规已经被严格执行，而且只要俱乐部违规，就会被征收罚款。

金融服务提供商的情况与上面的类似。2012 年，巴克莱银行的一些衍生品交易商由于试图操纵伦敦银行同业拆借利率被罚款 2.9 亿英镑。英国劳埃德银行由于严重违规行为被罚款 2.18 亿英镑，除此之外，还有更多案例。所有监管框架的规模和复杂性都是压倒性的，并且经常性地进行修改，因此，金融服务提供商不得不更好地遵守自己所在市场和其他所有开展业务的市场的规则（Norton-Edwards，2014）。

财务公平竞争是有益的。然而，在全球化的世界中，当企业足够自律时（特别是行业本身），这种行为将会越来越盛行。而且，企业领导人和政治家除了要实现股东的目标，还要实现其他利益相关者的目标，这一点至关重要。通过开发符合社会责任投资要求的商品和服务，并将环境和社会因素嵌入投资和借贷活动中，供应链金融可以大大提升其影响力。通过这样的方式，供应链金融实际上可以帮助创造一个更可持续发展的世界。然而，市场驱动的解决方案本身就无法解决所有的社会问题，也正因如此，自愿的战略性企业参与也必须存在。

## 9.5 技术方面：区块链技术——金融技术能否将供应链金融提升到一个新的水平?

金融服务行业正在发生很多变化。越来越多的技术和IT公司进入这个领域。大型组织具有足够的技术知识和财力，也能够清楚地评估自己对社会的影响力，例如，Facebook想建立国际汇款系统。Google有意提供资产管理服务，因为它们具有预测宏观经济趋势的分析能力，而且它也已经对自己的流动资金进行管理，并建立了风险投资部门（Hartley，2014）。中国的两位IT竞争对手阿里巴巴和腾讯也都增加了赌注，并已经成功地提供了资产管理产品和服务。与传统基金管理相比，这些公司已经掌握了这次技术变革（Marriage，2014），这也就意味着它们可以将数据挖掘、社交媒体和云解决方案的概念进行融合。

除此之外，创新和发展迅速的初创企业，也被称为金融技术企业，正在大力推动传统的金融服务行业。截止到2010年，我们可以在市场上找到很多不同的国家支付类型和标准，如MT940对账单、DTAUS和DTAZV。自2015年以来，我们可以看到这些系统正在向更加统一的系统——XML和SEPA CT——转变。然而，下一波变革即将到来。从技术角度来看，预计在不久的将来会有多项突破性技术出现。虽然供应链金融仍然是一个利基市场，但预计将来会有两位数的增长（Demica，2012：2），而这主要归功于新技术（加密数字货币和区块链技术）的推广和使用。

### 加密数字货币和区块链技术简介

加密数字货币，如比特币，其核心就是像账簿一样列出了账户和金钱的数字文件。分布式账簿是一项能够让网络中所有各方共享信息的技术。在经过协商后，交易被确认并记录在账簿中，在这个过程中实现交易的加密和免受损坏而且更加快捷。该文件的完整副本由加密数字货币网络中的整个用户网络进行维护。此外，这个“货币”是一种自我调节的分散数字货币，不需要中央银行进行管理调控，这是因为可以通过加密数字货币背后的技术，即区块链，来规避中央银行的控制。区块链是记录了“谁拥有什么”的防篡改分类账，所有交易都被记录在内，包括交易的时间、日期、参与者和每笔交易金额等信息。这意味着每当交易发生，都会有一个新数据块被添加到区块链中。

区块链技术具有显著提高交易过程效率、改善监管控制和消除中间商的巨大潜力，它能够帮助降低系统成本，从而大大提高效率，并且在区块链的帮助下，那些在今天看似不可能的各种交易也都将会变成现实。例如，比特币的支付系统就是由开源软件支持的。它与一个集体的在线账簿相当，既不是封闭的也不是由某一方来控制的，恰恰相反，它是公共的、免费使用的并可以通过一个在网络中分散存储的数字账簿获得。通过这种方式，每个人（被认证的人）可以清楚地知道其他人的所有交易（与一个只知道自己交易的银行不同）。

通常，当我们提起加密数字货币，就只会想到虚拟货币或交易系统，但实际上，这只是冰山一角。对于基于区块链技术的加密数字货币来说，钱似乎只是其中的一种应用。虽然这项技术首先应用在了金融世界中，但其协议可以适用于各种场景，从数据传输到分散治理、了解客户流程、贸易监督、监管报告、抵押品管理、交易、结算、清算甚至取代数据库，可以说它几乎是万能的。

为了在网络内汇款，用户必须向网络内的用户进行广播，通知大家自己账户的金额将会减少，接收者账户的金额相应地会增加。随后，网络中的节点（计算机）将此项交易记录在自己的分类账簿中，并将交易传递给其他节点。区块链本身不只存在于一个地方，而是存在于许多不同的地方，在网络中的每个节点都有一个区块链的副本，它是一个分布式的信息网络，每个单独的节点都拥有所发生过的每一笔交易的信息。加密散列函数将数据集合转换成具有固定长度的字母和数字字符串，即所谓的散列值。原始数据的微小变化都会引起散列值的巨大变化，而且基本上不可能预测哪个初始数据将会创建出哪个散列值（见图 9－13）。

系统通过将交易放在被称为块的组中来对其进行排序并将它们连接在区块链中。在与前一个块进行对比后，每个块都按照时间先后排列。这个过程的关键是：每个有效的块必须包含一个散列值，同时这也能起到保护系统的作用。该技术的安全性是通过防止欺诈者篡改交换信息的合法性的方式实现的。在系统中存在着制衡机制，因此，如果欺诈者试图篡改交易，则节点间不会达成一致，因此拒绝将该交易放入区块链中。一旦一个新的交易块上传到其他所有的节点，因为这些节点也拥有先前所有的交易块再加上最新的交易块，那么就可以进行交叉检验，看它是不是一个正确的交易，也就是说如果任何人尝试上传不正确的交易（或尝试其他类型的欺诈活动），则立即会被所有其他节点发现。通过这种机制，每个交易都是公开的，数千个节点就特定日期和特定时间点发生的交易匿名地达成一致。这样一来，每个人的事实来源都是单一且完全相同的，同时这也是提高透明度和信任度的一个很好的方法。

区块链技术有可能在供应链应用的开发、配置和使用方面引发新一轮的创新浪潮——实际上，区块链技术拥有成为新的供应链操作系统的潜力。此外，区块链技术也可能会推进工业 4.0 和“物联网”的发展。采用分布式账簿的区块链技术将会带来的另一个影响就是智能合同的采用，因为在这个技术的支持下，交易双方可以通过计算机协议达成合同条款。

### 智能合同的定义

智能合同本质上是嵌入区块链中的一个简单程序，它定义了资产转移时的规则，允许将股息和利息的支付以及托管安排等程序自动存储在与资产本身相同的共享数据库中。当节点可以监视和检测所有权和合同规则的变化时，交易的效率就可以得到提高，这是因为许多合同条款都可以自动化达成，从而也提高了安全性。

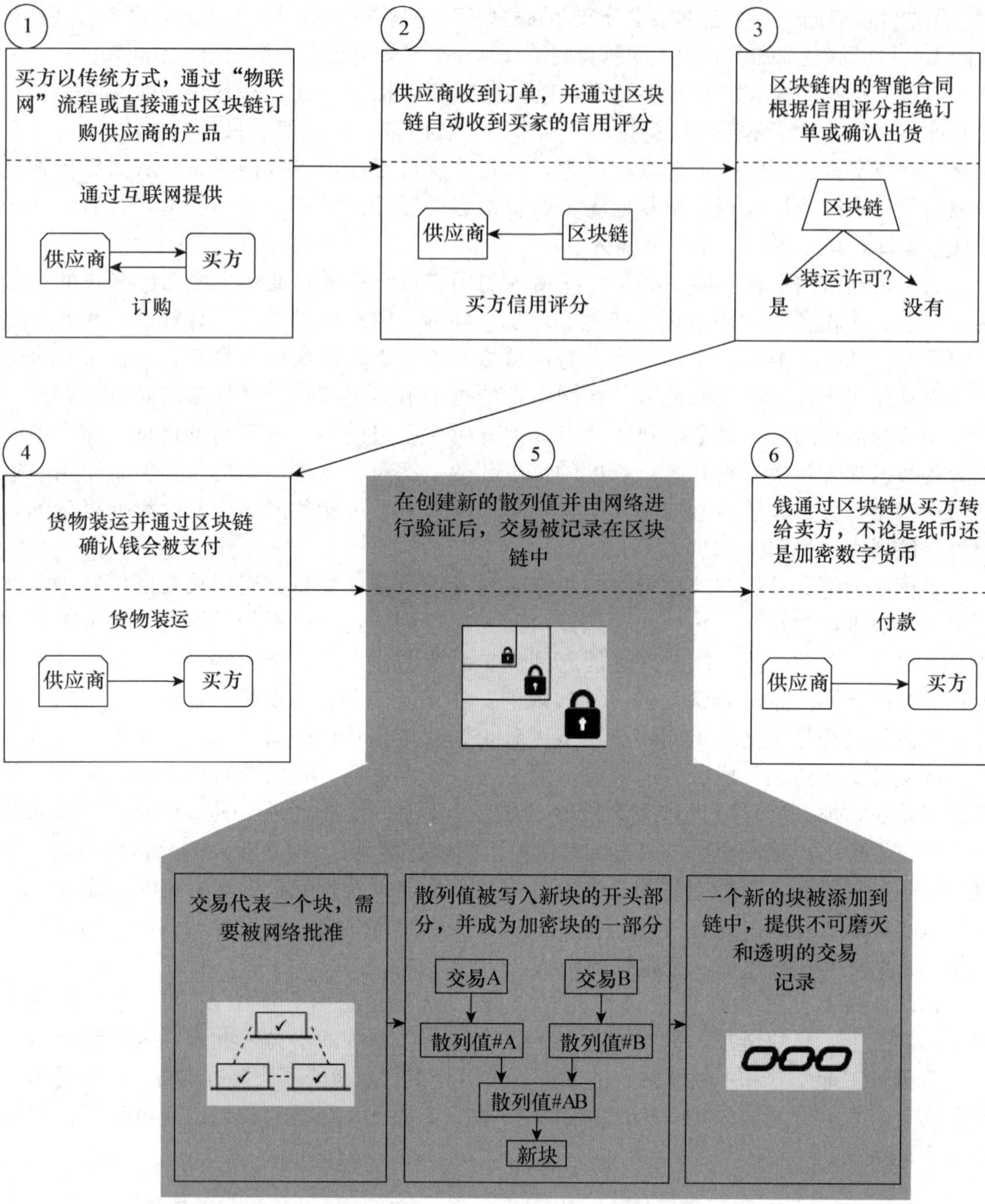


**图 9-13　区块链技术的工作方式**

区块链技术有助于促进贸易的发展，通过智能合同来提高透明度，改进流程和提高流程自动化水平。对于“传统”货币，区块链技术的作用基本上就是如此，但加密数字货币的转让却只是许多不同的区块链应用场景之一。在供应链金融的背景下，在如何使用区块链技术来转让权利和资产方面，出现了各种各样新的发展机遇。

- 示例 1：分配买方批准的应收账款的过程可以通过区块链完成，由此买方可以获得法律上的肯定，即它们没有购买已经分配给第三方的应收账款。这将有利于提高供应链金融的认可度并降低风险溢价。

● 示例2：证券化应收账款等证券不再需要由中央证券托管机构（例如瑞士证券交易所或德国明讯银行）清算和结算，而是直接在发行人与投资者之间进行证券转移交易，并记录在区块链中。因此，证券化的成本会大大降低，证券的结算速度会更快，而且付款也会更加提前。

还是那句话，区块链技术不仅可以用于加密数字货币，也可以用于“传统”货币。区块链技术将会扰乱和取代现有的运作模式，与此同时，也将带来新的发展和增长机遇，特别是在供应链金融方面。

## 使用区块链技术的反向保理——它是如何发挥作用的?

目前，供应链金融解决方案呈现了突破性的发展趋势。凭借成熟的产品，企业可以获得它们感兴趣的市场。预计供应链金融解决方案将夺走传统金融服务提供商现有产品的部分市场。此外，正如我们所看到的，IT，或更准确地说，数字化，是一个关键的方面。如果回头来看，自世纪之交以来，电子商务已经发生了翻天覆地的变化，例如，网上支付服务被开发出来。自2010年以来，移动支付解决方案（移动商务）已经得到广泛应用，特别是在无法获得充足资金的发展中国家的市场中应用已经相当广泛。硅谷的技术公司和金融科技公司也正在努力进行各种激进式创新。这对现有金融服务提供商来说是一个严重威胁，尤其是区块链技术具有破坏性的能量。

反向保理中的区块链技术将会带来各种好处，例如，购买者可以通过区块链技术为它们订购的商品和服务发出付款保证。有了这个保证，供应商可以立即交货，因为这个保证让它们确信可以收到付款。信用评级和供应商评估也可以保存在区块链中。如果买方不支付订单的费用或供应商不提供订单的货物，其声誉和评级将受到影响，而这些信息也将被保存在区块链中，以便每个人都可以访问。因此，区块链提供了一种机制，迫使所有有关各方去提高它们的可信度，同时，这也提高了系统的安全性。

区块链技术允许用户编写更复杂的智能合同。例如，当货物到达时，智能合同可以实现发票的自行付款（自我控制）。智能合同为购买商品提供了新的选择，如可以进行自我定价或自动重复订单。

作为交易的共享安全记录，区块链可以跟踪和追踪在产品上发生的所有事件以及谁对事件进行了处理，打破供应链数据孤岛，并向从发起者到最终用户的每个人揭示产品的来源。这样，我们就不再需要进行手动的追踪。区块链可以创建一个正式的注册表来识别每一件商品，并追踪它们在供应链不同节点中的所有权。例如，运输卡车可以监控正在运输的物品，并将这些物品标记上相关的环境条件（如温度或位置），从而确保产品在整个装运过程中得到安全的处理。区块链可以实现对从制造商那里购买的货物的全程追踪（从销售开始一直到最终用户），因此，它可以创建一种跟踪购买习惯的方法，这种购买习惯完全独立于任何零售商或制造商。

在区块链技术的支持下，采购订单、发票、订单变更、收据、发货通知和其他与贸易有关的文件和库存数据可以进行简化，从而实现比传统供应链管理更好的绩效。区块链技术可用于提高供应链的透明度，改进记录的保存，改善库存管理以及其他所有日常业务。基本上，在供应链中有两种使用区块链技术的方法：

1. 区块链技术可以用于追踪供应链中的产品和库存，确认收货并自动向供应商发放付款。此外，该技术还可以帮助降低企业的交易成本并加快付款。传统方式下，一般需要 2～3 天的时间才能完成交易，但使用区块链技术后，交易可以在 1 个小时甚至更快的时间内完成。

2. 区块链技术可以提高供应链的透明度，用于追踪在产品上发生的事件及相关责任人，最终实现对完整供应链体系的公开化。它提供了共享和安全的记录，为用户提供整个端到端供应链的信息。

## 区块链驱动供应链金融的潜在优势

区块链技术具有颠覆性潜力，并能为消费者、商家、金融机构、企业和供应链带来各种好处。以下概述了一些主要优点：

- 供应链中任何对象的活动都可以被永久地、不可更改地记录下来（它做了什么，谁处理了它，它与上一级对象的关系是什么）。
- 由于区块链中的身份是匿名的，用户可以利用加密数字货币地址来接收促销或折扣信息，而不会泄露不必要的个人信息。
- 追踪卖方的身份和信誉，即使在跨境交易的情况下，也可以通过公开参与的方式创造新的共享经济体。
- 企业可以通过编制薪资、机械设备、材料和维护费用的预算来控制其支出。
- 事务的自动化导致官僚作风大大减少，节省了时间和金钱。
- 区块链技术能完成开具发票、验证、批准、付款请求、交易和清算过程。
- 买方可以控制其资产并能够做出备份，还可以绕过某些支付障碍。
- 供应商能够将客户群扩展到那些没有信用卡服务的国家。
- 区块链技术通过消除错误并简化对账流程来降低与合同相关的交易成本。
- 该技术消除了退单拒付和欺诈的危险，可以实时结算交易且处理费用几乎为零。
- 由于采用了新技术，供应链不必再重新进行创造，而只需要在现有基础上进行简单的进化。
- 有了区块链技术可以轻松实现交易的安全性、隐私性和快速性，而无须放弃匿名达成共识的权利。
- 买方可以通过区块链技术为其订购的商品和服务提供付款保证。有了这个保证，供应商可以立即交货，因为这个保证让它们确信可以收到付款。
- 信用评级和供应商评估结果可以保存在区块链中。
- 如果买方不支付订单的费用或供应商不提供订单的货物，它们的声誉和评级将受到影响，而这些信息也将被保存在区块链中，以便每个人都可以访问。

- 区块链提供了一种机制，迫使所有有关各方去提高它们的可信度，同时，这也提高了系统的安全性。

### 区块链驱动供应链金融的潜在缺点

由于区块链技术还处于起步阶段，因此，我们应该预期它会有更多（有利的）发展。然而，虽然区块链技术有很多好处，但还有一些缺点要考虑：

- 目前，为其他货币兑换加密数字货币（如比特币）是非常困难的。
- 加密数字货币被视为非法活动和逃税的避风港。
- 如何从法律的角度对智能合同进行管理尚不明确。
- 在可预见的将来，有关可扩展性、延迟和安全性方面的问题是否可以克服，仍有很大的不确定性。
- 区块链的生产能力与现实交易量之间的权衡问题尚未得到解决。
- 区块链技术尚未得到充分的试用和测试。
- 欺诈者会利用新型创新技术的弱点。
- 运行区块链驱动活动的成本问题尚未得到充分探讨。
- 鉴于供应链的复杂性和较大的供应商数目，在开放系统之前，还有大量工作要做。

## 9.6 展望

区块链技术有潜力成为技术上的最大突破，并完全改变行业和贸易的运作方式。尽管它的潜力只是刚刚展现，但是区块链技术有阻止欺诈和降低交易成本的能力，从而解放企业的业务和市场，并让它们能够以一种你无法想象的方式去发展。图 9-14 从超越了供应链时间跨度的视角，总结了风险管理、避税、履行企业社会责任和创新技术方面的要点以及它们对企业、金融服务提供商和决策者产生的影响。

**风险管理**：全球化使商业更加复杂，但也开辟了新的机遇。供应链网络越来越大，而且跨越的国家也越来越多。因此，作为风险管理的一部分的风险评估，越来越受到企业的重视。成功的风险管理措施不但有助于企业管理风险，同时也能让企业从新的供应链金融解决方案中获益。

**避税**：供应链金融解决方案的实施也存在一些缺陷。在其基本功能中，供应链金融解决方案结合了货物和资金的流动。但是，也有很多企业利用它来优化税收。这时，对于税务部门来讲，问题就变得复杂得多。跨国公司已经通过利用漏洞开展税收竞争，在财务顾问的支持下，企业与税务部门进行“猫捉老鼠”的游戏。与只在一个国家运作的税务部门相比，跨国公司在世界许多国家开展业务，因此，为了最大限度地减少纳税额，

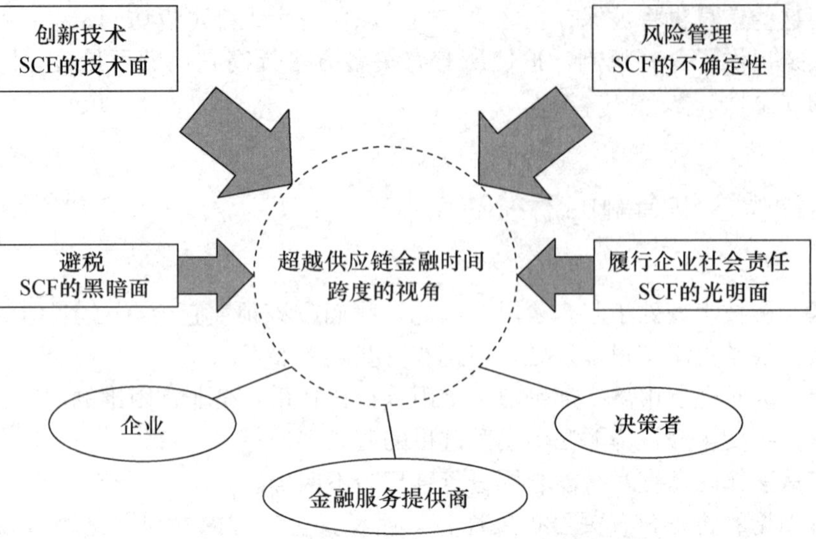


**图 9-14　超越供应链金融时间跨度的视角**

跨国公司会尽量在低税率国家纳税。

**履行企业社会责任**：在许多情况下，企业都会宣称对社会负责，但是，这往往只是写在公司网站上的口号而已。以供应链金融中的企业社会责任为例，它旨在与供应商建立密切的合作关系：不仅在财务方面，还需要长期的可持续合作，例如，这可能包括要在发展中国家启用供应商发展计划。借此，我们希望实现的终极目标是集成的供应链金融和企业社会责任的方法。

**创新技术**：IT 改变了世界，也改变了企业的运作方式。互联网可以交换实时数据、提高价格和质量的透明度，从而提高市场竞争力。来自 IT、社交媒体和技术领域的新竞争对手不断涌入金融市场，Google、Facebook 和阿里巴巴，还有很多其他的公司不胜枚举。随着区块链技术的发展，下一个巨大的颠覆性创新已经出现。

**企业的供应链金融展望**：供应链金融工具具有不同的特点和优缺点。一方面，启用供应链金融平台并不是免费的，而且选择供应商参与其中也是极具有挑战性的。但另一方面，供应链金融规范了资金流动过程，从而提高了计划的可靠性，而且它们还可以提供灵活和便宜的流动资金。企业可以将供应链金融作为资金来源补充，而且供应链金融解决方案还可以根据供应链的需求进行适当的调整。

**金融服务提供商的供应链金融展望**：虽然供应链金融仍然是一个利基市场，但有着巨大的增长潜力。与此形成鲜明对比的是，金融服务提供商却面临着一些严重的问题。具有成熟 IT 技能的新竞争对手不断进入金融服务行业，金融服务提供商不得不去应对技术变革和跨行业的整合。而且，供应链金融平台也夺走了它们现有的产品的市场。在跨境贸易中，由于报告制度、筹备方的声誉和法律管辖权的问题，企业还有可能会面临更多的挑战。

**决策者的供应链金融展望**：供应链金融提供商希望得到政策制定者对供应链金融解决方案的支持。供应链金融解决方案可以对所有参与方都有利，因此，不仅大型企业，还有中小企业，它们都可以从供应链金融中受益。促进供应链金融平台的发展，可以帮助企业间建立长期的战略伙伴关系，使资金来源多样化，帮助企业获得更多资金，同时支持经济的增长。例如，在供应链金融解决方案的帮助下，先前受资金制约的中小企业能够获得更多的资本。此外，供应链金融解决方案可以作为对传统融资方式的补充，借此降低企业对银行的依赖。促进中小企业的发展有助于创造新的就业机会和税收来源。但是，由于决策者和当局对供应链金融的概念并不熟悉，因此，在它们支持供应链金融发展之前，首选需要做的就是去了解供应链金融解决方案的运作方式。了解的程度越深，使用供应链金融解决方案的机构就越多。

罗马建成非一日之功，供应链金融也是如此。

# 参考文献


Barford, V and Holt, G (2013) 21 May [accessed 1 October 2015] Google, Amazon, Starbucks: The rise of 'tax shaming' [Online] www. bbc. com/news/magazine-20560359

Demica (2012) [accessed 1 October 2014] from www. demica. com/images/PDFs/passport _ to _ liquidity. pdf

Dyreng, S, Lindsey, B, Markle, K and Shackelford, D (2015) The effect of tax and nontax country characteristics on the global equity supply chains of US multinationals, *Journal of Accounting and Economics*, 59 (2-3), pp 182-202

Harpaz, J (2014) 15 December [accessed 15 January 2015] UK's Google tax: A preview of the impact new OECD proposal will have [Online] www. forbes. com/sites/joeharpaz/2014/12/15/uks-google-tax-a-preview-of-the-impact-new-oecd-proposal-will-have/

Hartley, J (2014) 6 October [accessed 1 October 2015] How Google is poised to become a dominant investment manager [Online] www. forbes. com/sites/jonhartley/2014/10/06/how-google-is-poised-to-become-a-dominant-investment-manager/

Henkow, O and Norrman, A (2011) Tax aligned global supply chains, *International Journal of Physical Distribution & Logistics Management*, 41 (9), pp 878-95

Ligi, A and Kolesnikova, M (2009) July 14 [accessed 19 February 2010] Crops-for-chemicals barter gives farmers liquidity [Online] Bloomberg: www. bloomberg. com

Locker, A and Grossen-Ruyken, P (2015), *Chefsache Finanzen in Einkauf und Supply Chain*, Springer, Wiesbaden

Marriage, M (2014) 20 April [accessed 1 October 2015] from www. ft. com/intl/cms/s/0/0ceee29c-c594-11e3-a7d4-00144feabdc0. html

Norton-Edwards, R (2014) 7 October [accessed 15 January 2015] Why compliance means more than fair play for banking [Online] http://tabbforum. com/opinions/why-compliance-means-more-than-fair-play-for-banking

PricewaterhouseCoopers (2012) Tax-optimising your supply chain: The franchise model (part 1), *Tax Planning International Review*

Sharma, JP (2011) *Corporate Governance*, *Business Ethics and CSR*, Ane Books Pvt Ltd, New Delhi

Stocker, K (1997) *Internationales Finanzrisikomanagement*, Gabler Verlag, Wiesbaden

UEFA (2012) [accessed 15 January 2015] from http://de.uefa.org/MultimediaFiles/Download/Tech/uefaorg/General/01/80/54/12/1805412_DOWNLOAD.pdf

Watson, A (1994) *Finance of International Trade*, Commercial Colour Press, London

# 练习

阅读下面的案例并回答后面的问题。

---

**“财务公平竞赛”——环球银行金融电信协会向承诺银行加快跨境支付**

环球银行金融电信协会（SWIFT）推出了一项“全球支付创新计划”，支付服务提供商承诺将通过提高跨境支付的速度、透明度和可预测性，增强代理银行的客户体验。

该集团宣布：“与业界共同设计的这一计划，初期将专注于B2B支付服务，这项服务由2016年初决定参与的银行来提供支持。”

环球银行金融电信协会表示，这项新服务将有助于企业发展国际业务，改善与供应商的关系和提高财务效率。公司将能够直接从其银行得到高级付款服务，其主要功能包括：资金的当天使用、费用的透明度和可预测性、端到端的支付跟踪以及丰富的支付信息的传递。

此外，这个组织还补充道，新服务将以参与银行之间的多边服务水平协议中的“业务规则”为基础来进行操作。它将在不影响银行的合规性、市场、信用风险和流动性风险要求的前提下，满足终端客户的需求。该服务将在环球银行金融电信协会的全球平台上运作，并将向所有监管的金融机构开放。

“代理银行为这个行业提供了每天数百次的安全跨境付款服务。利用全球支付创新计划，我们正在努力构建这些优势，使银行能够提供有特色的跨境支付服务，并为终端客户带来真正的利益，”环球银行金融电信协会首席执行官Gottfried Leibbrandt说，“这是跨境支付创新的关键一步。”

“环球银行金融电信协会的全球支付创新计划是非常及时的，因为它关注的是跨境支付的速度和价格的透明度。随着这些支付业务在渣打银行的增加，我们相信我们的客户将受益于它们的支付和收款的可预测性，从而更好地计划它们的营运资本周期。”渣打银行的全球交易银行业务产品主管Faroog Siddiqi说。

在进行试点之后，环球银行金融电信协会瞄准了企业的跨境支付业务，其目的是将更多的创新和新技术应用融入全球支付创新计划中。该集团表示，它将与业界合作，制定其他的服务水平协议，以满足其他客户群体的需求，进一步降低跨境支付的成本和在合规性、流动性和处理效率方面产生的摩擦。

资料来源：Buck，G（2016）［accessed 22 January 2016］SWIFT cross-border payments launch gains 45 banks［Online］www. gtnews. com www. swift. com/gpi

## 思考题

1. 环球银行金融电信协会提出这项计划背后的主要理由是什么？讨论为什么跨境支付服务支持供应链金融的理念？

2. 参照渣打银行的评论，讨论环球银行金融电信协会的计划如何能促进企业的营运资本周期的改善？

3. 环球银行金融电信协会提到它打算推出更多的创新，为了能够实现以下两个目标，你认为应该依次启动哪些主题和项目？

（1）在供应链中实现更多的“财务公平竞争”。

（2）不要错过技术进步的大船。

# 译后记

本书深入浅出地介绍了供应链金融的整体框架，从实践者的角度展开论述，但不乏理论深度。通篇尽量采用案例的形式进行展示，通俗易懂。在阅读过程中，读者会发现许多耳熟能详的公司和机构的案例，不但让我们了解了供应链金融的理论，还通过案例展示了供应链金融在实践中的最新应用，让整本书“妙趣横生”，所有的企业实例也跃然纸上。

同时，本书不但系统地讲述了中国的供应链金融体系，还对西方供应链金融系统进行了全面介绍，为读者充分了解世界供应链金融的实施和最新进展提供了丰富的资源。非常感谢本书的三位作者撰写了这部著作，相信本书中文版的出版将对中国供应链金融的应用和研究起到重要的促进作用。

本书在翻译过程中得到了河北省高校人文社科重点研究基地“燕山大学区域经济发展研究中心”资助，也得到了燕山大学多位在校生的帮助，他们分别是郑凯夫、陈冰、郭奕彤、何汶昱、冀琪琪、张晓阳和苏坤。他们查阅了大量的文献，确保了翻译的准确性，感谢他们所做的努力。

感谢中国人民大学出版社的各位编辑在本书翻译和出版过程中的辛勤付出。尽管在翻译过程中，我们努力做到“信、达、雅”，期望能够以通俗易懂但又不失专业性的表达方式来体现原书的内容，但是毕竟能力有限，翻译不当之处在所难免，敬请各位读者不吝赐教。

**胡海菊　陈红梅**

| 经济科学译丛 | | | | | | |
|---|---|---|---|---|---|---|
| 序号 | 书名 | 作者 | Author | 单价 | 出版年份 | ISBN |
| 1 | 递归宏观经济理论(第三版) | 拉尔斯·扬奎斯特等 | Lars Ljungqvist | 128.00 | 2020 | 978-7-300-28058-5 |
| 2 | 策略博弈(第四版) | 阿维纳什·迪克西特等 | Avinash Dixit | 85.00 | 2020 | 978-7-300-28005-9 |
| 3 | 劳动关系(第10版) | 小威廉·H. 霍利等 | William H. Holley, Jr. | 83.00 | 2020 | 978-7-300-25582-8 |
| 4 | 微观经济学(第九版) | 罗伯特·S. 平狄克等 | Robert S. Pindyck | 93.00 | 2020 | 978-7-300-26640-4 |
| 5 | 宏观经济学(第十版) | N. 格里高利·曼昆 | N. Gregory Mankiw | 79.00 | 2020 | 978-7-300-27631-1 |
| 6 | 宏观经济学(第九版) | 安德鲁·B. 亚伯等 | Andrew B. Abel | 95.00 | 2020 | 978-7-300-27382-2 |
| 7 | 商务经济学(第二版) | 克里斯·马尔赫恩等 | Chris Mulhearn | 56.00 | 2019 | 978-7-300-24491-4 |
| 8 | 管理经济学:基于战略的视角(第二版) | 蒂莫西·费希尔等 | Timothy Fisher | 58.00 | 2019 | 978-7-300-23886-9 |
| 9 | 投入产出分析:基础与扩展(第二版) | 罗纳德·E. 米勒等 | Ronald E. Miller | 98.00 | 2019 | 978-7-300-26845-3 |
| 10 | 宏观经济学:政策与实践(第二版) | 弗雷德里克·S. 米什金 | Frederic S. Mishkin | 89.00 | 2019 | 978-7-300-26809-5 |
| 11 | 国际商务:亚洲视角 | 查尔斯·W.L. 希尔等 | Charles W. L. Hill | 108.00 | 2019 | 978-7-300-26791-3 |
| 12 | 统计学:在经济和管理中的应用(第10版) | 杰拉德·凯勒 | Gerald Keller | 158.00 | 2019 | 978-7-300-26771-5 |
| 13 | 经济学精要(第五版) | R. 格伦·哈伯德等 | R. Glenn Hubbard | 99.00 | 2019 | 978-7-300-26561-2 |
| 14 | 环境经济学(第七版) | 埃班·古德斯坦等 | Eban Goodstein | 78.00 | 2019 | 978-7-300-23867-8 |
| 15 | 管理者微观经济学 | 戴维·M. 克雷普斯 | David M. Kreps | 88.00 | 2019 | 978-7-300-22914-0 |
| 16 | 税收与企业经营战略:筹划方法(第五版) | 迈伦·S. 斯科尔斯等 | Myron S. Scholes | 78.00 | 2018 | 978-7-300-25999-4 |
| 17 | 美国经济史(第12版) | 加里·M. 沃尔顿等 | Gary M. Walton | 98.00 | 2018 | 978-7-300-26473-8 |
| 18 | 组织经济学:经济学分析方法在组织管理上的应用(第五版) | 塞特斯·杜玛等 | Sytse Douma | 62.00 | 2018 | 978-7-300-25545-3 |
| 19 | 经济理论的回顾(第五版) | 马克·布劳格 | Mark Blaug | 88.00 | 2018 | 978-7-300-26252-9 |
| 20 | 实地实验:设计、分析与解释 | 艾伦·伯格等 | Alan S. Gerber | 69.80 | 2018 | 978-7-300-26319-9 |
| 21 | 金融学(第二版) | 兹维·博迪等 | Zvi Bodie | 75.00 | 2018 | 978-7-300-26134-8 |
| 22 | 空间数据分析:模型、方法与技术 | 曼弗雷德·M. 费希尔等 | Manfred M. Fischer | 36.00 | 2018 | 978-7-300-25304-6 |
| 23 | 《宏观经济学》(第十二版)学习指导书 | 鲁迪格·多恩布什等 | Rudiger Dornbusch | 38.00 | 2018 | 978-7-300-26063-1 |
| 24 | 宏观经济学(第四版) | 保罗·克鲁格曼等 | Paul Krugman | 68.00 | 2018 | 978-7-300-26068-6 |
| 25 | 计量经济学导论:现代观点(第六版) | 杰弗里·M. 伍德里奇 | Jeffrey M. Wooldridge | 109.00 | 2018 | 978-7-300-25914-7 |
| 26 | 经济思想史:伦敦经济学院讲演录 | 莱昂内尔·罗宾斯 | Lionel Robbins | 59.80 | 2018 | 978-7-300-25258-2 |
| 27 | 空间计量经济学入门——在R中的应用 | 朱塞佩·阿尔比亚 | Giuseppe Arbia | 45.00 | 2018 | 978-7-300-25458-6 |
| 28 | 克鲁格曼经济学原理(第四版) | 保罗·克鲁格曼等 | Paul Krugman | 88.00 | 2018 | 978-7-300-25639-9 |
| 29 | 发展经济学(第七版) | 德怀特·H. 波金斯等 | Dwight H. Perkins | 98.00 | 2018 | 978-7-300-25506-4 |
| 30 | 线性与非线性规划(第四版) | 戴维·G. 卢恩伯格等 | David G. Luenberger | 79.80 | 2018 | 978-7-300-25391-6 |
| 31 | 产业组织理论 | 让·梯若尔 | Jean Tirole | 110.00 | 2018 | 978-7-300-25170-7 |
| 32 | 经济学精要(第六版) | 巴德,帕金 | Bade, Parkin | 89.00 | 2018 | 978-7-300-24749-6 |
| 33 | 空间计量经济学——空间数据的分位数回归 | 丹尼尔·P. 麦克米伦 | Daniel P. McMillen | 30.00 | 2018 | 978-7-300-23949-1 |
| 34 | 高级宏观经济学基础(第二版) | 本·J. 海德拉 | Ben J. Heijdra | 88.00 | 2018 | 978-7-300-25147-9 |
| 35 | 税收经济学(第二版) | 伯纳德·萨拉尼耶 | Bernard Salanié | 42.00 | 2018 | 978-7-300-23866-1 |
| 36 | 国际贸易(第三版) | 罗伯特·C. 芬斯特拉 | Robert C. Feenstra | 73.00 | 2017 | 978-7-300-25327-5 |
| 37 | 国际宏观经济学(第三版) | 罗伯特·C. 芬斯特拉 | Robert C. Feenstra | 79.00 | 2017 | 978-7-300-25326-8 |
| 38 | 公司治理(第五版) | 罗伯特·A.G. 蒙克斯 | Robert A. G. Monks | 69.80 | 2017 | 978-7-300-24972-8 |
| 39 | 国际经济学(第15版) | 罗伯特·J. 凯伯 | Robert J. Carbaugh | 78.00 | 2017 | 978-7-300-24844-8 |
| 40 | 经济理论和方法史(第五版) | 小罗伯特·B. 埃克伦德等 | Robert B. Ekelund. Jr. | 88.00 | 2017 | 978-7-300-22497-8 |
| 41 | 经济地理学 | 威廉·P. 安德森 | William P. Anderson | 59.80 | 2017 | 978-7-300-24544-7 |
| 42 | 博弈与信息:博弈论概论(第四版) | 艾里克·拉斯穆森 | Eric Rasmusen | 79.80 | 2017 | 978-7-300-24546-1 |
| 43 | MBA宏观经济学 | 莫里斯·A. 戴维斯 | Morris A. Davis | 38.00 | 2017 | 978-7-300-24268-2 |
| 44 | 经济学基础(第十六版) | 弗兰克·V. 马斯切纳 | Frank V. Mastrianna | 42.00 | 2017 | 978-7-300-22607-1 |
| 45 | 高级微观经济学:选择与竞争性市场 | 戴维·M. 克雷普斯 | David M. Kreps | 79.80 | 2017 | 978-7-300-23674-2 |
| 46 | 博弈论与机制设计 | Y. 内拉哈里 | Y. Narahari | 69.80 | 2017 | 978-7-300-24209-5 |
| 47 | 宏观经济学精要:理解新闻中的经济学(第三版) | 彼得·肯尼迪 | Peter Kennedy | 45.00 | 2017 | 978-7-300-21617-1 |
| 48 | 宏观经济学(第十二版) | 鲁迪格·多恩布什等 | Rudiger Dornbusch | 69.00 | 2017 | 978-7-300-23772-5 |
| 49 | 国际金融与开放宏观经济学:理论、历史与政策 | 亨德里克·范登伯格 | Hendrik Van den Berg | 68.00 | 2016 | 978-7-300-23380-2 |
| 50 | 经济学(微观部分) | 达龙·阿西莫格鲁等 | Daron Acemoglu | 59.00 | 2016 | 978-7-300-21786-4 |
| 51 | 经济学(宏观部分) | 达龙·阿西莫格鲁等 | Daron Acemoglu | 45.00 | 2016 | 978-7-300-21886-1 |
| 52 | 发展经济学 | 热若尔·罗兰 | Gérard Roland | 79.00 | 2016 | 978-7-300-23379-6 |
| 53 | 中级微观经济学——直觉思维与数理方法(上下册) | 托马斯·J·内契巴 | Thomas J. Nechyba | 128.00 | 2016 | 978-7-300-22363-6 |
| 54 | 环境与自然资源经济学(第十版) | 汤姆·蒂坦伯格等 | Tom Tietenberg | 72.00 | 2016 | 978-7-300-22900-3 |
| 55 | 劳动经济学基础(第二版) | 托马斯·海克拉克等 | Thomas Hyclak | 65.00 | 2016 | 978-7-300-23146-4 |
| 56 | 货币金融学(第十一版) | 弗雷德里克·S·米什金 | Frederic S. Mishkin | 85.00 | 2016 | 978-7-300-23001-6 |

| 经济科学译丛 | | | | | | |
|---|---|---|---|---|---|---|
| 序号 | 书名 | 作者 | Author | 单价 | 出版年份 | ISBN |
| 57 | 动态优化——经济学和管理学中的变分法和最优控制(第二版) | 莫顿·I·凯曼等 | Morton I. Kamien | 48.00 | 2016 | 978-7-300-23167-9 |
| 58 | 用 Excel 学习中级微观经济学 | 温贝托·巴雷托 | Humberto Barreto | 65.00 | 2016 | 978-7-300-21628-7 |
| 59 | 国际经济学:理论与政策(第十版) | 保罗·R·克鲁格曼等 | Paul R. Krugman | 89.00 | 2016 | 978-7-300-22710-8 |
| 60 | 国际金融(第十版) | 保罗·R·克鲁格曼等 | Paul R. Krugman | 55.00 | 2016 | 978-7-300-22089-5 |
| 61 | 国际贸易(第十版) | 保罗·R·克鲁格曼等 | Paul R. Krugman | 42.00 | 2016 | 978-7-300-22088-8 |
| 62 | 经济学精要(第3版) | 斯坦利·L·布鲁伊等 | Stanley L. Brue | 58.00 | 2016 | 978-7-300-22301-8 |
| 63 | 经济分析史(第七版) | 英格里德·H·里马 | Ingrid H. Rima | 72.00 | 2016 | 978-7-300-22294-3 |
| 64 | 投资学精要(第九版) | 兹维·博迪等 | Zvi Bodie | 108.00 | 2016 | 978-7-300-22236-3 |
| 65 | 环境经济学(第二版) | 查尔斯·D·科尔斯塔德 | Charles D. Kolstad | 68.00 | 2016 | 978-7-300-22255-4 |
| 66 | MWG《微观经济理论》习题解答 | 原千晶等 | Chiaki Hara | 75.00 | 2016 | 978-7-300-22306-3 |
| 67 | 现代战略分析(第七版) | 罗伯特·M·格兰特 | Robert M. Grant | 68.00 | 2016 | 978-7-300-17123-4 |
| 68 | 横截面与面板数据的计量经济分析(第二版) | 杰弗里·M·伍德里奇 | Jeffrey M. Wooldridge | 128.00 | 2016 | 978-7-300-21938-7 |
| 69 | 宏观经济学(第十二版) | 罗伯特·J·戈登 | Robert J. Gordon | 75.00 | 2016 | 978-7-300-21978-3 |
| 70 | 动态最优化基础 | 蒋中一 | Alpha C. Chiang | 42.00 | 2015 | 978-7-300-22068-0 |
| 71 | 城市经济学 | 布伦丹·奥弗莱厄蒂 | Brendan O'Flaherty | 69.80 | 2015 | 978-7-300-22067-3 |
| 72 | 管理经济学:理论、应用与案例(第八版) | 布鲁斯·艾伦等 | Bruce Allen | 79.80 | 2015 | 978-7-300-21991-2 |
| 73 | 经济政策:理论与实践 | 阿格尼丝·贝纳西-奎里等 | Agnès Bénassy-Quéré | 79.80 | 2015 | 978-7-300-21921-9 |
| 74 | 微观经济分析(第三版) | 哈尔·R·范里安 | Hal R. Varian | 68.00 | 2015 | 978-7-300-21536-5 |
| 75 | 财政学(第十版) | 哈维·S·罗森等 | Harvey S. Rosen | 68.00 | 2015 | 978-7-300-21754-3 |
| 76 | 经济数学(第三版) | 迈克尔·霍伊等 | Michael Hoy | 88.00 | 2015 | 978-7-300-21674-4 |
| 77 | 发展经济学(第九版) | A.P.瑟尔沃 | A. P. Thirlwall | 69.80 | 2015 | 978-7-300-21193-0 |
| 78 | 宏观经济学(第五版) | 斯蒂芬·D·威廉森 | Stephen D. Williamson | 69.00 | 2015 | 978-7-300-21169-5 |
| 79 | 资源经济学(第三版) | 约翰·C·伯格斯特罗姆等 | John C. Bergstrom | 58.00 | 2015 | 978-7-300-20742-1 |
| 80 | 应用中级宏观经济学 | 凯文·D·胡佛 | Kevin D. Hoover | 78.00 | 2015 | 978-7-300-21000-1 |
| 81 | 现代时间序列分析导论(第二版) | 约根·沃特斯等 | Jürgen Wolters | 39.80 | 2015 | 978-7-300-20625-7 |
| 82 | 空间计量经济学——从横截面数据到空间面板 | J·保罗·埃尔霍斯特 | J. Paul Elhorst | 32.00 | 2015 | 978-7-300-21024-7 |
| 83 | 国际经济学原理 | 肯尼思·A·赖纳特 | Kenneth A. Reinert | 58.00 | 2015 | 978-7-300-20830-5 |
| 84 | 经济写作(第二版) | 迪尔德丽·N·麦克洛斯基 | Deirdre N. McCloskey | 39.80 | 2015 | 978-7-300-20914-2 |
| 85 | 计量经济学方法与应用(第五版) | 巴蒂·H·巴尔塔基 | Badi H. Baltagi | 58.00 | 2015 | 978-7-300-20584-7 |
| 86 | 战略经济学(第五版) | 戴维·贝赞可等 | David Besanko | 78.00 | 2015 | 978-7-300-20679-0 |
| 87 | 博弈论导论 | 史蒂文·泰迪里斯 | Steven Tadelis | 58.00 | 2015 | 978-7-300-19993-1 |
| 88 | 社会问题经济学(第二十版) | 安塞尔·M·夏普等 | Ansel M. Sharp | 49.00 | 2015 | 978-7-300-20279-2 |
| 89 | 博弈论:矛盾冲突分析 | 罗杰·B·迈尔森 | Roger B. Myerson | 58.00 | 2015 | 978-7-300-20212-9 |
| 90 | 时间序列分析 | 詹姆斯·D·汉密尔顿 | James D. Hamilton | 118.00 | 2015 | 978-7-300-20213-6 |
| 91 | 经济问题与政策(第五版) | 杰奎琳·默里·布鲁克斯 | Jacqueline Murray Brux | 58.00 | 2014 | 978-7-300-17799-1 |
| 92 | 微观经济理论 | 安德鲁·马斯-克莱尔等 | Andreu Mas-Collel | 148.00 | 2014 | 978-7-300-19986-3 |
| 93 | 产业组织:理论与实践(第四版) | 唐·E·瓦尔德曼等 | Don E. Waldman | 75.00 | 2014 | 978-7-300-19722-7 |
| 94 | 公司金融理论 | 让·梯若尔 | Jean Tirole | 128.00 | 2014 | 978-7-300-20178-8 |
| 95 | 公共部门经济学 | 理查德·W·特里西 | Richard W. Tresch | 49.00 | 2014 | 978-7-300-18442-5 |
| 96 | 计量经济学原理(第六版) | 彼得·肯尼迪 | Peter Kennedy | 69.80 | 2014 | 978-7-300-19342-7 |
| 97 | 统计学:在经济中的应用 | 玛格丽特·刘易斯 | Margaret Lewis | 45.00 | 2014 | 978-7-300-19082-2 |
| 98 | 产业组织:现代理论与实践(第四版) | 林恩·佩波尔等 | Lynne Pepall | 88.00 | 2014 | 978-7-300-19166-9 |
| 99 | 计量经济学导论(第三版) | 詹姆斯·H·斯托克等 | James H. Stock | 69.00 | 2014 | 978-7-300-18467-8 |
| 100 | 发展经济学导论(第四版) | 秋山裕 | 秋山裕 | 39.80 | 2014 | 978-7-300-19127-0 |
| 101 | 中级微观经济学(第六版) | 杰弗里·M·佩罗夫 | Jeffrey M. Perloff | 89.00 | 2014 | 978-7-300-18441-8 |
| 102 | 平狄克《微观经济学》(第八版)学习指导 | 乔纳森·汉密尔顿等 | Jonathan Hamilton | 32.00 | 2014 | 978-7-300-18970-3 |
| 103 | 微观银行经济学(第二版) | 哈维尔·弗雷克斯等 | Xavier Freixas | 48.00 | 2014 | 978-7-300-18940-6 |
| 104 | 施米托夫论出口贸易——国际贸易法律与实务(第11版) | 克利夫·M·施米托夫等 | Clive M. Schmitthoff | 168.00 | 2014 | 978-7-300-18425-8 |
| 105 | 微观经济学思维 | 玛莎·L·奥尔尼 | Martha L. Olney | 29.80 | 2013 | 978-7-300-17280-4 |
| 106 | 宏观经济学思维 | 玛莎·L·奥尔尼 | Martha L. Olney | 39.80 | 2013 | 978-7-300-17279-8 |
| 107 | 计量经济学原理与实践 | 达摩达尔·N·古扎拉蒂 | Damodar N. Gujarati | 49.80 | 2013 | 978-7-300-18169-1 |
| 108 | 现代战略分析案例集 | 罗伯特·M·格兰特 | Robert M. Grant | 48.00 | 2013 | 978-7-300-16038-2 |
| 109 | 高级国际贸易:理论与实证 | 罗伯特·C·芬斯特拉 | Robert C. Feenstra | 59.00 | 2013 | 978-7-300-17157-9 |
| 110 | 经济学简史——处理沉闷科学的巧妙方法(第二版) | E·雷·坎特伯里 | E. Ray Canterbery | 58.00 | 2013 | 978-7-300-17571-3 |

经济科学译丛

| 序号 | 书名 | 作者 | Author | 单价 | 出版年份 | ISBN |
|---|---|---|---|---|---|---|
| 111 | 微观经济学原理(第五版) | 巴德、帕金 | Bade,Parkin | 65.00 | 2013 | 978-7-300-16930-9 |
| 112 | 宏观经济学原理(第五版) | 巴德、帕金 | Bade,Parkin | 63.00 | 2013 | 978-7-300-16929-3 |
| 113 | 环境经济学 | 彼得·伯克等 | Peter Berck | 55.00 | 2013 | 978-7-300-16538-7 |
| 114 | 高级微观经济理论 | 杰弗里·杰里 | Geoffrey A. Jehle | 69.00 | 2012 | 978-7-300-16613-1 |
| 115 | 高级宏观经济学导论:增长与经济周期(第二版) | 彼得·伯奇·索伦森等 | Peter Birch Sørensen | 95.00 | 2012 | 978-7-300-15871-6 |
| 116 | 微观经济学(第二版) | 保罗·克鲁格曼 | Paul Krugman | 69.80 | 2012 | 978-7-300-14835-9 |
| 117 | 克鲁格曼《微观经济学(第二版)》学习手册 | 伊丽莎白·索耶·凯利 | Elizabeth Sawyer Kelly | 58.00 | 2013 | 978-7-300-17002-2 |
| 118 | 克鲁格曼《宏观经济学(第二版)》学习手册 | 伊丽莎白·索耶·凯利 | Elizabeth Sawyer Kelly | 36.00 | 2013 | 978-7-300-17024-4 |
| 119 | 微观经济学(第十一版) | 埃德温·曼斯费尔德 | Edwin Mansfield | 88.00 | 2012 | 978-7-300-15050-5 |
| 120 | 卫生经济学(第六版) | 舍曼·富兰德等 | Sherman Folland | 79.00 | 2011 | 978-7-300-14645-4 |
| 121 | 现代劳动经济学:理论与公共政策(第十版) | 罗纳德·G·伊兰伯格等 | Ronald G. Ehrenberg | 69.00 | 2011 | 978-7-300-14482-5 |
| 122 | 宏观经济学:理论与政策(第九版) | 理查德·T·弗罗恩 | Richard T. Froyen | 55.00 | 2011 | 978-7-300-14108-4 |
| 123 | 经济学原理(第四版) | 威廉·博伊斯等 | William Boyes | 59.00 | 2011 | 978-7-300-13518-2 |
| 124 | 计量经济学基础(第五版)(上下册) | 达摩达尔·N·古扎拉蒂 | Damodar N. Gujarati | 99.00 | 2011 | 978-7-300-13693-6 |
| 125 | 《计量经济学基础》(第五版)学生习题解答手册 | 达摩达尔·N·古扎拉蒂等 | Damodar N. Gujarati | 23.00 | 2012 | 978-7-300-15080-8 |
| 126 | 计量经济分析(第六版)(上下册) | 威廉·H·格林 | William H. Greene | 128.00 | 2011 | 978-7-300-12779-8 |

金融学译丛

| 序号 | 书名 | 作者 | Author | 单价 | 出版年份 | ISBN |
|---|---|---|---|---|---|---|
| 1 | 供应链金融 | 西蒙·坦普勒等 | Simon Templar | 48.00 | 2020 | 978-7-300-28061-5 |
| 2 | 银行学(第二版) | 芭芭拉·卡苏等 | Barbara Casu | 99.00 | 2020 | 978-7-300-28034-9 |
| 3 | 金融衍生工具与风险管理(第十版) | 唐·M. 钱斯 | Don M. Chance | 98.00 | 2020 | 978-7-300-27651-9 |
| 4 | 投资学导论(第十二版) | 赫伯特·B. 梅奥 | Herbert B. Mayo | 89.00 | 2020 | 978-7-300-27653-3 |
| 5 | 金融几何学 | 阿尔文·库鲁克 | Alvin Kuruc | 58.00 | 2020 | 978-7-300-14104-6 |
| 6 | 银行风险管理(第四版) | 若埃尔·贝西 | Joël Bessis | 56.00 | 2019 | 978-7-300-26496-7 |
| 7 | 金融学原理(第八版) | 阿瑟·J. 基翁等 | Arthur J. Keown | 79.00 | 2018 | 978-7-300-25638-2 |
| 8 | 财务管理基础(第七版) | 劳伦斯·J. 吉特曼等 | Lawrence J. Gitman | 89.00 | 2018 | 978-7-300-25339-8 |
| 9 | 利率互换及其他衍生品 | 霍华德·科伯 | Howard Corb | 69.00 | 2018 | 978-7-300-25294-0 |
| 10 | 固定收益证券手册(第八版) | 弗兰克·J. 法博齐 | Frank J. Fabozzi | 228.00 | 2017 | 978-7-300-24227-9 |
| 11 | 金融市场与金融机构(第8版) | 弗雷德里克·S. 米什金等 | Frederic S. Mishkin | 86.00 | 2017 | 978-7-300-24731-1 |
| 12 | 兼并、收购和公司重组(第六版) | 帕特里克·A. 高根 | Patrick A. Gaughan | 89.00 | 2017 | 978-7-300-24231-6 |
| 13 | 债券市场:分析与策略(第九版) | 弗兰克·J·法博齐 | Frank J. Fabozzi | 98.00 | 2016 | 978-7-300-23495-3 |
| 14 | 财务报表分析(第四版) | 马丁·弗里德森 | Martin Fridson | 46.00 | 2016 | 978-7-300-23037-5 |
| 15 | 国际金融学 | 约瑟夫·P·丹尼尔斯等 | Joseph P. Daniels | 65.00 | 2016 | 978-7-300-23037-1 |
| 16 | 国际金融 | 阿德里安·巴克利 | Adrian Buckley | 88.00 | 2016 | 978-7-300-22668-2 |
| 17 | 个人理财(第六版) | 阿瑟·J·基翁 | Arthur J. Keown | 85.00 | 2016 | 978-7-300-22711-5 |
| 18 | 投资学基础(第三版) | 戈登·J·亚历山大等 | Gordon J. Alexander | 79.00 | 2015 | 978-7-300-20274-7 |
| 19 | 金融风险管理(第二版) | 彼德·F·克里斯托弗森 | Peter F. Christoffersen | 46.00 | 2015 | 978-7-300-21210-4 |
| 20 | 风险管理与保险管理(第十二版) | 乔治·E·瑞达等 | George E. Rejda | 95.00 | 2015 | 978-7-300-21486-3 |
| 21 | 个人理财(第五版) | 杰夫·马杜拉 | Jeff Madura | 69.00 | 2015 | 978-7-300-20583-0 |
| 22 | 企业价值评估 | 罗伯特·A·G·蒙克斯等 | Robert A. G. Monks | 58.00 | 2015 | 978-7-300-20582-3 |
| 23 | 基于 Excel 的金融学原理(第二版) | 西蒙·本尼卡 | Simon Benninga | 79.00 | 2014 | 978-7-300-18899-7 |
| 24 | 金融工程学原理(第二版) | 萨利赫·N·内夫特奇 | Salih N. Neftci | 88.00 | 2014 | 978-7-300-19348-9 |
| 25 | 投资学导论(第十版) | 赫伯特·B·梅奥 | Herbert B. Mayo | 69.00 | 2014 | 978-7-300-18971-0 |
| 26 | 国际金融市场导论(第六版) | 斯蒂芬·瓦尔德斯等 | Stephen Valdez | 59.80 | 2014 | 978-7-300-18896-6 |
| 27 | 金融数学:金融工程引论(第二版) | 马雷克·凯宾斯基等 | Marek Capinski | 42.00 | 2014 | 978-7-300-17650-5 |
| 28 | 财务管理(第二版) | 雷蒙德·布鲁克斯 | Raymond Brooks | 69.00 | 2014 | 978-7-300-19085-3 |
| 29 | 期货与期权市场导论(第七版) | 约翰·C·赫尔 | John C. Hull | 69.00 | 2014 | 978-7-300-18994-2 |
| 30 | 国际金融:理论与实务 | 皮特·塞尔居 | Piet Sercu | 88.00 | 2014 | 978-7-300-18413-5 |
| 31 | 货币、银行和金融体系 | R·格伦·哈伯德等 | R. Glenn Hubbard | 75.00 | 2013 | 978-7-300-17856-1 |
| 32 | 并购创造价值(第二版) | 萨德·苏达斯纳 | Sudi Sudarsanam | 89.00 | 2013 | 978-7-300-17473-0 |
| 33 | 个人理财——理财技能培养方法(第三版) | 杰克·R·卡普尔等 | Jack R. Kapoor | 66.00 | 2013 | 978-7-300-16687-2 |
| 34 | 国际财务管理 | 吉尔特·贝克特 | Geert Bekaert | 95.00 | 2012 | 978-7-300-16031-3 |
| 35 | 应用公司财务(第三版) | 阿斯沃思·达摩达兰 | Aswath Damodaran | 88.00 | 2012 | 978-7-300-16034-4 |
| 36 | 资本市场:机构与工具(第四版) | 弗兰克·J·法博齐 | Frank J. Fabozzi | 85.00 | 2011 | 978-7-300-13828-2 |
| 37 | 衍生品市场(第二版) | 罗伯特·L·麦克唐纳 | Robert L. McDonald | 98.00 | 2011 | 978-7-300-13130-6 |

**图书在版编目（CIP）数据**

供应链金融/（　）西蒙·坦普勒，（　）埃里克·霍夫曼，（　）查尔斯·芬德利著；胡海菊，陈红梅译. —北京：中国人民大学出版社，2020.5

（金融学译丛）

ISBN 978-7-300-28061-5

Ⅰ.①供…　Ⅱ.①西…　②埃…　③查…　④胡…　⑤陈…Ⅲ.①供应链管理-金融业务-研究

Ⅳ.①F252.2

中国版本图书馆 CIP 数据核字（2020）第 067947 号

金融学译丛

**供应链金融**

西蒙·坦普勒

埃里克·霍夫曼　著

查尔斯·芬德利

胡海菊　陈红梅　译

Gongyinglian Jinrong

| | | | |
|---|---|---|---|
| **出版发行** | 中国人民大学出版社 | | |
| **社　　址** | 北京中关村大街 31 号 | **邮政编码** | 100080 |
| **电　　话** | 010－62511242（总编室） | | 010－62511770（质管部） |
| | 010－82501766（邮购部） | | 010－62514148（门市部） |
| | 010－62515195（发行公司） | | 010－62515275（盗版举报） |
| **网　　址** | http://www.crup.com.cn | | |
| **经　　销** | 新华书店 | | |
| **印　　刷** | 涿州市星河印刷有限公司 | | |
| **规　　格** | 185 mm×260 mm　16 开本 | **版　　次** | 2020 年 5 月第 1 版 |
| **印　　张** | 17 插页 1 | **印　　次** | 2020 年 5 月第 1 次印刷 |
| **字　　数** | 374 000 | **定　　价** | 48.00 元 |